法科大学院適性試験
LAW SCHOOL

［推論・分析力］解法の論理ブック

吉岡友治　阿藤俊一
Yoshioka Yuji　Ato Shunichi

実務教育出版

●本書を読むに当たって

　本書は，法科大学院適性試験第1部「推論・分析力編」の問題を解く方法を「わかりやすく」かつ「応用しやすく」示すことを目的としています。実は，この2つはなかなか両立しません。わかりやすくすると限られた知識しか解説できず，応用できない。応用できるようにすると，瑣末な知識まで示さねばならない。その矛盾の解決を試みたのが本書です。

　まず**Part1**では，「論理」のエッセンスを厳選して，初学者にも全体像が理解しやすいように整理しました。推論・分析力問題では，問題文から言えること・言えないことを判断する必要があります。そこで「ならば」「かつ」「または」「でない」「すべての」「ある」の6つの言葉を使って，問題文に出てくる概念を整理する手法を提示しました。このような「論理」の仕組みを体系的に知ることが，実は解答への近道なのです。

　Part2は，上に述べた論理の規則を応用するための着眼点を示してあります。実際の試験問題は，論理規則をどう適用すればよいか判断が難しい。その構造を見極めるには，代表的な問題形式をパターン化し，その意味するところを明確化するとともに，それに対応する技法・解法を学ぶ必要があります。一見パズルのような問題も，底に潜む論理の構造を明らかにすれば飛躍的に扱いやすくなるのです。本書では，図表や文章を工夫して，そのつながりがスムーズに頭に入るようにしてあります。過去問をひたすら解くだけの経験的方法では，決して得られない判断力と思考力が身につくはずです。

　法律の現場では，条文をさまざまに操作して，実際の出来事に当てはめます。その際，内容を歪めないように，一定の法則に従って理解し操作する。この法則が「論理」です。本書を読んで，その本質を知るとともに，有効な使い方を学んでほしいと思います。

吉岡　友治・阿藤　俊一

本書の構成と使い方

全体の構成

本書はPart 1と2に分かれています。1では基本の論理規則を，2では代表的な問題形式の構造を示します。各Chapterでは，知識の説明とともに例題を解くことで実力を高めます。それを踏まえて実際の試験レベルの問題にチャレンジします。

Part 1 適性試験で使われる基本の論理規則を学び，自由に扱えるように練習します。これがPart2を理解する基礎になります。

Part 2 設問パターンとその論理構造を明らかにすることで，応用範囲の広い思考力・判断力を養成します。

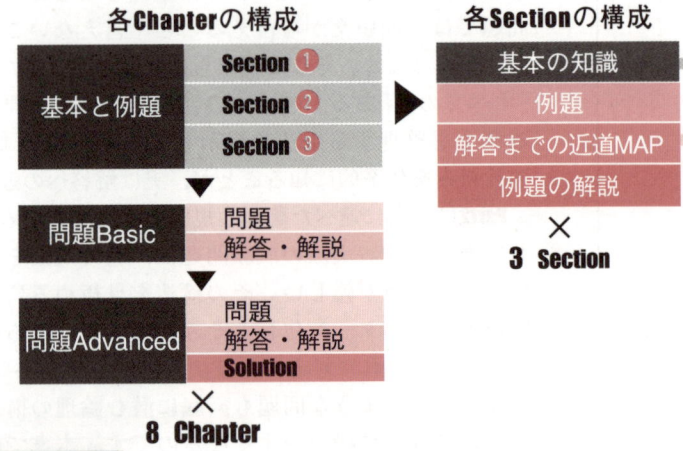

各Chapterの構成

- 基本と例題
  - Section ❶
  - Section ❷
  - Section ❸
- 問題Basic
  - 問題
  - 解答・解説
- 問題Advanced
  - 問題
  - 解答・解説
  - Solution

× 8 Chapter

各Sectionの構成

- 基本の知識
- 例題
- 解答までの近道MAP
- 例題の解説

× 3 Section

読み方のポイント

講義を十分理解しないと実力はアップしません。そのために本書では，アイコンを利用して，効率的な読解ができるようにしました。

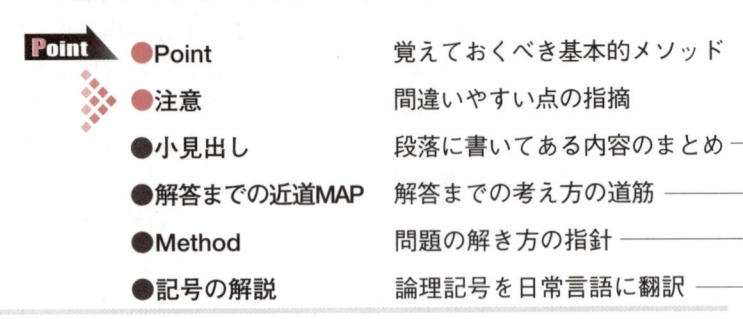

Point▶	●Point	覚えておくべき基本的メソッド
	●注意	間違いやすい点の指摘
	●小見出し	段落に書いてある内容のまとめ
	●解答までの近道MAP	解答までの考え方の道筋
	●Method	問題の解き方の指針
	●記号の解説	論理記号を日常言語に翻訳

つまり、「PでないかQであるようなxが存在する」という意味になる（「大学生でないかまたは作家であるようなモノが存在する」）。

Section ❷ 操作のしかた

推論・変形の方法

「すべてのxについて」（「あるxについて」）の後に続く述語記号・項は文結合子によって一定の関係を取るが、その関係を崩さなければ、変形しても全体としては同じ意味になる。

Point 論理記号は，その性質を利用して変形してよい

たとえば、「すべてのxについて（Px⇒Qx）」を考えてみよう。「（Px⇒Qx）」に注目すると、この論理式は対

❖ 解答までの近道MAP

記号化する ➡ 対偶を取る ➡ 文章に直す

Method 述語と項を探す

「すべての」「ある」の表現に注意して、述語部分を記号化する。

1 <u>すべての</u>モノが<u>おもしろい</u>
　　すべての　　　　　Px

「おもしろい」は形容詞なので述語記号で書く。
Px：xはおもしろい
「すべてのものがおもしろい」のであるから、答えは
すべてのxについてPx

法科大学院適性試験［推論・分析力］解法の論理ブック

本書を読むに当たって　1
本書の構成と使い方　2
適性試験「推論・分析力問題」出題分野一覧　6

Part 1 【基礎編】論理学の理解ファーストステップ

Introduction　12

Chapter 1　論理記号の意味
Section ❶　「でない」「または」「かつ」「ならば」　16
Section ❷　真理表とベン図　24
Section ❸　代表的トートロジーと文結合子の関係　37
問題Basic　46

Chapter 2　「ならば」の理解
Section ❶　「ならば」の実質的意味　52
Section ❷　逆・裏・対偶　60
Section ❸　「ならば」の具体的使用　66
問題Basic　74

Chapter 3　「すべての」と「ある」
Section ❶　全称命題と存在命題　86
Section ❷　操作のしかた　94
Section ❸　「すべての」「ある」の具体的使用　103
問題Basic　114

Part 2 【応用編】推論・分析力問題のさまざまな解法

Introduction　124

Chapter 4　推論の方法
Section ❶　ベン図の利点・欠点　128
Section ❷　真理表で解く・記号化して解く　135
Section ❸　意味から解く　143
問題Basic　150
問題Advanced　157

本文デザイン　長谷眞砂子

Chapter 5　図・表の使い方
- Section ❶　2種類の条件―対応表　162
- Section ❷　3種類の条件(1)―ベン図　171
- Section ❸　3種類の条件(2)―キャロル図　178
- 問題Basic　184
- 問題Advanced　190

Chapter 6　仮説・前提・批判
- Section ❶　仮説と説明　198
- Section ❷　推論の仮定・前提　205
- Section ❸　議論の構造と批判　212
- 問題Basic　217
- 問題Advanced　221

Chapter 7　調査・実験のロジック
- Section ❶　相関関係と因果関係　226
- Section ❷　サンプリング・第3の変数　234
- Section ❸　統計的分析のロジック　243
- 問題Basic　249
- 問題Advanced　254

Chapter 8　条件理解と解法の工夫
- Section ❶　定義・ルールを理解する　262
- Section ❷　条件と可能な配列　266
- Section ❸　演算問題の処理　273
- 問題Basic　286
- 問題Advanced　289

適性試験「推論・分析力問題」出題分野一覧

【大学入試センターによる適性試験】

平成15年8月　大学入試センター本試験　第1部［推論・分析力］

問題番号	出題内容	本書との対応
第1問	議論の構造（根拠の吟味）	6-③
第2問	仮説の吟味（事実を説明する仮説）	6-①
第3問	仮説の吟味（仮説を支持する事実）	6-①
第4問	数的処理	7-②③
第5問	形式論理（条件間の含意関係）	4-①②③
第6問	条件と場合分け	8-③
第7問	定義された演算	8-②
第8問	定義とルールの把握	8-②
第9問	対応関係と場合分け	5-①
第10問	ルールの把握（違反しない組合せ）	8-①
第11問	形式論理（真理表）	1-②
第12問	対応関係	5-①
第13問	相関関係と因果関係（第3の変数）	7-②
第14問	対応関係	5-③

平成15年11月　大学入試センター追試験　第1部［推論・分析力］

問題番号	出題内容	本書との対応
第1問	議論の構造（反論の吟味）	6-③
第2問	前提探し	6-②
第3問	定義とルールの把握（例外探し）	8-①
第4問	形式論理（推論の吟味）	4-②③
第5問	調査・実験の評価	7-③
第6問	定義された演算	8-③
第7問	定義・ルールの把握	8-①
第8問	調査・実験の評価	7-②
第9問	形式論理（日常語の含意）	2-②　3-③
第10問	定義された演算	8-①
第11問	条件と可能な組合せ	8-②
第12問	定義とルールの把握（例外探し）	8-①③
第13問	定義の把握（分類項目）	8-①
第14問	対応関係と場合分け	5-①　8-②

■表の見方

| 6 -❶ | Chapter6のSection❶ との対応を表す。 |
| 7 -❷❸ | のように複数のSectionと対応する設問もある。 |

過去2年間に出題された設問が，本書のどの記述と対応するか分類しました。ただし，**Part1**の知識はすべての設問の基礎知識になります。大学入試センターの問題は，論理学の知識を直接下敷きとして作られている傾向が強いので，その構造・方法を知っていれば，適切に対処できる確率が飛躍的に増します。

平成16年6月　大学入試センター本試験　第1部［推論・分析力］

問題番号	出題内容	本書との対応
第1問	前提探し	6 -❸
第2問	数的処理（サンプル数の範囲）	7 -❷❸
第3問	定義と条件からの推理	8 -❷
第4問	定義とルールの把握	3 -❶❷❸　8 -❶
第5問	定義された演算	8 -❶
第6問	形式論理（前件を探す）	4 -❶❷❸
第7問	仮説の吟味（データを説明する仮説）	6 -❶
第8問	条件と場合分け（グループ分け）	1 -❷　8 -❸
第9問	対応関係と組合せ	5 -❶　8 -❷
第10問	定義の把握と対応関係	5 -❶　8 -❶❷

平成16年7月　大学入試センター追試験　第1部［推論・分析力］

問題番号	出題内容	本書との対応
第1問	相関関係と因果関係（因果関係の特定）	7 -❶
第2問	前提探し	6 -❷
第3問	数的処理	8 -❸
第4問	議論の構造（反論の吟味）	6 -❷
第5問	対応関係と組合せ	5 -❶　8 -❶
第6問	形式論理（推論）	3 -❶❷❸　4 -❸
第7問	数的処理	8 -❸
第8問	命題の相互関係と組合せ	1 -❷　8 -❸
第9問	対応関係	5 -❶
第10問	定義とルールの把握	8 -❶❷❸
第11問	定義の把握（構造帰納法）	1 -❶❷　8 -❶
第12問	対応関係	5 -❶

【日弁連法務研究財団による適性試験】

　日弁連法務研究財団の問題は「論理的判断力」「分析的判断力」という分野名が付けられてはいますが，必ずしも純粋な論理の問題ばかりではなく，日常的常識なども必要とする総合的な思考力が重視されているようです。そのためChapter6に関連する設問が多くなっています。

平成15年8月　日弁連本試験　第1部［論理的判断力を試す問題］

問題番号	出題内容	本書との対応
問題1	議論の構造（論点探し）	6-❸
問題2	推論の誤り（逆・裏・対偶）	2-❷
問題3	議論の構造（矛盾する主張）	6-❸
問題4	議論の構造（定義と一般常識）	1-❸　6-❸
問題5	議論の構造	6-❶
問題6	推論の誤り（連言と条件法）	7-❸
問題7	推論の誤り（逆命題）	6-❸
問題8	議論の構造	6-❸
問題9	議論の構造（条件法と定義）	6-❸
問題10	議論の構造（根拠の吟味）	6-❸
問題11	相関関係と因果関係	6-❶　7-❶
問題12	相関関係と因果関係	7-❶
問題13	議論の構造（根拠の吟味）	6-❸
問題14	前提探し	6-❷
問題15	仮説と説明するデータ	6-❸
問題16	議論の構造（根拠の吟味と一般常識）	6-❸
問題17	仮説と説明するデータ	6-❶
問題18	前提探し，主張と根拠の関係	7-❶❷
問題19	前提探し	6-❷
問題20	仮説と説明するデータ	7-❶❷

平成15年8月　日弁連本試験　第2部［分析的判断力を試す問題］

問題番号	出題内容	本書との対応
問題1	条件と組合せ	8-❶❷❸
問題2	対応関係・条件と組合せ	5-❶　8-❷❸
問題3	条件と組合せ	8-❷
問題4	対応関係	5-❶

平成16年6月　日弁連本試験　第1部［論理的判断力を測る問題］

問題番号	出題内容	本書との対応
問題1	因果関係の特定（サンプルの偏り）	6-❸
問題2	データを説明する仮説	6-❶
問題3	議論の構造（論点探し）	6-❸
問題4	議論の構造（反論の吟味）	6-❸
問題5	相関関係と因果関係	6-❶
問題6	項目どうしの論理的関係	5-❷
問題7	議論の構造（根拠と反論の吟味）	6-❸
問題8	データを説明する仮説	6-❶❸
問題9	議論の構造（反論の吟味，一般常識）	3-❷　6-❸
問題10	議論の構造（主張を否定する）	6-❸
問題11	含意関係と条件の強さ	4-❶
問題12	前提探し	6-❷
問題13	調査の評価（サンプル数と一般常識）	6-❷　7-❶
問題14	反論の吟味（因果関係の特定と一般常識）	2-❷
問題15	相関関係と因果関係	7-❶❷
問題16	議論の構造（根拠の吟味）	2-❸　6-❸
問題17	ルールの把握（違反探し）	8-❶
問題18	データと矛盾する仮説	8-❸
問題19	推測の吟味（全体と部分，一般常識）	8-❶❸
問題20	場合分け	8-❶
問題21	議論の構造（論点探し）	6-❸
問題22	議論の構造（主張を支持する根拠）	6-❸　8-❸
問題23	議論の構造（根拠の吟味）	6-❸

平成16年6月　日弁連本試験　第2部［分析的判断力を測る問題］

問題番号	出題内容	本書との対応
問題1	対応関係と場合分け	5-❶　8-❷
問題2	対応関係と数的処理	5-❶　8-❷
問題3	条件と可能な配列	8-❶❷❸
問題4	条件からの論理的推論	2-❶❷❸
問題5	対応関係	5-❶　8-❶

Part 1

【基礎編】
論理学の理解
ファーストステップ

Introduction

Part1では，主に論理の記号化を学びます。なぜ記号化するか？ 自然言語の文章は曖昧です。それを記号化すると，論理の構造がはっきりわかる。すると，問題が格段に解きやすくなります。その威力のすごさは，記号化の手順を修得した人ならば必ず実感できるはずです。

曖昧な文章 ➡ 記号化する ➡ 論理構造が明確になる ➡ 問題が解きやすくなる

Chapter ❶ 記号化の手順をマスターする

●論理を操作するために，最低限必要な知識を学びます。次の4つの記号を自由自在に扱えることが目標です。

¬	でない	NOT	否定
∨	または	OR	選言
∧	かつ	AND	連言
⇒	ならば	IF…, THEN…	条件法

●これらを使えば，世の中のたいていの論理は表現できます。たとえば

「日本人の男ってかわいい」
⬇
（日本人∧男）⇒かわいい

「腹が減っては，戦(いくさ)はできぬ」
⬇
腹が減る⇒¬（戦ができる）

●また，これらの記号の間にはいくつかの関係が成り立ちます。覚えておくと，問題を解くときに便利です（「≡」は同じ意味を表す）。

排中律	Aか¬Aかのどちらかである
矛盾律	A∧¬Aは成り立たない
ド・モルガンの法則	¬（A∧B）≡¬A∨¬B ¬（A∨B）≡¬A∧¬B
結合律	（A∨B）∨C≡A∨（B∨C） （A∧B）∧C≡A∧（B∧C）
分配律	A∨（B∧C）≡（A∨B）∧（A∨C） A∧（B∨C）≡（A∧B）∨（A∧C）
添加律・簡約律	A⇒（A∨B），（A∧B）⇒A
仮言三段論法	（（A⇒B）∧（B⇒C））⇒（A⇒C）

Part1　Introduction

● これらの関係を使って，複雑な論理を単純でわかりやすい形に直すことができます。わかりにくい表現は，記号を使ってどんどん簡単にできます。

> 私は日本人かアメリカ人のどちらかだなんてことはないよ
> ≡¬（私は日本人∨私は アメリカ人）
> ≡¬（私は日本人）∧¬（私はアメリカ人）
> ≡私は日本人でない，それに私はアメリカ人でない
> ≡私は日本人でないし，アメリカ人でもない

Chapter 2 「ならば」を使いこなす

● 論理記号の中で，注意しなければならないのは「⇒（ならば）」です。論理で使う「**ならば**」は，日常言語で使う「**ならば**」と大変違います。だから，その性質をよく知って正確に使う必要があります。たとえば，次の関係が成り立ちます。

> 「ならば」の言い換え　（A⇒B）≡¬A∨B

　これを使うと，「腹が減っては，戦はできぬ」は，次のように記号化・変形できます。日常言語では，この「腹が減るならば，戦ができない」と「腹が減らないか，戦ができないか，どちらかである」は同じ意味とは言えませんが，論理の世界では同じなのです。

> 腹が減る⇒¬（戦ができる）
> ≡
> ¬（腹が減る）∨¬（戦ができる）
> （腹が減らないか，戦ができないか，どちらかである）

● この「**ならば**」を使って，もとの命題をさまざまに変形するときの規則がわかります。もとの命題を「PならばQ（P⇒Q）」とすると，次のようになります。

逆命題	QならばP（Q⇒P）
裏命題	PでないならばQでない（¬P⇒¬Q）
対偶命題	QでないならばPでない（¬Q⇒¬P）
十分条件	Pは（Qに対して）十分条件
必要条件	Qは（Pに対して）必要条件

●このような規則を理解したら，それを応用して日常言語の中に潜んでいる論理構造を明確化することができるだけでなく，文を変形して，一見違った形ながら，実は同じ意味の命題を作り出すことができます。これを推論（または証明）と言います。

推論・証明 ＝ 論理規則を使って文を変形 ＋ 同じ意味の違う形の文にする

Chapter 3 「すべての」と「ある」を使いこなす

●「すべての」「ある」を使うと，存在や量を表す，もっと複雑な論理も表すことができます。

> すべてのアメリカ人が背が高いというわけではない
> ≡¬すべてのxについて（xがアメリカ人⇒xが背が高い）
> ≡¬すべてのxについて（¬（xがアメリカ人）∨xが背が高い）
> ≡あるxについて¬（¬（xがアメリカ人）∨xが背が高い）
> ≡あるxについて（xがアメリカ人）∧¬（xが背が高い）
> ≡背が高くないアメリカ人がいる

●この変形過程は，今はまだ，なぜそうなるのかわからないかもしれません。しかし，詳しい説明は後にしましょう。ここでは，

> すべてのアメリカ人が背が高いというわけではない
> ≡
> 背が高くないアメリカ人がいる

と言い換えてもよい，ということが大切なのです。「ない」が出てくると，「すべての」が「ある」に，「ある」が「すべての」に変わるわけです。

●「すべての」「ある」を自由自在に使えると，存在や量を表す複雑でわかりにくい表現を，シンプルな構造に直すことができます。これを知っていると知らないのとでは，問題を解く際に時間も手間も大きく違ってくるのです。

Chapter 1 論理記号の意味

　ここでは命題論理の基礎を理解する。「でない」「または」など，文結合子の意味とそれらの関係，文結合子を用いた命題の記述を習得しよう。推論・分析力問題のすべての範囲についての最も基本的な技術である。

Technic

① 文結合子——でない・または・かつ・ならば
正しい推論と形式化の基礎を覚える

② 真理表とベン図を書く
前提と結論の真偽・直観的な領域による理解

③ 代表的トートロジーと文結合子の活用
恒真式を利用して，シンプルな論理式を作る

1 論理記号の意味　　　基本と例題

Section ❶ 「でない」「または」「かつ」「ならば」

正しい推論・誤った推論

推論1　猿は哺乳類である　　　　　　前提
　　　　哺乳類は動物である　　　　　前提
　　　　それゆえ
　　　　猿は動物である　　　　　　　結論

推論2　毒薬を飲むときは必ず水を飲む　前提
　　　　水を飲むと必ず死ぬ　　　　　前提
　　　　それゆえ
　　　　毒薬を飲むと必ず死ぬ　　　　結論

推論3　バナナは栄養がある　　　　　　前提
　　　　食べ物は栄養がある　　　　　　前提
　　　　それゆえ
　　　　バナナは食べ物である　　　　　結論

上のように，いくつかの文から他の文を導くことを**推論**と呼ぶ。これらの推論のうち，どれが「正しく」どれが「誤っている」のだろうか？　また，そもそも推論の「正誤」とは，どのように決まるのだろうか？

推論の正誤とは何か

推論の正誤とは，前提・結論が正しいか誤っているかではなくて，与えられた前提の下で結論が必ず成り立つと言えるかどうか，である。つまり，**前提の文が正しいときには必ず結論も正しい**，これが正しい推論の意味である。これを「妥当な推論」，または「推論が妥当である」という。逆に，前提がすべて成り立ったとしても結論が誤りうる場合には，正しい結論の導出とは

言えない。つまり、「誤った推論」「妥当でない推論」なのだ。

> **Point** 妥当な推論＝前提の文が正しいときには必ず結論も正しい

推論1～3は妥当か

推論1では、猿が哺乳類である・哺乳類が動物であるという前提の2つの前提を組み合わせると、猿は哺乳類であり、その哺乳類は動物だから、結局猿は動物だと言える。

推論2も同様の構造を持っている。前提1が成り立っている限り、毒薬を飲むと必ず水を飲む。前提2より水を飲めば死ぬのだから、これらから毒薬を飲むと必ず死ぬと言える。もちろん、これらの前提は事実としては間違っているが、これらの前提を認めてしまったら、結論も認めざるをえなくなるのだ。

他方、推論3はバナナに栄養があり、食べ物に栄養があるときに、バナナが食べ物であると主張している。これは一見正しいが、実はこの2つの前提だけからはこの結論は出てこない。なぜなら、前提ではバナナと食べ物の両方に栄養があると言っているだけだからだ。この場合、「食べ物」を「桃」に変えると、まったく同じやり方で「バナナは桃だ」とも言えてしまう。これは明らかにおかしい。だから、この推論は前提が正しくても結論が誤る可能性があるのだ。つまり推論3は妥当でない。

推論の妥当性は文の関係である

注意すべきなのは、まず個々の文の真偽から直接推論の妥当性がわからないという点だ。

推論1	妥当な推論	前提も結論もともに真
推論2	妥当な推論	前提が偽で結論が真
推論3	妥当でない推論	前提も結論もともに真

つまり、前提と結論の真偽を調べただけでは、推論が妥当か否かは決まらないのだ。したがって推論の妥当性を調べるためには、個々の文だけではなく、それらの文の関係、つまり、前提の文と結論の文の関係を分析する必要がある。

> **Point** 推論が妥当かどうかは、文と文の関係によって決まる

文章の分析と形式化

推論1には前提2つと結論1つ，計3つの文がある。これらはそれぞれ相異なる文だが，それらには共通の要素がある。それは「…は〜である」という関係語である。他方，推論2も同様に，「…すると，必ず〜」という関係語が必ず入っている。つまり，これら2つの推論は，それぞれの要素を次のように配列した推論である。

PはQである（Pすると，必ずQ） QはRである（Qすると，必ずR） それゆえ PはRである（Pすると，必ずR）	P＝猿／毒薬を飲む Q＝哺乳類／水を飲む R＝動物／死ぬ

Pに「猿」「毒薬を飲む」，Qに「哺乳類」「水を飲む」，Rに「動物」「死ぬ」を当てはめれば，それぞれもとの推論1・2に戻る。つまり推論1と推論2は同じ形式を持つのだ。

他方，推論3も「…は〜である」という要素から成り立っている。だが，推論3では，推論1・2の形式が当てはまらない。上と同じようにPに「バナナ」，Qに「栄養がある」，Rに「食べ物である」と記号化すると

PはQである RはQである それゆえ PはRである	P＝バナナ Q＝栄養 R＝食べ物

という形式になるからだ。

関係語が形式をつくる

推論の妥当性は，形式によって決まっている。推論1・2が妥当な推論であるかどうかは，P・Q・Rに当たる内容（「猿」「哺乳類」「動物」「毒薬を飲む」「水を飲む」「死ぬ」）の意味ではなく，それらの関係によって決まる。逆に言えば，推論3は妥当な推論となるような形式を持っていないから，間違いなのである。

こうした推論の形式，つまりPやQ，Rの関係をつくっているのが「…は〜である」や「…すると〜」という関係語だ。「…は〜である」「…すると〜」で結びつけられたPやQ，Rは，それぞれが互いに一定の関係を持つ。論理とは，このような関係語によって作られるP・Q・Rの関係にほかならない。

Point 論理＝関係語によって作られる内容どうしの関係

いろいろな関係語

推論1・2・3で使われているのは「…は〜である」「…すると〜」という関係語であった。しかし，この「…は〜である」「…すると〜」の代わりに，普通は「ならば」を用いて，「…であるならば，〜である」と表す。

推論1・2・3では「ならば」という語とP・Q・Rという記号で形式化できたが，一般的には，文は「ならば」だけでは十分分析できない。たとえば，次のような発言を考えてみよう。

1　俺は金持ちじゃない
2　帰りにアイスクリームかジュースを買ってくるよ
3　この店は味も値段も一流だ

それぞれの発言の意味

1の発言を信じれば，発言者は金持ちであることはない。もし発言者が金持ちだったら，この発言は嘘になる。

2の発言を信じれば，少なくともアイスクリームとジュースのどちらか一方は買ってきてくれると期待してよいだろう。逆にアイスクリームとジュースの両方とも買ってこなかったら，この発言は嘘ということになる。

3については，その店が値段が高く，そのうえおいしかったら，その発言は正しいと言える。だが，値段が安くおいしくもない店だったら間違っている。さらに，そのお店がおいしいのに値段が安かったり，逆に高いのにまずい店だった場合でも，この発言は間違いになる。

形式化と関係語

それぞれの発言の真偽を分析するには，個々の文章を分析しなければならない。「ならば」の場合と同様に，それぞれを見てみると次のようになる。

●発言関係語の形式

1	…じゃない	Pじゃない	でない
2	…か〜	PかQ	または
3	…も（そのうえ）〜	PでQ	かつ

それぞれの真偽の条件は，「金持ち」や「アイスクリーム」「味が一流」等の内容の意味によらずに，PとQなどの内容を結びつける関係語で決まる。普通，これらの「…じゃない」「…か〜」「…で〜」の代わりに「…でない」「…または〜」「…かつ〜」を用いる。

命題と文結合子

このように，真偽が問える文を**命題**と言う。たとえば「猿である」「毒薬を飲む」などの文は，調べれば「猿かどうか」「毒薬かどうか」「飲んだかどうか」がわかるので，命題である。逆に「おはよう」などの文はあいさつで真偽は問えないので命題ではない。論理的に分析できるのは，このような命題の真偽である。命題は，一般的にP・Q・R・…といった記号で表す。

また，「でない」「または」「かつ」「ならば」といった関係語を**文結合子**と呼ぶ。これは命題（文）と命題（文）とを結びつけて，新しい命題を作る役目をするからだ。

PとQという命題があるとき，文結合子「でない」によって「P（Q）でない」という新しい命題を作ることができる。また，「または」「かつ」「ならば」によって「PまたはQ」「PかつQ」「PならばQ」という新しい命題を作ることができる。文結合子で連結された命題はもとの命題P・Qとは異なった真偽の条件を持つ。逆に言えば，もとの命題と新しい命題との真偽の関係が文結合子の意味になるのだ。

1 論理記号の意味　　基本と例題

それぞれの文結合子の意味

「Pでない」とは、「P」という命題を打ち消している。つまり、もとの命題が成り立っていない状態をさすのが「…でない」だ。これを**否定**と呼ぶ。

「PまたはQ」は、「P」という命題と「Q」という命題の少なくともどちらか一方が成り立っている状態をさす命題だ。これを**選言**と呼ぶ。

「PかつQ」は「P」という命題と「Q」という命題が両方とも成り立つことを主張する命題である。これを**連言**と呼ぶ。

「PならばQ」は、「P」という命題が成り立っているときには「Q」も成り立つことを意味する命題である。この「ならば」は**条件法**と呼ぶ。特に「PならばQ」が成り立っているとき、「PはQを**含意する**」と言う。

文結合子と文記号P・Q・R・…を使ってできた「Pでない」「PまたはQ」…などをまとめて、**論理式**と呼ぶ。

論理式	意味	名称
Pでない	Pが成り立たない	否定
PまたはQ	PかQのどちらか一方が成り立つ	選言
PかつQ	PかQの両方とも成り立つ	連言
PならばQ	Pが成り立つならQも成り立つ	条件法

例題 1

▼次の発言を例にならって、文記号P・Q・R・…、「でない」「または」「かつ」「ならば」、必要ならばカッコを用いて形式化（論理式に）せよ。

例：「風が吹くなら桶屋が儲かる、ということはない」
　➡ （PならばQ）でない
　P：風が吹く
　Q：桶屋が儲かる

1　「あなたが生きていられなくなるか、もしくは私が死ぬということになる」

2 「クラスに問題があるときは，必ずA君が来ていないかB君が来ている」
3 「好きな人がいるうえに，かっこいい人に出会うと困ることになる」
4 「好きな人がいる場合，かっこいい人に出会うのは困ることになる」
5 「好きな人がいるときにいつもかっこいい人に出会うような人は，困ることになる」

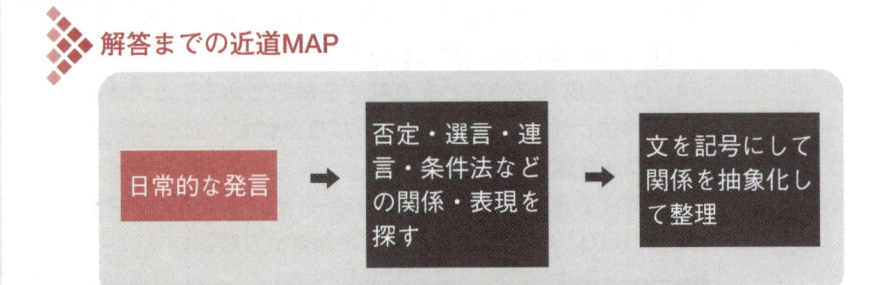

◆ 解答までの近道MAP

日常的な発言 → 否定・選言・連言・条件法などの関係・表現を探す → 文を記号にして関係を抽象化して整理

Method　否定・選言・連言・条件法に注意

　表現の中に，否定・選言・連言・条件法といった関係が含まれていないか，含まれているとしたら，どこがその関係かに注意して形式化する。その際，日常表現は画一的な形になっていないから，適当に文結合子の表現に変形する必要がある。

1 あなたが<u>生きていられ**なく**なる</u>か，もしくは<u>私が死ぬ</u>ということになる
　　　　　　　　P　　　　　　　　　　　　　　　　Q

➡「生きていられなくなる」には否定が含まれている。これを「生きていられる」「でない」に分割する。「…か，もしくは〜」とあるので選言も入っている。**否定**「でない」は「生きていられる」に掛かっていて，**選言**「または」は「生きていられない」と「私が死ぬ」に掛かっている。したがって，正解は次のようになる。

正解：（Pでない）またはQ
　　P：あなたが生きていられる
　　Q：私が死ぬ

2 クラスに問題があるときは，必ずA君が来ていないかB君が来ている
　　　　　　　P　　　　　　　　　　Q
　　R

➡「…ときは，必ず〜」とあるので条件法「ならば」が使える。また，後半に「…か〜」とあるところは選言「または」にしてよい。さらに「A君が来ていない」には否定が含まれているので「A君が来ている」「でない」に分割する。
　選言「または」が掛かっているのは「A君が来ていない」と「B君が来ている」，条件法「ならば」が掛かるのは「クラスに問題がある」と「A君が来ていないかB君が来ている」である。

正解：Pならば（Qでない，またはR）
　　P：クラスに問題がある
　　Q：A君が来ている
　　R：B君が来ている

3 好きな人がいるうえに，かっこいい人に出会うと
　　　　　P　　　　　　　　　　　Q
　困ることになる
　　R

➡「…うえに〜」とあるので，連言「かつ」を使う。「…と〜」のところは，条件法「ならば」が使えるだろう。連言「かつ」が掛かっているのは「好きな人がいる」と「かっこいい人に出会う」，条件法「ならば」が掛かっているのは「好きな人がいるうえに，かっこいい人に出会う」と「困ることになる」である。

正解：（PかつQ）ならばR
　　P：好きな人がいる
　　Q：かっこいい人に出会う
　　R：困ることになる

4 好きな人がいる場合，かっこいい人に出会うのは
　　　P　　　　　　　　　　Q
　困ることになる
　　R

➡「…場合，〜」とあるので**条件法「ならば」**を用いることができる。後半にも「…（する）のは，〜」とあるが，ここも条件法「ならば」を使える。後半の条件法「ならば」は「かっこいい人に出会う」と「困ることになる」に掛かっている。前半の条件法「ならば」は「好きな人がいる」と「かっこいい人に出会うのは困ることになる」とに掛かっている。

　　正解：Pならば（QならばR）
　　P：好きな人がいる
　　Q：かっこいい人に出会う
　　R：困ることになる

5 <u>好きな人がいる</u>ときにいつも<u>かっこいい人に出会う</u>ような
　　　　 P　　　　　　　　　　　　　Q
　　人は，<u>困ることになる</u>
　　　　　　　R

➡「…ときにいつも〜」の部分は，**条件法「ならば」**に置き換えられる。後半にも「…ような人は，〜」とあるが，これも条件法「ならば」が使える。前半の条件法「ならば」は「好きな人がいる」と「かっこいい人に出会う」とに掛かっている。後半の条件法「ならば」は「好きな人がいるときにいつもかっこいい人に出会う」と「困ることになる」に掛かっている。

　　正解：（PならばQ）ならばR
　　P：好きな人がいる
　　Q：かっこいい人に出会う
　　R：困ることになる

Section ❷ 真理表とベン図

記号化と定義

「でない」	➡	¬
「または」	➡	∨
「かつ」	➡	∧
「ならば」	➡	⇒

文結合子は以上のように，記号化して書く。なぜなら，それぞれが日常語とは若干異なる意味を持つからだ。推論や命題の意味を明らかにし，操作できるようにするには，一つ一つが正確に定義されなくてはならないが，日常語ではどうしても意味にぶれが出てきてしまう。そこで，これらの文結合子をより正確に定義し，逆に日常語をその記号を用いて分析するのだ。

> 文結合子を「でない」「または」「かつ」「ならば」と読むのは，あくまで便宜的にそう呼んでいるにすぎない。日常語の意味の近い語に置き換えただけである。後で実際に見るが，厳密な意味は日常語の同じ読みの言葉とは異なっている。日本語の意味に引きずられて混乱しないようにしよう。

記号化に慣れれば，長々と日本語を書くより，手間もかからない。試験対策という観点から言えば，重要な点だろう。

Point 文結合子を記号化する⇒厳密な意味＋時間の節約

これらの文結合子を真理表やベン図を使い正確に定義しよう。

真理表と文結合子の意味

真理表とは，文結合子を使ってできた命題の真偽ともとの命題の真偽を対応させる表である。たとえば，論理式P・Qと「∧」を使った「P∧Q」では，「P∧Q」はP・Qの両方が正しいときには正しい。しかし，Pが正しくてQが誤りのとき，Qが正しくてPが誤りのとき，P・Q両方が誤りのときには，誤りとなる。もとの論理式P・Qの真偽の組合せは以上の4通りだから，それを整理すれば，論理式「P∧Q」の真偽の条件がわかる。表に整理すると次のようになる。

●P∧Qの真理表

P	Q	P∧Q	
T	T	T	（P・Qの両方が正しい）
T	F	F	（Pが正しくてQが誤り）
F	T	F	（Qが正しくてPが誤り）
F	F	F	（P・Qの両方が誤り）

表に書かれている「T」「F」は「True」「False」の頭文字で，それぞれ「真」「偽」を表している。「T」「F」の代わりに「1」と「0」を用いることも多い。これを真理値と呼ぶ。

まず，表を縦に見てみよう。P・Qの2列を見ると，Pの列は「T・T・F・F」，Qの列は「T・F・T・F」となっている。だから，このPとQを組み合わせると上から1行目は「T・T」，2行目は「T・F」，3行目は「F・T」，4行目は「F・F」となる。つまり，PとQの真偽の組合せのすべての場合を，表のそれぞれの行が表しているわけだ。

真理表が表すもの

次に表を横に見ていこう。表の1行目の組合せ，「T・T・T」はそれぞれ，論理式Pが真・論理式Qが真のとき論理式「P∧Q」が真ということを表す。2行目の「T・F・F」は論理式Pが真・論理式Qが偽のとき論理式「P∧Q」が偽になることを表す。同様に3行目は「F・T・F」で論理式Pが偽・論理式Qが真のとき論理式「P∧Q」は偽になり，4行目は「F・F・F」で論理式P・Qがともに偽の場合に論理式「P∧Q」が偽になることを表す。

このように整理すれば，PとQの真偽から「P∧Q」の真偽を一義的に決定できる。 つまり，「P∧Q」の真偽の条件をすべて表せたわけだ。

実際に，他の文結合子を使った真理表を見てみよう。以下では「T」「F」の代わりに「1」「0」を用いている。

● 「¬P」の真理表

P	¬P
1	0
0	1

論理式Pの列を見てみると「1・0」となっていて，それぞれ命題Pが真の場合・偽の場合を表している。これが命題Pの真偽のすべての場合である。

それぞれの行を横に見ると，Pが真のとき「¬P」は偽になり，Pが偽のとき「¬P」は真になっている。つまり，ちょう

どもとの論理式Pの真偽を逆転させたものが，「¬P」である。
● 「P∨Q」の真理表

P	Q	P∨Q
1	1	1
1	0	1
0	1	1
0	0	0

「∧」の場合と同じく，論理式Pの列は「1・1・0・0」，Qの列は「1・0・1・0」となっている。PとQを組み合わせると1行目から順に「1・1」「1・0」「0・1」「0・0」となり，それぞれP・Qがともに真の場合，Pが真でQが偽の場合，Pが偽でQが真の場合，P・Qがともに偽の場合を表している。

それぞれの行をさらに横に見ると，1行目は「1・1・1」でP・Qがともに真の場合は「P∨Q」も真となることがわかる。2行目・3行目は「1・0・1」「0・1・1」で，PとQのどちらか一方が真で他方が偽のとき「P∨Q」は真になる。4行目は「0・0・0」で，P・Qがともに偽の場合「P∨Q」も偽になる。P・Q両方とも真の場合にも，「P∨Q」は真になることに注意しよう。つまり，「P∨Q」はPとQの少なくとも一方が成り立つことを主張している。

● 「P⇒Q」の真理表

P	Q	P⇒Q
1	1	1
1	0	0
0	1	1
0	0	1

「∧」「∨」と同様，表のPとQの列で，ありえる場合をすべて列挙している。そして，それぞれの行を横に見ると，P・Qがともに真のとき「P⇒Q」は真になる。Pが真でQが偽のとき「P⇒Q」は偽になる。ところが，Pが偽でQが真の場合，P・Qがともに偽の場合，いずれも「P⇒Q」は真になるのだ。

初めは，この「P⇒Q」の真理表にとまどうだろう。が，と

りあえずは「P⇒Q」の表している意味を，この真理表のとおりに覚えておこう。「⇒」の扱いについては，**Section ❸**と**Chapter2**で詳しく説明する。

真理表の簡単な書き方

P・Q・R・…と複数の命題を含む論理式の真理表を実際に書く場合，P・Q・R・…の真偽の組合せのすべてを列挙しなくてはならない。組合せの数が多いので，いちいち考えていては時間がかかる。特に，真理表ごとに表の左側にあるもとの論理式の真偽を書く順序が異なると，混乱を招く。

初めの文記号（Pとする）の縦の列の上半分を「1」で埋め，下半分を「0」にする。全部で8行の真理表なら，上4行を「1」で下4行を「0」にする。次に登場する文記号Qの列を，Pが「1」になっている行の上半分を「1」，下半分を「0」，Pが「0」になっている行の上半分を「1」，下半分を「0」にして書く。つまりPの「1」になっている行と「0」になっている行のそれぞれについて，Pの列を書いたときの作業を繰り返す。以下同様に，R以降を続けていく。

●真理表の簡単な書き方

P	Q	R	…
1	1	1	…
1	1	0	…
1	0	1	…
1	0	0	…
0	1	1	…
0	1	0	…
0	0	1	…
0	0	0	…

P列　上1/2を 1 で埋め，
　　　その下1/2を 0 で埋める
Q列　上1/4を 1 で埋め，
　　　その下1/4を 0 で埋める
R列　上1/8を 1 で埋め，
　　　その下1/8を 0 で埋める
以下繰り返す

このようにすると，機械的に真理表を書いていける。真理表で分析する論理式「…」の真偽も，素早く書いていけるはずだ。

ベン図で領域を表す

ベン図とは，文結合子で結びつけられた命題の真偽の条件と，

集合どうしの関係との対応を利用して，文結合子の意味をわかりやすく図に表したものだ。「P∧Q」を例に考えてみよう。

「P∧Q」は，命題Pで表された事態と命題Qで表された事態とがともに成り立っている場合に真となり，P・Qのどちらか一方でも偽なら偽になる。つまり，Pという条件とQという条件がともに成り立っている場合真になり，そうでないときに偽になる。このとき，Pという条件を満たしている事象の集まり，Qという条件を満たしている事象の集まりをそれぞれ1つずつ円で表す。

●図1

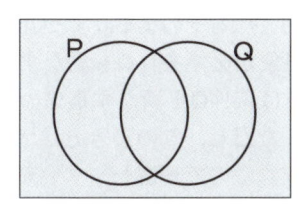

円Pの内側の領域が条件Pの成り立つ事象，外側が条件Pの成り立たない事象を表している。Qについても同様で，内側が条件Qの成り立つ事象，外側が条件Qの成り立たない事象を表している。

すると，この図が条件P・Qをそれぞれ満たすか満たさないか（命題P・Qが真になるかならないか），4つのすべての場合を表していることがわかるだろう。したがって「P∧Q」の表している領域は図2の赤色で示した領域になる。

●図2　P∧Qの領域

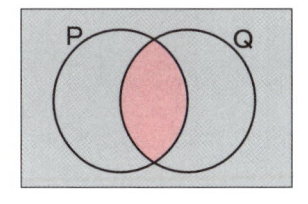

同様に，「¬P」「P∨Q」のベン図は次のようになる。

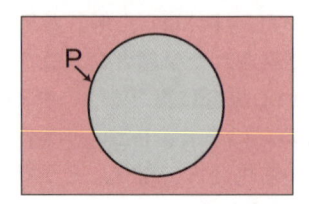

●図3　¬Pの領域　　　●図4　P∨Qの領域

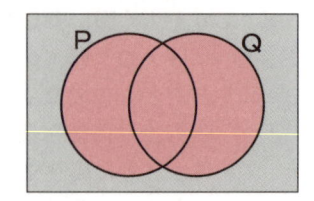

「P⇒Q」のベン図

　「P⇒Q」のベン図は他と異なる。ある条件Pを満たす事象は必ず条件Qも満たす，という主張をそのまま直すと図5になる。

　ある条件Pを満たす事象が必ず条件Qも満たすのだから，条件Pを満たす事象の領域は条件Qを満たす事象の領域に包まれていなくてはならない。ただし，この書き方は，包含関係から含意の関係を直接見て取れるので理解しやすいが，複数のベン図を合わせて考えると，1つのベン図の中に書くのが困難になる（**Chapter4**参照）。

　そこで，「P⇒Q」のもう一つの書き方を考えよう。「P⇒Q」はPが真でQが偽のときのみ偽になり，それ以外の場合は真になる（真理表を参照）。つまり，P・Qの真偽の組合せごとに真偽が定まっているのだから，「¬P」「P∨Q」「P∧Q」と同様のベン図を書いて，Pが真でQが偽のときを除けばよい。それを表したのが図6の赤色で示した領域である。

●図5　P⇒Qの領域　　　●図6　P⇒Qの領域

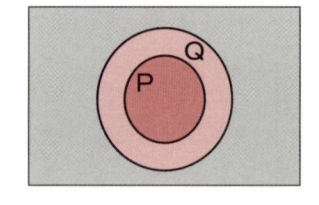

真理表と推論

　Section ❶では，妥当な推論とは「前提の文が正しいときには必ず結論も正しい」推論だと述べた。つまり，前提の文が成り

立っているすべての場合に結論も成り立っているような推論が，妥当な推論である。これを，真理表を用いて説明してみよう。

「前提の文が成り立っているすべての場合」とは，真理表で言えば前提の文がすべて「1」になる場合である。その場合に結論が真になっている，ということは，言い換えれば，それらの行すべてで結論が「1」になっているということだ。たとえば下表のようになっているときである。

P	Q	R	前提1	前提2	結論
1	1	1	1	0	…
1	1	0	1	1	1
1	0	1	1	1	1
1	0	0	0	1	…
0	1	1	1	1	1
0	1	0	0	0	…
0	0	1	1	1	1
0	0	0	0	0	…

このとき，**前提1・2の少なくともどちらか一方が偽である**行（表の1，4，6，8行目）は推論の妥当性に無関係。問題は，前提がともに真である場合である。すると，それらすべての場合で結論が真になっている。つまり，**前提1・2が成り立っているときに結論が誤りえない**，ということがこの真理表から読み取れる。したがってこの推論は，妥当な推論である。逆に次のような真理表が書けた場合は，妥当な推論ではない。

P	Q	R	前提1	前提2	結論
1	1	1	1	0	…
1	1	0	0	1	…
1	0	1	1	1	1
1	0	0	1	1	0
0	1	1	1	1	1
0	1	0	0	0	…
0	0	1	1	1	1
0	0	0	0	1	…

この場合，**前提1・2**がともに「1」となっている行で結論が「0」になる行がある。つまり，**前提1・2**がともに真で結論が偽になる場合がある（4行目）。したがってこの推論は妥当ではない。
　つまり，**推論が妥当であるとは，真理表のすべての前提が真になっている行で，結論が真になることである。**

真理表を書いて確かめる

　Section❶の推論1・2・3の真理表を書いて確かめよう。

●推論1

猿	哺乳類	動物	猿⇒哺乳類	哺乳類⇒動物	猿⇒動物
1	1	1	1	1	1
1	1	0	1	0	0
1	0	1	0	1	1
1	0	0	0	1	0
0	1	1	1	1	1
0	1	0	1	0	1
0	0	1	1	1	1
0	0	0	1	1	1

●推論2

毒薬	水	死ぬ	毒薬⇒水	水⇒死ぬ	毒薬⇒死ぬ
1	1	1	1	1	1
1	1	0	1	0	0
1	0	1	0	1	1
1	0	0	0	1	0
0	1	1	1	1	1
0	1	0	1	0	1
0	0	1	1	1	1
0	0	0	1	1	1

● 推論 3

バナナ	栄養	食べ物	バナナ⇒栄養	食べ物⇒栄養	バナナ⇒食べ物
1	1	1	1	1	1
1	1	0	1	1	0
1	0	1	0	0	1
1	0	0	0	1	0
0	1	1	1	1	1
0	1	0	1	1	1
0	0	1	1	0	1
0	0	0	1	1	1

　推論 3 は「あるモノがバナナであり栄養があり食べ物でない」とき成り立たない。つまり**推論 3** の前提から結論は出てこない。

例題 2

▼例題 1 （p.21〜22）の発言を記号化したものの真理表とベン図を書き，発言が成り立たない場合を挙げよ。
　　　　1　「¬P∨Q」
　　　　2　「P⇒（¬Q∨R）」
　　　　3　「(P∧Q)⇒R」
　　　　4　「P⇒（Q⇒R）」
　　　　5　「(P⇒Q)⇒R」

◆ 解答までの近道MAP

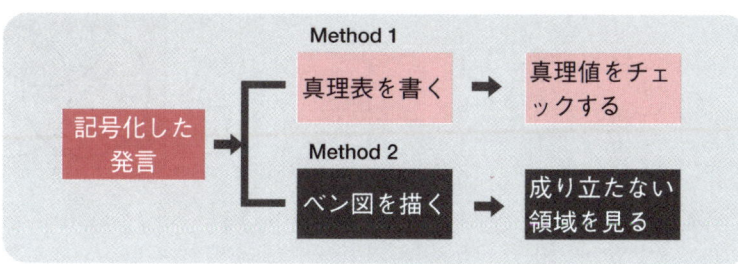

記号化した発言
- Method 1: 真理表を書く → 真理値をチェックする
- Method 2: ベン図を描く → 成り立たない領域を見る

| Method | 真理表とベン図で確かめる |

1 「¬P∨Q」　　P：あなたが生きていられる
　　　　　　　　　Q：私が死ぬ

あなたが生きていられなくなるか，もしくは私が死ぬということになる

●表・図7　¬P∨Q

P	Q	¬P∨Q
1	1	1
1	0	0
0	1	1
0	0	1

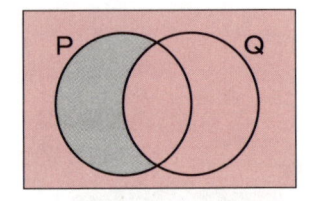

真理表・ベン図より，「あなたが生きていられて，私が死なない」場合には，この発言は成り立たないことがわかる。

2 「P⇒（¬Q∨R）」　　P：クラスに問題がある
　　　　　　　　　　　　Q：A君が来ている
　　　　　　　　　　　　R：B君が来ている

クラスに問題があるときは，必ずA君が来ていないかB君が来ている

●表・図8　P⇒（¬Q∨R）

P	Q	R	¬Q∨R	P⇒（¬Q∨R）
1	1	1	1	1
1	1	0	0	0
1	0	1	1	1
1	0	0	1	1
0	1	1	1	1
0	1	0	0	1
0	0	1	1	1
0	0	0	1	1

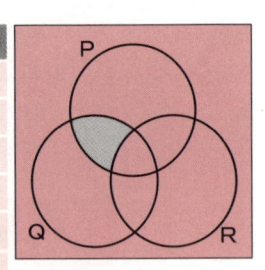

真理表・ベン図より，Pが成り立っていて，Qが成り立ち，かつRが成り立たない場合，つまり「クラスに問題があって，A君が来ていてB君が来ていない」場合に発言は成り立たないことがわかる。

---

3 「(P∧Q) ⇒R」

P：好きな人がいる
Q：かっこいい人に出会う
R：困ることになる

好きな人がいるうえに，かっこいい人に出会うと困ることになる

●表・図9　(P∧Q) ⇒R

P	Q	R	P∧Q	(P∧Q)⇒R
1	1	1	1	1
1	1	0	1	0
1	0	1	0	1
1	0	0	0	1
0	1	1	0	1
0	1	0	0	1
0	0	1	0	1
0	0	0	0	1

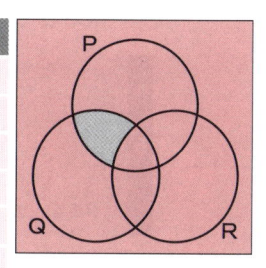

真理表・ベン図を書いてみると，Pが成り立ち，かつQが成り立っているのに，Rが成り立たない場合，つまり「好きな人がいて，かっこいい人に出会い（っているのに），困ることにならない」場合に，この発言が成り立たないことがわかる。

---

4 「P⇒(Q⇒R)」

P：好きな人がいる
Q：かっこいい人に出会う
R：困ることになる

好きな人がいる場合，かっこいい人に出会うのは困ることになる

●表・図10　P⇒(Q⇒R)

P	Q	R	Q⇒R	P⇒(Q⇒R)
1	1	1	1	1
1	1	0	0	0
1	0	1	1	1
1	0	0	1	1
0	1	1	1	1
0	1	0	0	1
0	0	1	1	1
0	0	0	1	1

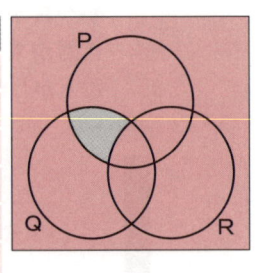

「好きな人がいて，かっこいい人に出会い（っているのに），困ることにならない」場合にこの発言は成り立たない。

5　「(P⇒Q)⇒R」

P：好きな人がいる
Q：かっこいい人に出会う
R：困ることになる

好きな人がいるときにいつもかっこいい人に出会うような人は，困ることになる

●表・図11　(P⇒Q)⇒R

P	Q	R	P⇒Q	(P⇒Q)⇒R
1	1	1	1	1
1	1	0	1	0
1	0	1	0	1
1	0	0	0	1
0	1	1	1	1
0	1	0	1	0
0	0	1	1	1
0	0	0	1	0

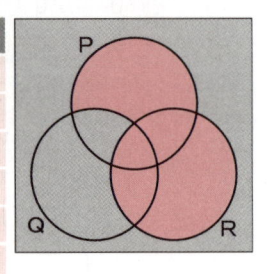

「好きな人がいて，かっこいい人に出会う人が，困ることにならない」「好きな人がいなくて，かっこいい人に出会う人が，困ることにならない」「好きな人もおらず，かっこいい人にも出会わない人が，困ることにならない」場合に成り立たない。

Section ❸ 代表的トートロジーと文結合子の関係

トートロジーとは何か

次の真理表を見てほしい。

P	P⇒P
1	1
0	1

これまでの真理表と異なり，「P⇒P」はすべての行で「1」となっている。つまり，Pが真であろうがなかろうが「P⇒P」は真である。すると，「P⇒P」という形の命題はPが何であっても成り立つ，必ず真である命題だということになる。実際，「P⇒P」の意味を考えてみれば，これは明らかだろう。Pが何であっても，もしPが成り立っているならばPは成り立つ。ある意味で自明な文である。このように，そこに含まれる命題の真偽にかかわらず，必ず真になる命題を恒真文またはトートロジーと言う。

> **Point** トートロジー（恒真文）＝そこに含まれる命題の真偽にかかわらず，必ず真になる命題

トートロジーは，論理的に必ず正しい命題である。だから，ほとんど無意味な命題である。トートロジーの中の命題に何を入れても全体が真になるのだから，逆に言えば，個々の命題の関係について何も主張しない命題なのだ。

だが，いくつかのトートロジーについては，その仕組みを理解しておかなくてはならない。代表的なトートロジーはある論理式と他の論理式の真偽の一致を示す。論理的には同じ2つの論理式なのに，異なる文結合子が使われているため，見かけが異なる場合がある。その場合，そのトートロジーの構造を理解することで，一見異なる文結合子の関係を理解することができる。逆に言えば，文結合子の意味の理解が曖昧だと，その文結合子を用いたトートロジーが自明だとは理解できないだろう。

以下代表的なトートロジーを挙げる。しっかり理解してほしい。

さまざまなトートロジーと文結合子の関係

さまざまなトートロジーを挙げる前に，新しい文結合子を1つ定義しよう。「⇔」である。

P⇔Q ＝ （P⇒Q）∧（Q⇒P）

「P⇔Q」は「Pならば，そのときに限ってQ」と読む。意味は「P⇒Q」と「Q⇒P」がともに成り立つという意味。真理表は次のようになる。

P	Q	P⇒Q	Q⇒P	P⇔Q
1	1	1	1	1
1	0	0	1	0
0	1	1	0	0
0	0	1	1	1

これから挙げるトートロジーの多くは，ある論理式と他の論理式の間に「⇔」の関係が成り立つことを示す。「P⇔Q」の真理表を見ると，PとQの真偽が一致したとき「P⇔Q」は真，PとQの真偽が一致しないときに「P⇔Q」は偽になる。したがって，「P⇔Q」がトートロジーであるということは，Pに当たる論理式とQに入る論理式が論理的にまったく同じ意味であるということだ。つまり，**「P⇔Q」という形の論理式がトートロジーなら，問題を解くときに，Pに当たる論理式とQに当たる論理式とを入れ換えて考えてよい。**これはけっこう役に立つ。PとQが論理的に同じ意味であるときに「P≡Q」と書く。

P≡Q ＝ P⇔Qがトートロジー

では，代表的なトートロジーを見ていこう。真理表を見ながら理解してほしい。「P⇔Q」の形を取るトートロジーはPに当たる論理式とQに当たる論理式の真理表を書いてある。それらの真偽が確かに一致することを理解しよう。他のトートロジーについても，**Section❷**の否定・選言・連言・条件法の真理表を使って，確かめよう。

● 排中律・矛盾律

P∨¬P ／ ¬（P∧¬P）

P	P∨¬P	¬（P∧¬P）
1	1	1
0	1	1

排中律とは「PであるかPでないか，そのどちらかである」という意味である。それに対して，**矛盾律**とは，「Pであることと，Pでないことは同時に成り立たない」ということを主張している。これらは実質的には，同じ意味である。

排中律「PであるかPでないか，そのどちらかである」が常に成り立つことは，すぐわかるだろう。逆に言えば「Pであり，そのうえPではない」という主張も，Pにかかわりなく偽であるのは明らかである。つまり「Pであり，そのうえPではないということはない」（矛盾律）は常に真である。この2つが，次の**ド・モルガンの法則**を使って同値になることを確かめよう。

● ド・モルガンの法則（1）

（¬（P∧Q））⇔（¬P∨¬Q）　　　●図12

P	Q	¬(P∧Q)	¬P∨¬Q
1	1	0	0
1	0	1	1
0	1	1	1
0	0	1	1

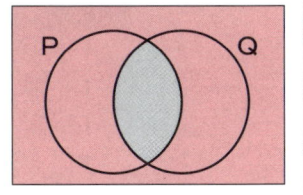

● ド・モルガンの法則（2）

（¬（P∨Q））⇔（¬P∧¬Q）　　　●図13

P	Q	¬(P∨Q)	¬P∧¬Q
1	1	0	0
1	0	0	0
0	1	0	0
0	0	1	1

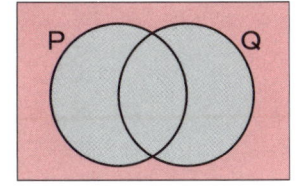

Section❷の否定・選言・連言の真理表と**図12・13**を利用し，成り立つことを確認しよう。否定の文結合子は，カッコの中に入れたりくくったりでき，その際，選言と連言が入れ換わる。これを利用すれば，よりシンプルな形の論理式を作ることができる。

●結合律（１）
((P∨Q) ∨R) ⇔ (P∨ (Q∨R))

P	Q	R	(P∨Q) ∨R	P∨ (Q∨R)
1	1	1	1	1
1	1	0	1	1
1	0	1	1	1
1	0	0	1	1
0	1	1	1	1
0	1	0	1	1
0	0	1	1	1
0	0	0	0	0

●結合律（２）
((P∧Q) ∧R) ⇔ (P∧ (Q∧R))

P	Q	R	(P∧Q)∧R	P∧(Q∧R)
1	1	1	1	1
1	1	0	0	0
1	0	1	0	0
1	0	0	0	0
0	1	1	0	0
0	1	0	0	0
0	0	1	0	0
0	0	0	0	0

つまり，選言・連言のどちらか１種類が３つ以上続くときには，選言なら少なくともどれか１つの文記号が真であり，連言ならすべての文記号が真であるときに，全体の命題が真になる。P，Q，Rの順序はどうでもよいので，カッコをつけて順序を指定する意味がない。したがって，それぞれ単に「P∨Q∨R」「P∧Q∧R」と書けばよい。

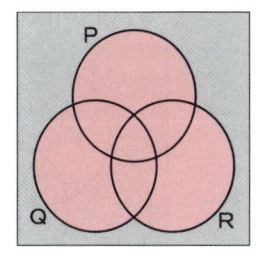

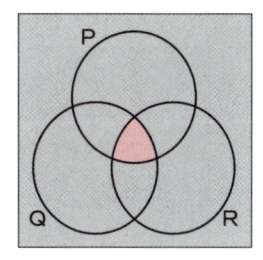

●図14 (P∨Q)∨R≡P∨(Q∨R)　●図15 (P∧Q)∧R≡P∧(Q∧R)

次は分配律である。選言∨・連言∧には掛け算と足し算のような関係が成り立つ。これも便利なので理解しておこう。

●分配律（1）

(P∨ (Q∧R)) ⇔ ((P∨Q) ∧ (P∨R))

P	Q	R	P∨(Q∧R)	(P∨Q)∧(P∨R)
1	1	1	1	1
1	1	0	1	1
1	0	1	1	1
1	0	0	1	1
0	1	1	1	1
0	1	0	0	0
0	0	1	0	0
0	0	0	0	0

●分配律（2）

(P∧ (Q∨R)) ⇔ ((P∧Q) ∨ (P∧R))

P	Q	R	P∧(Q∨R)	(P∧Q)∨(P∧R)
1	1	1	1	1
1	1	0	1	1
1	0	1	1	1
1	0	0	0	0
0	1	1	0	0
0	1	0	0	0
0	0	1	0	0
0	0	0	0	0

●図16　P∨(Q∧R)≡(P∨Q)∧(P∨R)　　●図17　P∧(Q∨R)≡(P∧Q)∨(P∧R)

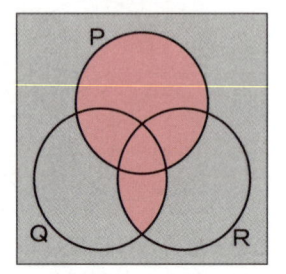

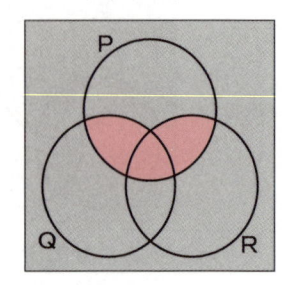

●添加律
　P⇒(P∨Q)

P	Q	P⇒(P∨Q)
1	1	1
1	0	1
0	1	1
0	0	1

●簡約律
　(P∧Q)⇒P

P	Q	(P∧Q)⇒P
1	1	1
1	0	1
0	1	1
0	0	1

ともに意味を考えれば明らかだろう。添加律については，**P**であるときにはもちろん**P**か**Q**の少なくとも一方が成り立っている。簡約律については，**P**でかつ**Q**であるときには，もちろん**P**である。

妥当な結論の意味

　妥当な推論であるとは，**Section ❷**で述べたように，「真理表のすべての前提が真になる行で，結論が真になる」ことであった。つまり前提すべてが成り立つとき，結論も成り立つということである。したがって，一般的に妥当な推論であるとは，「(すべての前提の連言)⇒(結論)」がトートロジーであるということもできる。

　このことは実際に推論を吟味して，前提から結論を導いてくる過程で役に立つ。設問の結論を導いていく過程では，細かな推論を積み上げていく。この細かい推論の一つ一つに，トートロジーを利用できる。つまり，推論のプロセスとは，トートロ

ジーを適用して，最初の論理式を変形していくことなのだ。もちろん，その一つ一つの推論がトートロジーの形式になっているかどうかは，いちいち確かめなくてよい。慣れれば自明だからである。基本的なトートロジーを理解して，複雑なものはそれらを応用して理解しよう。

たとえば，添加律はPから「P∨Q」を，簡約律は「P∧Q」からPを推論してよいことを示すと考えてもよい。次の式は有名な推論形式を表している。これもトートロジーの一つだ。

● 仮言三段論法

((P⇒Q) ∧ (Q⇒R)) ⇒ (P⇒R)

P	Q	R	((P⇒Q) ∧ (Q⇒R)) ⇒ (P⇒R)
1	1	1	1
1	1	0	1
1	0	1	1
1	0	0	1
0	1	1	1
0	1	0	1
0	0	1	1
0	0	0	1

これは，「P⇒Q」と「Q⇒R」が成り立っていれば，「P⇒R」が言える，ということを示している。つまり，「P⇒Q」と「Q⇒R」とから，「P⇒R」を推論してよいわけだ。**Section❶の推論1・2がこの形であることを確認しよう。**

例題3

▼次の論理式がトートロジーであるかどうかを調べよ。

1　（P∧Q）⇒（P∨Q）
2　（P⇒Q）⇒（¬P⇒¬Q）
3　（（（P⇒R）∧（Q⇒R））∧（P∨Q））⇒R

◆ 解答までの近道MAP

記号化して整理　➡　真理表を書く　➡　結論がすべて1になる

Method　真理表を書いて確かめる

実際に真理表を書いてみる。カッコに注意して検討しよう。

● 1　（P∧Q）⇒（P∨Q）

P	Q	P∧Q	P∨Q	（P∧Q）⇒（P∨Q）
1	1	1	1	1
1	0	0	1	1
0	1	0	1	1
0	0	0	0	1

真理表よりこれはトートロジーである。

● 2　（P⇒Q）⇒（¬P⇒¬Q）

P	Q	P⇒Q	¬P⇒¬Q	（P⇒Q）⇒（¬P⇒¬Q）
1	1	1	1	1
1	0	0	1	1
0	1	1	0	0
0	0	1	1	1

真理表の3行目より，これはトートロジーではない。

Chapter2で詳しく扱う「裏を用いた誤った推論」である。
● 3 （((P⇒R) ∧ (Q⇒R)) ∧ (P∨Q)) ⇒R

P	Q	R	P⇒R	Q⇒R	P∨Q	(((P⇒R)∧(Q⇒R))∧(P∨Q))⇒R
1	1	1	1	1	1	1
1	1	0	0	0	1	1
1	0	1	1	1	1	1
1	0	0	0	1	1	1
0	1	1	1	1	1	1
0	1	0	1	0	1	1
0	0	1	1	1	0	1
0	0	0	1	1	0	1

　真理表より，これはトートロジーである。「P⇒R」と「Q⇒R」とが言えているうえに「P∨Q」が言えているのなら，結局「R」を言うことができる。整理して考えればトートロジーであることがわかるだろう。

1 論理記号の意味　　　問題Basic

▼次の文章を読み，下の問い（**問1**・**問2**）に答えよ。

　9人の人たちが1番から9番までのゼッケンをつけている。そのうち何人かは嘘つきの役であり，質問されたら必ず嘘を答えることになっている。残りは正直者の役であり，質問されたら必ず正直に答えることになっている。

　これらの人は全員，誰が嘘つき役で誰が正直者役かを知っているが，あなたは知らない。あなたはこのうちの何人かに「〜番の人は正直者役ですか。」という形式の質問をして，「はい」又は「いいえ」の回答を得たとしよう。

問1　あなたの得た回答が次のものであるとき，正直者役の人数は何人か。あり得る人数をすべて挙げたものを，下の①〜⑤のうちから1つ選べ。

質問相手	誰について	回答
1番	2番	はい
2番	3番	いいえ
3番	4番	はい
4番	5番	はい
5番	6番	いいえ
6番	7番	はい
7番	8番	はい
8番	9番	はい

① 2人, 3人　② 2人, 4人　③ 4人, 5人
④ 3人, 6人　⑤ 2人, 7人

問2　あなたの得た回答が次のものであるとき，正直者役の人数は何人か。あり得る人数をすべて挙げたものを，下の①〜⑤のうちから1つ選べ。

法科大学院［適性試験］推論・分析力　解法の論理ブック

1　論理記号の意味　　　問題Basic

質問相手	誰について	回答
1番	2番	はい
2番	3番	はい
3番	9番	いいえ
4番	5番	はい
6番	7番	はい
7番	8番	いいえ

① 2人，3人，5人，6人，8人
② 2人，4人，5人，6人，7人，8人
③ 2人，3人，4人，5人，6人，7人
④ 2人，4人，5人，7人，8人
⑤ 2人，3人，4人，6人，8人

（16年度センター本試験　第8問）

解答・解説

　　　　与えられた条件から，複数の場合が考えられるような問題。「正直者」か「嘘つき」かという2通りの役割しかない点に注意しよう。質問とその回答は，誰が正直者か嘘つきかではなく，それぞれの人間どうしの**関係**を提示している。

●表：問1　　　　　　　　　　●表：問2

質問相手	誰について	回答
1番	2番	はい
2番	3番	いいえ
3番	4番	はい
4番	5番	はい
5番	6番	いいえ
6番	7番	はい
7番	8番	はい
8番	9番	はい

質問相手	誰について	回答
1番	2番	はい
2番	3番	はい
3番	9番	いいえ
4番	5番	はい
6番	7番	はい
7番	8番	いいえ

　　　　実際に**問1**の表の，質問相手の横に「正直」か「嘘つき」を

上から順に書き込んでみよう。これだけで**問1**は解答できる。だが、それとは別にこの過程で、「いいえ」という答えのところで「正直」と「嘘つき」が切り換わっていることに気づく。「いいえ」で切り換わっていることの意味を考えてみると、問題はもっと単純に解ける。

質問と回答の真の意味──2択の属性と2択の回答

　もし正直者が「n番の人は正直者ですか」と聞かれたとして、「はい」と答えたなら、n番の人は正直者で、「いいえ」と答えたのならn番の人は嘘つきである。他方、もし嘘つきが「n番の人は正直者ですか」と聞かれたとして、「はい」と答えたのならn番の人は嘘つきで、「いいえ」と答えたならn番の人は正直である。これがありうるすべての場合である。

●表1：「n番の人は正直者ですか」という質問について

答える人の属性	回答	n番の人の属性
正直	はい	正直
正直	いいえ	嘘つき
嘘つき	はい	嘘つき
嘘つき	いいえ	正直

　表1の1・3行目を見ると、「はい」と答えているときは、「答える人の属性」と「n番の人の属性」が一致している。それに対して、表1の2・4行目より、「いいえ」と答えているときは、「答える人の属性」と「n番の人の属性」が異なる。
　これは実は、「P」と「¬P」という2つの論理式の真理表とまったく同じ発想なのである。本設問の質問・回答は回答者の性質を「P」とすると、言及されている相手が「はい」なら相手の性質も「P」、「いいえ」なら相手の性質が「¬P」になる。もちろん「P」が「正直者」か「嘘つき」かはわからないままだ。
　属性は2つしかないのだから、あとは1〜9番のグループ分けを考えていけば問題は簡単に解けるだろう。単純に「グループ分け」の問題だと言うことがわかったら、実は組合せをいちいち考えなくても解答できる。

法科大学院［適性試験］推論・分析力　解法の論理ブック

1　論理記号の意味　　　　　　　問題Basic

問1　　グループ分けを考える

　回答によって，1～9番を2つの属性グループに分ける。「はい」回答では，質問相手と質問で言及された人が同じグループ，「いいえ」とあったら，異なるグループである。

●図18

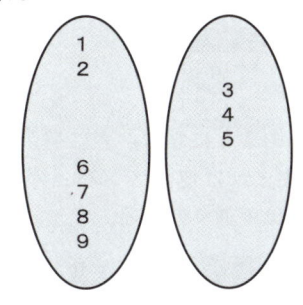

```
  ┌─────┐    ┌─────┐
  │  1  │    │     │
  │  2  │    │  3  │
  │     │    │  4  │
  │     │    │  5  │
  │  6  │    │     │
  │  7  │    │     │
  │  8  │    │     │
  │  9  │    │     │
  └─────┘    └─────┘
```

　表の1行目より，回答が「はい」となっているから1番と2番は同じグループ。同様に2番と3番は異なるグループ，3番と4番は同じ，4番と5番は同じ，…としていく。ありうる正直者の人数は**図18**より，3人と6人である。したがって正解は④。

問2　　グループ分けの性質を利用する

　問1と同様にグループ分けを考える。だが，実際には「グループ分け」だと気づいた時点で答えが出る。「グループ分け」なのだから，正解の選択肢の中には「足して9人になる人数のペア」が必ず挙がっているはずだ（たとえば「2人」が可能なら「7人」も可能でなくてはならない）。この時点で選択肢を見ると，③以外，すべてこの条件を満たしていない。よって正解は③。

　解答中にはまったく考えなくてもよいが，実際のグループ分けは，**図19**のようになる。仮に，1番が入るグループをAグループ，他方をBグループと呼ぶ。

　まず，**問2**の表の1～3行目より，1番・2番・3番がAで9番がBである。また，4番・5番は同じグループ（AでもBでもよい）。6番・7番は同じグループである。

●図19

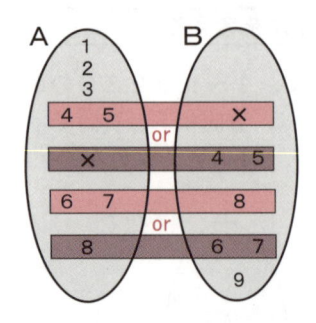

A: 1, 2, 3
4 5 / × or
× / 4 5
6 7 / 8
8 / 6 7
B: 9

以上を表に直すと下のようになる。表に挙がっている1番・6番・4番の役割が決まれば他のメンバーの役割も決まる。ありうるグループ分けは4通りになる。

1番	6番	4番	Aの人数
A	A	A	7人
A	A	B	5人
A	B	A	6人
A	B	B	4人

つまり，可能な正直者の人数は，2人（7人が可能だから）・3人（6人が可能だから）・4人・5人・6人・7人である。確かに正解は③。

Solution

◆妥当な推論とは，前提が正しいときに必ず結論も正しい推論である

◆「でない」「または」「かつ」「ならば」などの関係を決める言葉（文結合子）を使い，日常表現を論理式に整理する

◆論理式を記号化し，真理表・ベン図を使って真偽を確かめる

◆トートロジーを理解して，推論・変形・簡略化する

Chapter 2 「ならば」の理解

　ここでは条件法「ならば」を詳しく学ぶ。論理的な演算はもちろん，そのほかの多くの問題においては，条件法を理解することでスムーズな解答ができる。「ならば」を使った文は何を表しているのか，どのように扱えばよいのか，学んでいこう。

Technic

❶ 「ならば」の意味の深い理解

　「ならば」の言い換え・否定・反例の出し方

❷ 逆・裏・対偶の関係

　「P⇒Q」は「¬Q⇒¬P」と同じである

❸ 日常表現の「ならば」・複数の「ならば」

　どんな表現が「ならば」と見なせるのか

2 「ならば」の理解　　基本と例題

Section ❶ 「ならば」の実質的意味

真理表から読み取れる条件法の意味

「P⇒Q」の真理表を見てみよう。

P	Q	P⇒Q
1	1	1
1	0	0
0	1	1
0	0	1

Chapter1で述べたように，「P」が真で「Q」が偽の場合に「P⇒Q」は偽となり，その他の場合はすべて真になる。特に，**「P」が偽の場合に常に「P⇒Q」が真になる**ことに注意しよう。これは日常感覚とずいぶん違う。何を意味しているのだろうか。

前件が偽の場合

> **命題ア**　A子が大学院に行くんだったら，俺も大学院に行くよ。

記号化すると，「A子が大学院に行く⇒俺も大学院に行く」となる。発言したのはB男だとして，彼が本当のことを述べているのか，考えられるすべての場合で見てみよう。**命題ア**は「P⇒Q」の形になっているから，「P⇒Q」の真理表と同じく，次の4つの場合が考えられる。

> 1　A子が大学院に行く，B男も大学院に行く
> 2　A子が大学院に行く，B男は大学院に行かない
> 3　A子が大学院に行かない，B男が大学院に行く
> 4　A子が大学院に行かない，B男も大学院に行かない

1・2の場合は簡単だ。1では，A子が大学院に行って，B男も大学院に行っている。だから，「A子が大学院に行く⇒俺も大学院に行く」は本当だ。他方2では，A子が大学院に行くのにB男が大学院に行かないのだから，B男は自分の発言に反している。つまり，1の場合に命題は真になり，2の場合は偽になるのだ。

ところで，**命題ア**は「A子が大学院に行く⇒…」という形だから，A子が大学院に行った場合を述べるだけで，A子が大学院に行かなかった場合のことは，何も述べていない。つまり，A子が大学院に行かないなら，B男が大学院に行こうが行くまいが，嘘をついたことにはならない。したがって，3・4の場合では，**命題ア**は少なくとも偽ではないのだ。

「P⇒Q」と「P⇔Q」

実は「P⇒Q」をPが偽の場合にも偽にすると，「P⇒Q」よりも強い意味の命題になってしまう。この意味をより詳しく見るために，「P⇒Q」とよく似た真理表を作ってみよう。新しい文―論理式を仮にXとして，「P⇒Q」の真理表の，3行目を偽にした真理表を書くと次のようになる。

P	Q	P⇒Q	X
1	1	1	1
1	0	0	0
0	1	1	0
0	0	1	1

Xは「P」と「Q」の真偽が一致したとき，つまり「P」と「Q」の組合せが1，1か0，0のときに真となり，一致していないとき，つまり「P」と「Q」の組合せが1，0か0，1のときに偽となる。つまり，Xが成り立つときには，「P」が真であれば「Q」が真であることを推論できるだけでなく，逆にたどって「Q」が真であれば「P」が真であることも推論できる。

もし**命題ア**が真で，A子が大学院に行ったとしたら，B男も大学院に行ったはずである。しかし，この命題が成り立ってい

ても，B男が大学院に行ったことからA子が大学院に行ったということは推論できない。だが，**X**では，B男が大学院に行ったことからA子が大学院に行ったことも推論できてしまう。つまり，**X**は「(P⇒Q) ∧ (Q⇒P)」，すなわち「P⇔Q」なのだ。

「P⇒Q」は「もしPであったらQ」という仮定を表している命題だから，仮定「P」が成り立つ場合には「Q」の真偽によって命題「P⇒Q」の真偽も変わる。だが，仮定「P」が成り立たない場合については「P⇒Q」は何も言っていない。したがって「P」が成り立たないときには，「P⇒Q」を偽にすることはできないのである。

「P⇒Q」は「￢P∨Q」と同じ

次の真理表を見てみよう。

● (P⇒Q) ⇔ (￢P∨Q)

P	Q	P⇒Q	￢P∨Q
1	1	1	1
1	0	0	0
0	1	1	1
0	0	1	1

1行1行を確かめ，「P⇒Q」が「￢P∨Q」と同じ真理表になる，つまりトートロジーになることを確認しよう。「(P⇒Q) ⇔ (￢P∨Q)」である，とは「P⇒Q」と「￢P∨Q」が論理的に同じ意味ということだ。したがって，論理的には「P⇒Q」が意味するのは，「￢P∨Q」でしかない。「ならば」という語感に惑わされて，「⇒」にそれ以上の意味を読み込んではならない。

Point P⇒Q ≡ ￢P∨Q

「P⇒Q」と「￢P∨Q」とが同じ意味であることは，「(P⇒Q) ⇔ (￢P∨Q)」の右側「(￢P∨Q)」を二重に否定して得られる「￢￢(￢P∨Q)」を考えると直感的にわかりやすい。「￢￢(￢P∨Q)」は**Chapter1**で述べたド・モルガンの法則により

「¬」を1つカッコの中に入れて,「¬((¬¬P)∧(¬Q))」,すなわち「¬(P∧¬Q)」である(二重否定を肯定にする)。すると,次のようなトートロジーが得られる。

● (P⇒Q) ⇔ ¬(P∧¬Q)

P	Q	P⇒Q	P∧¬Q	¬(P∧¬Q)
1	1	1	0	1
1	0	0	1	0
0	1	1	0	1
0	0	1	0	1

すなわち,「PならばQである」とは「PであってQではない,ということはない」という意味なのである。「P」でありながら「Qでない」ようなことはないのだから,もし「P」であるなら必ず「Q」なのである。このように定義すれば,「P⇒Q」は「P」という条件が成り立つ場合だけで,「P」が成り立たない場合については何も述べていないという先に述べた内容も簡単に理解できるだろう。

否定と反例

また,「P⇒Q」は「¬P∨Q」なのだから,「P⇒Q」を否定した命題「¬(P⇒Q)」は,「¬P∨Q」(あるいは「¬(P∧¬Q)」)を否定して得られる「P∧¬Q」と同じである。

● ¬(P⇒Q) ⇔ (P∧¬Q)

P	Q	¬(P⇒Q)	P∧¬Q
1	1	0	0
1	0	1	1
0	1	0	0
0	0	0	0

つまり,「P⇒Q」を否定するためには,「P∧¬Q」が言えなくてはならない。「PならばQ」を否定するためには,Pであって,しかもQでない場合を出せばよいのだ。この「P∧¬Q」の形,つまり「PであってQでない」という命題が「P⇒Q」に対する反例の形である。**Chapter3**で詳しく述べるが,普通,「P

⇒Q」の形を取る条件文に対して反例は1つ出せば十分である。逆に言えば，反例つまり「P∧¬Q」の形を取れるような関係の「P」「Q」がないなら，「P⇒Q」が成り立つと言えるわけだ。

例題 1

▼以下の文を例にならって記号化し，それを否定した論理式を書け。その際，できるだけわかりやすい論理式にしてみよう。

1　扇風機かエアコンがあれば夏を乗り切れる。
2　目的があっても手段がなければ夢で終わってしまう。
3　そこでビルが見えないんなら，地図が読めてないか人の話を聞いてないかどっちかだよ。
4　初犯なら見逃してもらえるか，そうでなくても警察に通報はされないよ。

　　例　猫は気まぐれで自分勝手だ。
　　　P：猫である
　　　Q：気まぐれだ
　　　R：自分勝手だ
とすると，

P⇒（Q∧R）

となる。否定すると

¬（P⇒（Q∧R））
≡　P∧¬（Q∧R）　　　¬（P⇒Q）　≡　P∧¬Q
≡　P∧（¬Q∨¬R）　　ド・モルガンの法則

➡「猫なのに気まぐれではないかまたは自分勝手ではない」

解答までの近道MAP

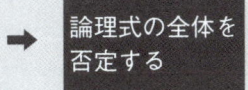

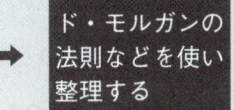

記号化して論理式を立てる → 論理式の全体を否定する → ド・モルガンの法則などを使い整理する

Method　　$\neg(P \Rightarrow Q) \equiv P \wedge \neg Q$, ド・モルガンの法則

1 <u>扇風機か</u><u>エアコンがあれば</u><u>夏を乗り切れる</u>。
　　P　　　Q　　　　　　　　R

　　P：扇風機がある
　　Q：エアコンがある
　　R：夏を乗り切れる

とすると，

$(P \vee Q) \Rightarrow R$

となる。否定すると，

$\neg((P \vee Q) \Rightarrow R)$
$\equiv (P \vee Q) \wedge \neg R$　　　$\neg(P \Rightarrow Q) \equiv P \wedge \neg Q$

　➡「扇風機かエアコンがあるのに夏が乗り切れない」

2 <u>目的があっても</u><u>手段がなければ</u><u>夢で終わってしまう</u>。
　　P　　　　　　Q　　　　　　R

　　P：目的がある
　　Q：手段がある
　　R：夢で終わってしまう

とすると，

$(P \wedge \neg Q) \Rightarrow R$

となる。「ても」という言葉に注意しよう。否定すると，

¬((P∧¬Q)⇒R)
≡ (P∧¬Q)∧¬R   ¬(P⇒Q) ≡ P∧¬Q

カッコを省略すると，

P∧¬Q∧¬R

➡「目的があって手段がなくても夢で終わらない」

3 そこでビルが見え**ない**んなら，地図が読めて**ない**か人の話を聞いて**ない**かどっちかだよ。
（P, Q, R）

P：（そこで）ビルが見える
Q：地図が読める
R：人の話を聞いている

とすると，

¬P⇒(¬Q∨¬R)

となる。否定すると，

¬(¬P⇒(¬Q∨¬R))
≡ ¬P∧¬(¬Q∨¬R)   ¬(P⇒Q) ≡ P∧¬Q
≡ ¬P∧(Q∧R)   ド・モルガンの法則，二重否定
≡ ¬P∧Q∧R   カッコを省略

➡「そこでビルは見えないが，地図も読めるし人の話も聞いている」

4 初犯なら，見逃してもらえるか，そうでなくても警察に通報はされ**ない**よ。
（P, Q, R）

P：初犯である
Q：見逃してもらえる
R：警察に通報される

とする。「…か，そうでなくても～」の「そう」は「見逃して

もらえる」を指示しているので，「初犯なら」の条件法は文全体に掛かる。

P⇒(Q∨(¬Q∧¬R))

最初に分配律を用いる方法

P⇒(Q∨(¬Q∧¬R))
≡ P⇒((Q∨¬Q)∧(Q∨¬R))　　分配律
≡ P⇒(Q∨¬R)　　「Q∨¬Q」はトートロジー。連言で
　　　　　　　　　　つないでも意味が変化しない

否定すると，

¬(P⇒(Q∨¬R))
≡ P∧¬(Q∨¬R)　　¬(P⇒Q)≡P∧¬Q
≡ P∧(¬Q∧R)　　ド・モルガンの法則，二重否定

カッコを省略して，

P∧¬Q∧R

最初に否定する方法

¬(P⇒(Q∨(¬Q∧¬R)))
≡ P∧¬(Q∨(¬Q∧¬R))　¬(P⇒Q)≡P∧¬Q
≡ P∧(¬Q∧¬(¬Q∧¬R))　ド・モルガンの法則
≡ P∧(¬Q∧(Q∨R))　　　ド・モルガンの法則，二重否定
≡ P∧((¬Q∧Q)∨(¬Q∧R))　分配律
≡ P∧(¬Q∧R)　　「¬Q∧Q」は矛盾なので成立しない。
　　　　　　　　　選言の残り一方を自動的に選べる
≡ P∧¬Q∧R　　カッコを省略

➡「初犯でも見逃してもらえず警察にも通報される」

Section ❷ 逆・裏・対偶

必要条件・十分条件

2つの命題「P」と「Q」との間に「P⇒Q」という関係が成り立つとき，「P」を「Q」の十分条件，「Q」を「P」の必要条件と言う。

たとえば，「P」を「東京にいる」，「Q」を「日本にいる」としよう。すると，「東京にいる⇒日本にいる」という関係が成り立つ。このとき，「東京にいる」という条件は「日本にいる」という条件を含んでいる。つまり，「日本にいる」ことを言うためには「東京にいる」と言えば「十分」である。他方，「日本にいる」が言えなかったら「東京にいる」は言えない。つまり，「東京にいる」には，「日本にいる」というのは「必要」なのである。

●図1　必要条件・十分条件

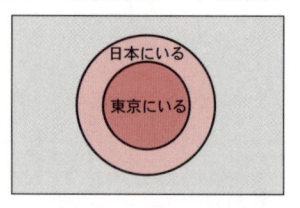

「東京にいる」は「日本にいる」の
十分条件

「日本にいる」は「東京にいる」の
必要条件

Point　P⇒Q　のとき，PはQの十分条件，QはPの必要条件

特に，「P」と「Q」の間に「P⇒Q」と同時に「Q⇒P」という関係がある（これを「P⇔Q」と表す）とき，一方が他方の**必要十分条件**であると言う。

たとえば「2で割り切れ，かつ，3でも割り切れる」数と「6で割り切れる」数との関係を考えよう。「((2で割り切れる)∧(3で割り切れる))⇒(6で割り切れる)」という関係があり，同時に「(6で割り切れる)⇒((2で割り切れる)∧(3で割り切れる))」という関係がある。

つまり，ある数が「2で割り切れ，かつ，3でも割り切れ」れば，その数は「6で割り切れる」のに「十分」である。同時

にある数が「2で割り切れ，かつ，3でも割り切れる」ことは，その数が「6で割り切れる」ために「必要」である。つまり「2で割り切れ，かつ，3でも割り切れる」ことは「6で割り切れる」ことの必要十分条件である。もちろん，「6で割り切れる」ことも同様に「2で割り切れ，かつ，3でも割り切れる」ことの必要十分条件になっている。

●図2　2と3で割り切れる⇔6で割り切れる

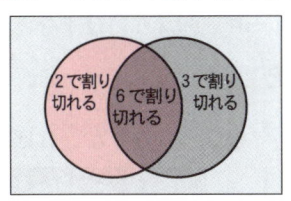

（ベン図：2で割り切れる／6で割り切れる／3で割り切れる）

Point　（P⇒Q）∧（Q⇒P）のとき，PはQの必要十分条件，QはPの必要十分条件

命題の逆・裏・対偶

「P⇒Q」に対して，次のような形の命題を考える。

```
Q⇒P      逆
¬P⇒¬Q    裏
¬Q⇒¬P    対偶
```

これらをそれぞれ逆・裏・対偶と言う。「P⇒Q」の逆・裏・対偶の真理表を書くと，次のようになる。

●「P⇒Q」「Q⇒P」「¬P⇒¬Q」「¬Q⇒¬P」

P	Q	P⇒Q	Q⇒P	¬P⇒¬Q	¬Q⇒¬P
1	1	1	1	1	1
1	0	0	1	1	0
0	1	1	0	0	1
0	0	1	1	1	1

すると，もとの論理式「P⇒Q」と「¬Q⇒¬P」の真偽がすべての場合で一致する。つまり次のトートロジーが成り立つ。

（P⇒Q）⇔（¬Q⇒¬P）　　対偶律

これは，次のように考えればわかりやすい。「P⇒Q」が成り立つとき，「P」は「Q」に対する十分条件で，「Q」は「P」に対する必要条件だ。つまり，「Q」を言うためには「P」と言えば十分であり，逆に「P」を言うためには「Q」であることが必要だ。つまり，「P」だったら「Q」になってしまうから，「¬P」であることは「¬Q」を言うのにどうしても必要だ。同時に「P」を言うために少なくとも「Q」であることが必要だから，「¬Q」と言えば「¬P」を言うには十分となる。

Point　P⇒Q　≡　¬Q⇒¬P

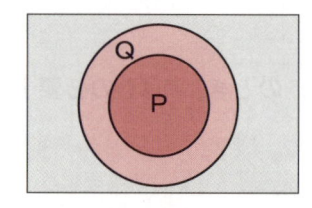

●図3　PならばQ　　　　　　●図4　QでなければPでない

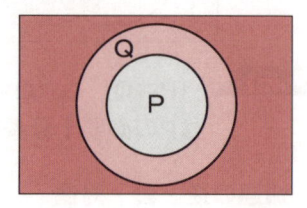

　図3では，「P」の領域が「Q」の領域に含まれている。図4も同じ条件を表しているが，「¬Q」の領域が「¬P」の領域に「含まれている」ことがわかるだろう。

「逆は必ずしも真ならず」

　今度は，真理表の「P⇒Q」と「Q⇒P」の列に注目しよう。真理表の2行目と3行目で2つの論理式は真偽が異なっている。2行目では前者が偽・後者が真であり，3行目では前者が真・後者が偽である。
　一方が真なのに他方が偽になる場合がそれぞれの論理式についてあるのだから，一方から他方を推論できるような関係にはない。つまり「P⇒Q」から「Q⇒P」を推論したり，逆に「Q⇒P」から「P⇒Q」を推論したりするのは，誤った推論である。もちろん，この形の推論を必要とする推論も，妥当ではない。
　ところで，「P⇒Q」の逆を取った「Q⇒P」と，裏を取った「¬P⇒¬Q」の真偽はすべての場合で一致する。したがって，

「逆は必ずしも真ならず」だけでなく、「**裏は必ずしも真ならず**」にもなるのだ。

対偶を取って命題をシンプルにする

対偶律を利用すると、複雑な命題もシンプルにできる。なぜなら、対偶を取ると、命題の前件と後件に否定がつくが、逆に前件や後件に否定がつく命題は二重否定になって、否定を「消去」できるからだ。また、条件法を用いた命題では、推論に都合のよい前件を持つ命題を作ろうとして、対偶を取ることも多い（**Chapter4**参照）。だから、どんな命題であっても素早く確実に対偶を取れるように訓練しよう。

他方で、対偶を取っても「¬」が消えない場合は、対偶を取るとかえって複雑になることが多い。その場合は、トートロジー（**Chapter1, Section❸**参照）を利用して、命題の前件・後件をよりシンプルな命題に直せないかを考えてみよう。

例題 2

▼例題1の文を例にならって記号化し、対偶を取れ。その際、できるだけわかりやすい論理式にしてみよう。

1　扇風機かエアコンがあれば夏を乗り切れる。
2　目的があっても手段がなければ夢で終わってしまう。
3　そこでビルが見えないんなら、地図が読めてないか人の話を聞いてないかどっちかだよ。
4　初犯なら見逃してもらえるか、そうでなくても警察に通報はされないよ。

　　例　猫は気まぐれで自分勝手だ。
　　　　P：猫である
　　　　Q：気まぐれだ
　　　　R：自分勝手だ
　　とすると、
　　　　P⇒（Q∧R）

となる。対偶を取ると,

¬（Q∧R）⇒¬P　　　　対偶を取る
≡（¬Q∨¬R）⇒¬P　　　ド・モルガンの法則

➡「気まぐれでないか自分勝手でないなら猫ではない」

◆ 解答までの近道MAP

記号化する ➡ 対偶を取って,ド・モルガンの法則で整理 ➡ 文章に直す

Method　対偶を取る，ド・モルガンの法則

1　扇風機かエアコンがあれば夏を乗り切れる。
　　　　P　　　　Q　　　　　　　R

　P：扇風機がある
　Q：エアコンがある
　R：夏を乗り切れる

とすると,

（P∨Q）⇒R

となる。対偶を取ると,

¬R⇒¬（P∨Q）　　　　対偶を取る
≡　¬R⇒（¬P∧¬Q）　　ド・モルガンの法則

➡「夏を乗り切れないなら，扇風機もエアコンもない」

2　目的があっても手段がなければ夢で終わってしまう。
　　　　P　　　　　Q　　　　　　R

P：目的がある
Q：手段がある
R：夢で終わってしまう

とすると，

(P∧¬Q) ⇒ R

となる。対偶を取ると，

¬R⇒¬(P∧¬Q)　　対偶を取る
≡　¬R⇒(¬P∨Q)　　ド・モルガンの法則

➡「夢で終わってしまうのでないなら，目的がないか手段がある」

3 そこでビルが見えないんなら，地図が読めてないか人の話を聞いてないかどっちかだよ。
（P、Q、R）

P：（そこで）ビルが見える
Q：地図が読める
R：人の話を聞いている

とすると，

¬P⇒(¬Q∨¬R)

となる。対偶を取ると，

¬(¬Q∨¬R) ⇒P　　対偶を取る
≡　(Q∧R) ⇒P　　ド・モルガンの法則，二重否定

➡「地図が読めて人の話を聞いているなら，そこでビルが見える」

4 初犯なら見逃してもらえるか，そうでなくても警察に通報はされないよ。
（P、Q、R）

P：初犯である
Q：見逃してもらえる

　　　　　R：警察に通報される

とすると，

　　　P⇒（Q∨（¬Q∧¬R））

となる。対偶を取ると，

	¬（Q∨（¬Q∧¬R））⇒¬P	対偶を取る
≡	（¬Q∧¬（¬Q∧¬R））⇒¬P	ド・モルガンの法則
≡	（¬Q∧（Q∨R））⇒¬P	ド・モルガンの法則，二重否定
≡	((¬Q∧Q)∨(¬Q∧R))⇒¬P	分配律
≡	（¬Q∧R）⇒¬P	「¬Q∧Q」は矛盾しているので，選言の残り一方を自動的に選べる

　➡「見逃してもらえず警察に通報されるのなら，初犯ではない」

Section ❸ 「ならば」の具体的使用

「ならば」と見なせる日常表現

　Chapter1では，「PはQである」や「Pするときは，必ずQ」などの表現が，「P⇒Q」と形式化できることを示した。だが，「P⇒Q」の意味は「もしPであったらQである」という意味だから，「P」という条件（命題）から「Q」という条件（命題）が言えるのなら，いつでも「P⇒Q」と言ってよい。つまり，このような関係を表す表現なら，すべて条件法で形式化できるのだ。逆に言うと，条件法で形式化できる日常的言語表現は無数にある。

　設問は日常表現で書いてあるので，条件法で形式化できるかどうかを調べなければならない。しかし，そういう表現をすべて覚えることはできないので，代表的な表現を覚えて応用する。見慣れない表現に当たったらどうするか？　条件法で分析できるのは，2つの異なる命題（条件）の間に含意関係（一方が他方に対して十分条件となる関係）がある場合だ。だから，この

関係が成り立っているかどうかを確かめることになる。

限定を表す表現

まず代表的なのは、「…だけが～」や「…なのは～のときに限る」といった限定を表す表現だ。「PだけがQ」「QなのはPに限る」などは「Q⇒P」と形式化できる。

具体的に「病気の人だけが病院に行く」（あるいは、「病院に行くのは、病気の人だけだ」）という表現を考えてみよう。

　P：病気である
　Q：病院に行く

上の条件が成り立っているとして、「病院」の待合室・病室をのぞいてみる。「病気の人だけしか、病院に行かない」のだから、そこにいる人は当然病気の人だ。次に、病院の外を見ると、病気でない人がいるのは当然として、病気の人がいてもよい。なぜなら、この条件から読み取れるのは病院に行く人が病気の人に限られていることだけだからだ。病院に行く人は病気の人だが、逆に病気の人には病院に行く人も行かない人もいる。つまり、この条件の下では「病院に行く」ことが「病気である」ことの十分条件、「病気である」ことが「病院に行く」ことの必要条件になる。だから「病院に行く⇒病気である」と書ける。

> **Point** PだけがQ（QなのはPだけ）➡ Q⇒P

必要性を表す表現

次に、条件法を表す表現としては、必要性を表す表現がある。「PはQになくてはならない（必要だ）」「PがないとQできない」等がある。2つとも「P」が「Q」に対して必要なのだから、「Q⇒P」である。後者は、「…がない」「…と、～」という表現をそのまま「¬」「⇒」で解釈して「¬P⇒¬Q」とし、対偶を取って「Q⇒P」とできる。

また、Section ❶の「P⇒Q ≡ ¬P∨Q」を利用すれば、選言で解釈できる表現は条件法でも解釈できることがわかる。論理式の演算をするような問題以外でも、これを覚えておくと問

題の条件を整理して考えることができる。逆に**条件法も選言と見なせる**。

たとえば「P」「P⇒（Q∨R）」という形の2つの条件が問題を解く過程で現れたとしよう。そうすると，次のようになる。

（Q∨R）≡　（¬Q⇒R）　　　（P⇒Q）≡　¬P∨Qを利用
（Q∨R）≡　（¬R⇒Q）

後者は「（P⇒Q）≡　¬P∨Q」の「P」に「¬P」を代入すると「（¬P⇒Q）≡　¬（¬P）∨Q」すなわち「（¬P⇒Q）≡　P∨Q」が得られる。つまり，

「P⇒（Q∨R）」は「P⇒（¬Q⇒R）」

と考えてよい。したがってこの条件の下で「R」であることを示すには，「P」の他に「¬Q」を示せば十分である。

複数の「ならば」の取り扱い

Chapter1の例題1・2の文章の3・4を見てみよう。「（P∧Q）⇒R」と「P⇒（Q⇒R）」が同じ真理表を持っている。つまり，次のトートロジーが成り立つ。

● （（P∧Q）⇒R）⇔（P⇒（Q⇒R））

P	Q	R	(P∧Q)⇒R	P⇒(Q⇒R)
1	1	1	1	1
1	1	0	0	0
1	0	1	1	1
1	0	0	1	1
0	1	1	1	1
0	1	0	1	1
0	0	1	1	1
0	0	0	1	1

したがって，「Pが成り立っているときに，もし（さらに）Qが成り立っていたらRである」は「もしPでそのうえQだったらRである」と同じことである。

だから，「P⇒（Q⇒R）」という条件が問題を解く過程で現

れたならば「(P∧Q) ⇒R」という条件と書き換えてよい。複数の条件法が現れると直感的に理解しにくくなるから、こうしたトートロジーを利用して、与えられた条件を整理しよう。

「P⇒Q⇒R」は意味をなさない

一方，同じ**Chapter1**の例題1・2の5には「(P⇒Q) ⇒R」が出てくる。この論理式の真理表を書くと，「P⇒ (Q⇒R)」とは異なっている。

● (P⇒Q) ⇒R

P	Q	R	P⇒(Q⇒R)	(P⇒Q)⇒R
1	1	1	1	1
1	1	0	0	0
1	0	1	1	1
1	0	0	1	1
0	1	1	1	1
0	1	0	1	0
0	0	1	1	1
0	0	0	1	0

したがって，「(P⇒Q) ⇒R」と「P⇒ (Q⇒R)」の2つの論理式は意味が異なる。「(P⇒Q) ⇒R」は選言を利用して直すと「(¬P∨Q) ⇒R」。つまり「PでないかQであるか，少なくともどちらか一方ならば，Rである」という意味だ。

$(P⇒ (Q⇒R)) ≡ ((P∧Q) ⇒R)$
$((P⇒Q) ⇒R) ≡ ((¬P∨Q) ⇒R)$

だから「P⇒ (Q⇒R)」と「(P⇒Q) ⇒R」の意味は異なる。カッコを省略した「P⇒Q⇒R」は意味をなさない。推論を積み重ねていく段階で，「〜ならば〜ならば…」と続けて混乱しないようにしたい。

ベン図を描いてみる

図5は「P⇒ (Q⇒R)」だが，まず「P⇒…」とあるので「P」が成り立つ場合には後件の「(Q⇒R)」も成り立つ。だから

「P」の領域内では「Q」の領域はRの領域に包まれる。一方，「P」が成り立たない場合は後件「(Q⇒R)」が成り立たなくてよい。だから「P」の領域外で，「Q」の領域と「R」の領域が交差する。

図6は「(P⇒Q)⇒R」だが，「(￢P∨Q)⇒…」とあるので「P⇒Q」が成り立つときは「R」も成り立つ。だから「P」が「Q」に包まれる領域は「R」にも包まれる。一方，「P⇒Q」が成り立たない場合は「R」が成り立たなくてもよい。ベン図は「￢R」を用いて若干変則的に描いてある。

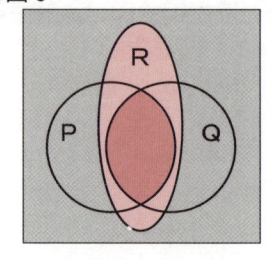

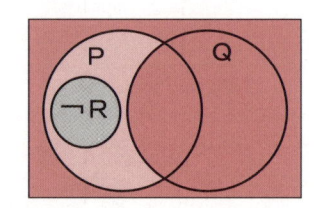

●図5　　　　　　　　　●図6

含意と因果関係，時間

父親が息子A君が受験にやる気を示さないことを嘆いて，次のように言った。「(Aは)叱れられないと，やる気を示さない」。この条件の対偶を取ると「(Aは)やる気を示すと，叱られる」となる。A君は受験にやる気を示すと叱られてしまうのか？もちろん，そんなことはない。これは条件法でつながれた関係と因果関係・時間の関係とを取り違えたのである。因果関係・時間の関係を加味して「(Aが)やる気を示しているなら，(以前に)叱られている(からだ)」と解釈すべきなのだ。

> 条件法「ならば」で表される関係を因果関係と混同してはいけない。条件法が示しているのは，条件間の必要性・十分性だけで，因果関係・時間の順序ではない。それを忘れるとおかしな解釈に陥る。

例題3

▼①〜⑤のうち，つぎの「研究チームの声明」に対する批判として最も適切なものを1つ選びなさい。

　ある国は，地震国なので，危険な化学薬品Xの製造工場を建設するには，安全性の観点から国による耐震性の検査に合格して国から建設許可を受けなければならない。この国では，過去統計に残る限りで最大の地震が震度6であったことから，国のガイドラインで，震度6の地震に耐えうるものであることが工場の建設許可基準となっている。A地方に建設予定の化学薬品Xの製造工場は，この耐震性の検査に合格し，国から建設許可を受けた。ところが，工場が操業を開始した後になって，著名な地震学者10名からなる研究チームがA地方の地質調査等を行った結果，A地方では最大震度7の地震が起こる確率が相当高いということが判明した。研究チームは，この調査結果を踏まえ，この化学薬品工場の閉鎖または他の地方への移転を強く勧める旨の声明を出したので，工場の経営者は驚愕した。

① 工場が震度7の地震にも耐えうるものであるかどうかをまったく吟味していないこと。
② 従来最大震度6の地震しか起こっていないのに，震度7の地震が起こりうると言う現実的でない仮定の上に立った声明であること。
③ 地震の発生は単なる可能性の問題にすぎないのに，私企業の活動を圧迫するような重大な結果をもたらす発言をしていること。
④ 工場の閉鎖または移転を勧めるのなら，工場が建設される前に研究結果を発表すべきであったこと。
⑤ 工場の建設許可は国の政治的な判断に基づいて与えられたものであるので，その判断を尊重すべきであること。

(16年度日弁連試験第1部　問題16)

解答までの近道MAP

文章の内容を整理する → 理由を探す → 理由が何を含意するか確定する

Method 必要性に注意する

文章の内容を整理する

> 1　化学薬品Xの生産工場は耐震性の検査に合格して建設許可を取らなければならない
> 2　過去統計では，最大の地震は震度6だった
> 3　耐震性の検査基準は「震度6に耐えうるか」である
> 4　A地方に建設予定のある工場が耐震性の検査に合格し建設許可を取った
> 5　研究チームにより，A地方に最大震度7の地震が起こる確率が高いと判明した
> 6　研究チームは5を理由に4の工場に閉鎖あるいは他の地方への移転を強く勧める声明を出した

「声明」の理由である5を見ると，震度7の地震が起こる確率が高いことが，工場の閉鎖や移転の理由になっている。これはもちろん，当の工場に震度7に対する耐震性がないと考えるからだ。しかし，他の条件を見ても，工場が震度6の地震に耐えうることしか書いていない。これが震度7の地震に耐えられないことを帰結するだろうか？　つまり，

震度6に耐えうる⇒震度7に耐えられない

という命題が成り立つだろうか？　もちろん成り立つわけがない。たとえば震度7の地震に耐えうる工場は震度6にも耐えうる。したがってこの工場が耐震性検査に合格し建設許可を受けたことは，震度7の地震に対する耐震性がないことを意味しな

い。「建設許可」という言葉に惑わされてはいけない。

選択肢の吟味

○① 工場が震度7の地震にも耐えうるものであるかどうかをまったく吟味していないこと。
　→「声明」を正当化するには，工場が震度7に耐えられないことが必要。だが，実際は震度7に耐えうるかどうかはわからない。したがって，これは有力な批判となる。

×② 従来最大震度6の地震しか起こっていないのに，震度7の地震が起こりうるという現実的でない仮定の上に立った声明であること。
　→5より，高い確率で震度7の地震が起こることが判明している。したがって「現実的でない仮定」は不適切。

×③ 地震の発生は単なる可能性の問題にすぎないのに，私企業の活動を圧迫するような重大な結果をもたらす発言をしていること。
　→可能性を考えるから，建設許可が意味を持つ。また，発言が「活動を圧迫するような重大な結果」をもたらしてはならないということはどこにも書いてない。よって不適切。

×④ 工場の閉鎖または移転を勧めるのなら，工場が建設される前に研究結果を発表すべきであったこと。
　→研究自体が操業後なされたようだから不適切。そうでなくても，論理による批判でないから題意と合わない。

×⑤ 工場の建設許可は国の政治的な判断に基づいて与えられたものであるので，その判断を尊重すべきであること。
　→建設許可の耐震性基準が震度6なのは，過去の地震の最大震度が6であったことが理由であろう。政治的な判断とは言えない。仮に政治的な判断だとしても，批判する論点が論理ではないので，題意と合わない。

2 「ならば」の理解　　　問題Basic

▼A店，B店，C店の家電店があり，それらの店で取り扱う可能性がある商品には，3機種（a，b，c）のパソコン，3機種（d，e，f）のプリンタ，2機種（g，h）のデジタルカメラがあるとする。それぞれの店では以下の条件に従って取り扱う機種を決めるものとする。

条件1： どの店も，他の2店のどちらの店でも取り扱っている機種は扱わない。

条件2： どの店も，パソコン，プリンタ，デジタルカメラのそれぞれについて1機種は取り扱う。

条件3： 系列の関係で，dかgを取り扱うなら，必ずaも取り扱う。

条件4： 購買層が近いので，gを取り扱うならdかeを取り扱い，hを取り扱うならeかfを必ず取り扱う。

条件5： 機種間の相性が悪いため，dを取り扱うならbは取り扱わない。eを取り扱うならaは取り扱わない。fを取り扱うならcとhは取り扱わない。

条件6： どの機種も1店以上で取り扱われている。

以下では，店で取り扱っている機種をａｄｅｇのようにあらわすが，このあらわし方にない機種は取り扱っていないことを意味する。たとえばA店がａｄｅｇを扱っていることを，A：ａｄｅｇとあらわす。

問1　以下のうち，条件を満たすものを1つ選びなさい。
① A：ａｄｆｇ，　　B：ｃｅｈ，　　C：ｂｅｈ
② A：ａｃｄｇ，　　B：ｂｃｄｈ，　C：ａｄｆｇ
③ A：ｂｄｆｇ，　　B：ａｄｇ，　　C：ｂｃｅｈ
④ A：ａｄｆｇｈ，　B：ｂｅｈ，　　C：ｃｅｆｈ
⑤ A：ａｄｆｇ，　　B：ｂｃｅｈ，　C：ｂｃｅｇ

問2　以下のうち，必ず成り立つものを1つ選びなさい。
① hを取り扱うなら，eも取り扱う。
② gを取り扱うなら，cも取り扱う。
③ aを取り扱うなら，fも取り扱う。

④ cを取り扱うなら，hも取り扱う。
⑤ dを取り扱うなら，fも取り扱う。

問3 以下のうち，A店とB店が取り扱っている機種がまったく同じときに，A店で取り扱っている機種の組み合わせとして可能性のあるものを1つ選びなさい。
① c e h g
② a d f h
③ b c e h
④ b d e h
⑤ a c d g

問4 以下のうち，店が取り扱う機種の数として可能性のあるものをすべてあげたものを1つ選びなさい。
① 4，5，6
② 3，4
③ 3，4，5，6
④ 4，6
⑤ 3，4，5

問5 以下のうち，必ず成り立つものを1つ選びなさい。
① 1店でしかgを取り扱っていないなら，bは1店でのみ取り扱われている。
② 1店でしかcを取り扱っていないなら，dは1店でのみ取り扱われている。
③ 1店でしかcを取り扱っていないなら，eは2店で取り扱われている。
④ 1店でしかbを取り扱っていないなら，cは1店でのみ取り扱われている。
⑤ 1店でしかhを取り扱っていないなら，aは2店で取り扱われている。

(16年度日弁連試験第2部　問題4)

解答・解説

Method 含意関係を読み取る

問題の条件を整理する

前提は，以下のとおりである。

> 前提1　A店・B店・C店の3つ店舗がある。
> 前提2　商品にはパソコン（a・b・c），プリンタ（d・e・f），デジカメ（g・h）がある。

店舗間に関する条件は，以下の2つである。

> 条件1　どの店も，他の2店の両方で扱っている機種は扱わない。
> 条件6　どの機種も1店以上で扱われている。

残る条件は個々の店舗が満たしていなくてはならない条件なので，商品間の満たすべき関係が規定されている。「機種aを扱う」を単に「a」として表すと次のようになる。

条件2　どの店もパソコン・プリンタ・デジカメのそれぞれについて最低1機種ずつ取り扱う。
⬇
最低でもa・b・cのうちから1つ，d・e・fのうちから1つ，g・hから1つずつ扱う
　　⬇記号化

> 条件2　（a∨b∨c）∧（d∨e∨f）∧（g∨h）

条件3　系列の関係で，dかgを取り扱うなら，必ずaも取り扱う。

> 条件3　（d∨g）⇒a

2 「ならば」の理解　　　問題Basic

条件4　購買層が近いので，gを取り扱うならdかeを取り扱い，hを取り扱うならeかfを必ず取り扱う。

条件4　$g \Rightarrow (d \lor e)$　　　条件4.1
　　　　$h \Rightarrow (e \lor f)$　　　条件4.2

条件5　機種間の相性が悪いため，dを取り扱うならbは取り扱わない。eを取り扱うならaは取り扱わない。fを取り扱うならcとhは取り扱わない。

条件5　$d \Rightarrow \lnot b$　　　　　条件5.1
　　　　$e \Rightarrow \lnot a$　　　　　条件5.2
　　　　$f \Rightarrow (\lnot c \land \lnot h)$　　条件5.3

　問1〜5を大ざっぱに見てみると，「条件に違反するもの」がわかれば問題が解けそうである。そこでこれらの条件から加えられる制限をあらかじめ推論しておく。ただしあらかじめ推論するといっても，条件を頭からじっくり吟味していったのでは時間がかかるので，指針と限度が必要だ。

　そこで，**条件法**で書かれているものに注目しよう。これらの条件から**共通の要素**がないか見てみる。共通の要素があれば，それを手がかりに簡単に推論することができるからだ。また，**共通の要素が目についたら対偶律，ド・モルガンの法則，$(\lnot P \lor Q) \equiv (P \Rightarrow Q)$ といったわかりやすい法則だけを利用**する。推論にこだわる必要はない。

　こうして大まかに推論しておけば，条件どうしの関係も見えてくるし，問題を解きやすくなる。それに，選択肢を見てからそれと関係する条件に返っていちいち条件を吟味するのは，かなり手間がかかる。

「f」「h」がともに現れる条件4.2と条件5.3に注目する

　　　$h \Rightarrow (e \lor f)$　　　　　　条件4.2
　　　$f \Rightarrow (\lnot c \land \lnot h)$　　　　条件5.3

　条件4.2の選言の右側に注意しよう。もしhを取り扱っていてeを取り扱わなかったら，必ずfを取り扱う。つまり，

$$h ⇒ (e ∨ f)$$
$$≡ \ h ⇒ (¬e ⇒ f) \qquad P⇒(Q∨R) ≡ P⇒(¬Q⇒R)$$
$$≡ \ (h ∧ ¬e) ⇒ f \qquad P⇒(Q⇒R) ≡ (P∧Q)⇒R$$

この後件 f と，**条件 5.3** の前件 f が共通している。したがって，

$$(h ∧ ¬e) ⇒ (¬c ∧ ¬h)$$

と言える。つまり h を取り扱いながら e を取り扱わないと仮定すると，h を取り扱わないという結果になり，矛盾する。したがってこの前件「(h ∧ ¬e)」はありえない。よって，

$$¬(h ∧ ¬e)$$
$$≡ \ ¬h ∨ e \qquad \text{ド・モルガンの法則}$$
$$≡ \ h ⇒ e \qquad \text{※1} \quad ¬P ∨ Q ≡ P ⇒ Q$$

が言える。

「a」がともに現れる条件 3 と 5.2 に注目する

　条件 3 の対偶を取れば「¬a」を前件にもってこれるので，推論できる。

$$(d ∨ g) ⇒ a \qquad \text{条件 3}$$
$$e ⇒ ¬a \qquad \text{条件 5.2}$$

条件 3 の対偶を取って，

$$¬a ⇒ ¬(d ∨ g) \qquad \text{対偶を取る}$$
$$≡ \ ¬a ⇒ (¬d ∧ ¬g) \qquad \text{ド・モルガンの法則}$$

この前件と**条件 5.2** の後件がともに「¬a」なので，

$$e ⇒ (¬d ∧ ¬g) \qquad \text{※2}$$

が言える。さらに，この**※2** と**条件 4.1** に注目する。ともに「g」が現れるからだ。

$$g ⇒ (d ∨ e) \qquad \text{条件 4.1}$$
$$e ⇒ (¬d ∧ ¬g) \qquad \text{※2}$$

先ほど※1を導いたときのように，**条件4.1**の後件の選言に着目し，同じ手順で「g⇒d」を導く。

$$g \Rightarrow (d \vee e) \qquad 条件4.1$$
$$\equiv g \Rightarrow (\neg d \Rightarrow e) \qquad P \Rightarrow (Q \vee R) \equiv P \Rightarrow (\neg Q \Rightarrow R)$$
$$\equiv (g \wedge \neg d) \Rightarrow e \qquad P \Rightarrow (Q \Rightarrow R) \equiv (P \wedge Q) \Rightarrow R$$

が言える。これと※2から，

$$(g \wedge \neg d) \Rightarrow (\neg d \wedge \neg g)$$

が言える。※1を導いたときと同様に，前件の「$(g \wedge \neg d)$」はありえない。よってその否定である

$$\neg (g \wedge \neg d)$$
$$\equiv \neg g \vee d \qquad ド・モルガンの法則$$
$$\equiv g \Rightarrow d \qquad ※3 \quad \neg P \vee Q \equiv P \Rightarrow Q$$

が言える。以上の考察を整理すると，

条件2	$(a \vee b \vee c) \wedge (d \vee e \vee f) \wedge (g \vee h)$
条件3	$(d \vee g) \Rightarrow a$
条件4.1	$g \Rightarrow (d \vee e)$
条件4.2	$h \Rightarrow (e \vee f)$
条件5.1	$d \Rightarrow \neg b$
条件5.2	$e \Rightarrow \neg a$
条件5.3	$f \Rightarrow (\neg c \wedge \neg h)$
※1	$h \Rightarrow e$
※2	$e \Rightarrow (\neg d \wedge \neg g)$
※3	$g \Rightarrow d$

以上を踏まえて，問題を解こう。

問1　条件に違反するものを切る

こうした問題は，条件を満たしているかではなく，条件に違反していないかチェックして消去法で解くのがよい。**違反は一目でわかるが，違反していないことを示すのは手間がかかる。**

選択肢の吟味

○① 　A：a d f g 　B：c e h 　C：b e h
　→とりあえず違反する条件は見つからない。

×② 　A：a c d g 　B：b c d h 　C：a d f g
　→「B：b c d h」がおかしい。※1よりhを取り扱うならeも取り扱わなくてはならない。

×③ 　A：b d f g 　B：a d g 　C：b c e h
　→「A：b d f g」がおかしい。**条件5.1**よりdを取り扱うならbは取り扱えない。

×④ 　A：a d f g h 　B：b e h 　C：c e f h
　→「A：a d f g h」がおかしい。※1よりhを取り扱うならeも取り扱わなくてはならない。

×⑤ 　A：a d f g 　B：b c e h 　C：b c e g
　→「C：b c e g」がおかしい。※3よりgを取り扱うならdも取り扱わなくてはならない。

　よって，正解は①。

問2　必ず成り立つものを選ぶ

　あらかじめ大まかに条件を見渡して理解できていたら一つ一つチェックしてもそれほど時間はかからないだろう。選択肢の前件「…なら」に注目して，それが現れる条件を洗ってみよう。ここはたまたま※1がそのまま選択肢①で正解。

問3　可能性のあるものを選ぶ

　問1と同様。ただ**問**3では，A・Bがまったく同じ商品を取り扱うという条件が入る。そこで**条件1**と**条件6**に注目する。**条件1**から，選択肢に挙げられている商品はC店は取り扱わないことがわかる。

　また**条件6**より，選択肢に挙げられていない商品はC店で取り扱っている。ここから，C店の取り扱う商品もわかる。整理すると，以下のようになる。

	A・B	C
1	c e h g	a b d f
2	a d f h	b c e g
3	b c e h	a d f g
4	b d e h	a c f g
5	a c d g	b e f h

選択肢の吟味

× ①　A・Bの「c e h g」がおかしい。※3よりgを取り扱うならdも取り扱わなくてはならない。

× ②　A・Bの「a d f h」がおかしい。※1よりhを取り扱うならeも取り扱わなくてはならない。

○ ③　とりあえず，違反は見つからない。

× ④　Cの「a c f g」がおかしい。**条件5.3**よりfを取り扱うならcを取り扱ってはならない。

× ⑤　Cの「b e f h」がおかしい。**条件5.3**よりfを取り扱うならhを取り扱ってはならない。

よって，正解は③。

問4　条件法を選言に読み替える

扱う商品の数としてありうるものを選ぶのだが，**ありえないものを消していく方法がよい**。選択肢を見ると，3〜6個の間に数字が広がっている。商品は**条件2**より必ず3個以上，商品全部で8個なので8個以下である。各選択肢を見るよりも，大きな個数から調べていこう。

6個は可能か

条件5.1，5.2，5.3に注目しよう。これらの条件の条件法を「$P \Rightarrow Q \equiv \neg P \vee Q$」を用いて書き換えると，次のようになる。

条件5.1　$d \Rightarrow \neg b \equiv \neg d \vee \neg b$
条件5.2　$e \Rightarrow \neg a \equiv \neg e \vee \neg a$
条件5.3　$f \Rightarrow (\neg c \wedge \neg h) \equiv \neg f \vee (\neg c \wedge \neg h)$

これら3つの選言をすべて満たさなくてはならないから、それぞれの選言につき、最低1つは取り扱えない商品が出てくる。選言に直した3つの条件には共通の商品は登場しないから、3つは取り扱えないことになる。したがって、6個の商品を取り扱うことは不可能である。

5個は可能か

上の**条件5.1，5.2，5.3**の変形を引き続き利用する。この条件で、5個取り扱う（つまり3個を取り扱わない）ためには、**条件5.1**と**5.2**の選言の片方を1個ずつと f を取り扱わないことが必要である。もし**条件5.3**で「(¬c∧¬h)」を選んだら、合計4個の商品を取り扱わないことになるから、f しか選べない。したがって、組合せは下の4通りになる。

1	¬b	¬a	¬f
2	¬b	¬e	¬f
3	¬d	¬a	¬f
4	¬d	¬e	¬f

まず、このうち1・3行目の場合はおかしい。**条件3**「(d∨g)⇒a」の対偶を取ると，

¬a⇒¬(d∨g)　　　**対偶を取る**
≡ ¬a⇒(¬d∧¬g)　　**ド・モルガンの法則**

が得られる。つまり、1・3行目のように a を取り扱わないのなら d と g を取り扱えない。これで取り扱えない商品が4個以上になる。

2・4行目もおかしい。※1「h⇒e」の対偶を取ると，

¬e⇒¬h　　　**対偶を取る**

が得られる。つまり、この2つの場合は h を取り扱えず、これで取り扱えない商品が4個になってしまった。

以上から、6個・5個という個数は1店が取り扱えない個数であることがわかった。正解は②。

問5　店舗数に着目する

条件に照らし合わせて，ひととおりチェックしていく。商品を取り扱っている店舗の数が問題になっていることに注意しよう。いままでの設問と異なり，デジカメ（g・h）が2個しかないことが効いてくる。g・hどちらか一方の商品が1店舗でしか扱われていないのなら，残りの2店舗は自動的に残った他方の商品を取り扱うことになる。つまり同じ商品が2店舗で取り扱われるという条件が推論できるのだ。

これも時間を考えて，いちいち細かくチェックするよりも，以上の点から大まかに見ていったほうがよい。

選択肢の吟味

×① 1店でしかgを取り扱っていないなら，bは1店でのみ取り扱われている。

　　➡gを取り扱っていない2店を考えよう。問題の条件を見渡しても「￢g」を前件とする条件はない。デジカメのもう一方「h」からスタートしても，選択肢の後件にある「1店でのみ取り扱われている」は出てこなさそうである。保留しよう。

×② 1店でしかcを取り扱っていないなら，dは1店でのみ取り扱われている。

　　➡cを取り扱っていない2店を考えよう。「￢c」を前件とする条件は，選択肢①のときと同様にない。保留しよう。

×③ 1店でしかcを取り扱っていないなら，eは2店で取り扱われている。

　　➡cを取り扱っていない2店を考えても「￢c」を前件とする条件は選択肢②のときと同様にない。保留しよう。

×④ 1店でしかbを取り扱っていないなら，cは1店でのみ取り扱われている。

　　➡bを取り扱っていない2店を考えても「￢b」を前件

とする条件は今まで同様，ない。保留しよう。

○⑤ 1店でしかhを取り扱っていないなら，aは2店で取り扱われている。
→hを取り扱っていない2店を考えよう。問題の条件を見渡しても「￢h」を前件とする条件はない。だが，デジカメのもう一方である「g」についてはこれを前件とする条件がある。**条件3**「（d∨g）⇒a」と「g」より，「a」が帰結する。「h」を取り扱っていない2店舗ともgを取り扱わなくてはならないのだから，aも2店舗で取り扱われていなくてはならない。したがって，これが正解。

Solution

- ◆「P」が偽の場合には，常に「P⇒Q」が真になる
- ◆「PならばQである」と「PでないかまたはQである」は同じ意味
- ◆「PならばQ」を否定するためには，Pであって，しかもQでない場合を出せばよい
- ◆対偶を利用して，複雑な命題をシンプルにする
- ◆逆・裏は必ずしも真ならず
- ◆必要／十分から含意・推論関係を読み取る

Chapter 3　「すべての」と「ある」

　ここでは，「すべての」「ある」を用いる述語論理の基礎を学ぶ。Chapter1で学んだ命題論理の知識を前提にして，より複雑な論理的関係を理解する。このChapter1からChapter3までが推論・分析力問題解答の土台になるので，しっかり覚えたい。

Technic

❶ 全称命題と存在命題―すべての・ある
　述語論理の基礎を学ぼう

❷ 「すべての・ある」の操作法
　文結合子との関係を学んで推論に役立てる

❸ 複雑な組合せ―すべての・ある
　「すべての・ある」の間の微妙な関係を学ぶ

3 「すべての」と「ある」　基本と例題

Section ❶ 全称命題と存在命題

存在を含んだ推論の分析

> 野球選手は金持ちだ。　　　　　前提1
> イチローは野球選手だ。　　　　前提2
> それゆえ,
> 少なくとも金持ちが1人いる。　結論

　上の推論では，**前提1**より野球選手であれば金持ちであることがわかる。**前提2**よりイチローが野球選手であることがわかる。したがって，彼は金持ちでもある。だから，少なくともイチローは金持ちである。よって結論「少なくとも金持ちが1人いる」も確かに言える。前提を認めれば，結論が出てくる。つまり，これは「妥当な」推論である。

　しかし，これを記号化しようとすると，困ったことになる。

> P⇒Q　　　　　P＝野球選手，Q＝金持ち
> R⇒P　　　　　R＝イチロー
> それゆえ,
> ? Q

　まず結論がうまく記号化できない。「少なくとも1人…がいる」という表現は，**Chapter1**で扱った論理記号では表せないからだ。もし，結論を単に「**Q**」と記号化すると，それは，**前提1・2**から（何だかよくわからないものが）「金持ちである」という結論が導かれることになる。これでは記号化として不適切だし，推論としても妥当ではない。

　さらに文の意味から考えてみると，**前提2**の記号化も違和感がある。「イチロー⇒野球選手」とは，「もしイチローであったなら，野球選手だ」ということだ。だが，実際に「イチローである」のはイチローだけである。「イチローである」は，人・

モノの性質や種類を表す言葉ではなく固有名である。これを他の「野球選手である」や「金持ちである」と同様に命題として扱うのは変だ。結局，**Chapter1**のように記号化しても，この推論自体が妥当であるかどうかわからないことになる。つまり，このような推論の分析には，新たな記述が必要なのである。

述語と項

最初の推論の結論部「少なくとも金持ちが1人いる」を見てみよう。これは「金持ちである」と「…の人が少なくとも1人存在する」という2つの要素からなっている。これは「xは金持ちだ，というxが存在する」という構造である。つまり，次のような構造に分解できるのだ。

> 主語　「x」
> 述語　「金持ちだ」
> 内容　「存在する」

このとき，「x」のように主語に当たるものを項という。
前提1を「述語」，「項」，そして「という…が存在する」という語に分析してみると，

野球選手は金持ちだ。　　前提1

の「野球選手である」「金持ちである」はともに「述語」である。だから，それぞれに「主語」の「x」をつけてそれぞれ「xは野球選手である」「xは金持ちである」とできる。両方の文の「主語」をそろえる点に注意する。2つの文はともに同じ対象（人）についての文であるから，主語を変えると与えられた前提1の意味と変わってしまう。「野球選手である」ことが「金持ち」であることを含意しているのだから「⇒」を用いよう。すると，次のように形式化できる。

xは野球選手である　⇒　xは金持ちである

つまり，「x」が野球選手だったなら，その「x」は金持ちでもあるという意味である。

定項と変項

イチローは野球選手だ。　前提2

　前提2では，「述語」として「野球選手である」を取ろう。問題は「イチロー」だ。「イチロー」は他の述語「野球選手である」「金持ちである」と同じレベルにはなく，主語になったり，結論で「存在する」と言われたりする「x」に入る語である。つまり，「イチロー」は「述語」ではなく「主語」になる要素だ。ここでは「イチロー」を「i」と略記しよう。

　「x」のように何かが当てはまる項を**変項**，「i」のように「x」に当てはまる実際の個別的なモノを表す項を**定項**と呼ぶ。すると次のように形式化できる。

iは野球選手である。

つまり，推論全体は次のようになる。

> xは野球選手である　⇒　xは金持ちである　　前提1
> iは野球選手である。　　　　　　　　　　　　前提2
> それゆえ，
> xは金持ちだ，というxが存在する　　　　　　結論

　前提1では，「x」が野球選手だったならその「x」は金持ちでもある，ということを言っている。これはどんな「x」についても当てはまる命題である。そこで，前提1の「x」に「i」を当てはめてみると次の命題が得られる。

iは野球選手である　⇒　iは金持ちである　　※1

これと，前提2より，次のように言える。

iは金持ちである。　※3

　次に，この※3は定項「i」を持つから，前提1のようにどんな「x」についても成り立つわけではない。「xは金持ちである」では，どんな「x」についても（「x」に何を入れても）

成り立つ命題になる。だが，**前提2**からわかるのは，「イチロー」という特定の人間が「金持ちである」ことだけだ。つまり，「xは金持ちである」に当てはまる「x」が「イチロー」という特定の人間として「存在する」のである。だから，※3から次のように言うことができる。

xは金持ちだ，というxが存在する。　　　結論

このようにすれば，推論の論理的関係をうまく記述でき，その妥当性を確かめることができる。これは，問題を解く際，推論を進める過程でも使うと便利である。

全称命題・存在命題

前提1を形式化した「xは野球選手である　⇒　xは金持ちである」は，「x」にどんなものを入れても成り立つ（と主張する）命題である。こうした命題を，結論のような「x」に当てはまるものの存在を主張する命題と区別するために，次のように形式化する。

すべてのxについて（xは野球選手である　⇒　xは金持ちである）

このように，「すべての」がついて表される命題を一般に全称命題と言う。

それに対して，**結論**を形式化した「xは金持ちだ，というxが存在する」は，中心の文「xは金持ちだ」の主語であるモノが存在するという意味で，一般に存在命題と言う。すなわち，ある「x」を取れば中心の文を満たすような命題を，存在命題と言う。「すべての」の場合と同様に，中心の文「xは金持ちである」よりも前に「存在」の表現を書くと次のようになる。

あるxについて（xは金持ちである）

記号化の使い方を学ぶ

Chapter1・2のように，述語・項・「すべての…」「ある…」などの記号化の使い方を学ぼう。条件の数や難易度によって記号化しなくてよい設問もあるが，一般的には時間の節約になる

からだ。

　述語には前と同様に「P」「Q」「R」などアルファベットを用いる。だが命題論理の場合と異なり，述語に対応した項を割り当てねばならない。変項を「x」「y」「z」…，定項を「a」「b」「c」…とすると，述語記号と項は「Px」や「Qa」のようになる。前者は「xはPだ」，後者は「aはQだ」を表す。

●記号化のしかた

1	変項	x, y, z
2	定項	a, b, c
3	述語記号と項	Px, Qaなど

「すべての」「ある」を含む記号化

　「すべての」や「存在する」という内容が命題に含まれている場合は，「すべてのxについて(…)」，「あるxについて(…)」と書く。これらは文の前に置かれ，右（文の後ろ）を限定する（掛かる）。**Section❸**で説明するが「すべての」と「ある」を組み合わせて使う際に，この2つを置く順序が問題になるので，その「限定」の範囲がわかるように置く。必要ならばカッコを用いて，限定の範囲を明確にする。

●記号化の例

すべてのxについて(男x)	すべてのxについて，xは男である
あるxについて(男x)	xが男であるようなxが存在する

　この場合は，「すべての」と「存在する」が用いられないと命題の意味が定まらない。たとえば「xは男だ」という文は「男x」と記号化できるが，これだけでは真か偽か定まらない。「x」に具体的な人やモノが入るか，あるいは「すべてのxについて」「あるxについて」がついて，初めて真か偽か言える。たとえば，「イチロー」を「i」とすれば「男i」は真だが，「すべてのxについて男x」は偽（すべてのモノが男のはずはないから），「あるxについて男x」は真（男であるモノは確かに存在するから）だ。

　あとは命題論理と同様に，「¬」「∧」「∨」「⇒」を用いて，

述語・項の組「Ｐｘ」や「Ｑａ」どうしの関係を記号化する。

実際に記号化してみる

> **酒もタバコもやるのは健康によくない**

まず，一般名詞や形容詞，動詞が述語になる。それらの主語に当たるのが項だ。固有名詞は定項。ここでは「酒をやる（飲酒する）」「タバコをやる（喫煙する）」「健康によい」がそれぞれ述語。固有名詞はないので定項は用いない。それぞれの述語は同じ対象についての述語なのですべて変項「ｘ」を用いる。

酒をやる	ｘが飲酒する	飲酒ｘ
タバコをやる	ｘが喫煙する	喫煙ｘ
健康によい	ｘの健康によい	健康ｘ

この文はどんな人にも当てはまることとして述べられているので，「すべてのｘについて」を用いる。これは文全体に掛かる。「すべてのｘ」や「あるｘ」に当たる表現は必ずしも文に書かれているわけではないので，内容から判断しよう。

最後に，論理的関係を見ると，「…も～」とあるので「∧」を，「…（する）のは～」とあるので「⇒」を用いる。また，「健康によくない」とあるので「￢」を用いる。「∧」は「飲酒ｘ」と「喫煙ｘ」に，「⇒」は文全体に掛かっている。

すると，この文は次のように記号化できる。

すべてのｘについて（（飲酒ｘ∧喫煙ｘ）⇒￢健康ｘ）

つまり，「すべてのｘについて，ｘが飲酒しかつ喫煙をするならばｘの健康によくない」となるのである。

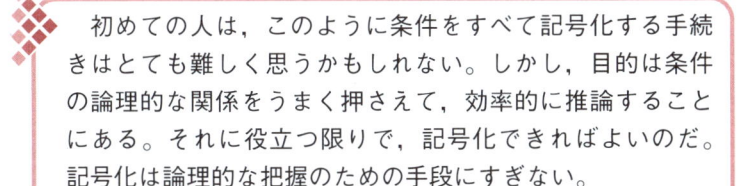

> 初めての人は，このように条件をすべて記号化する手続きはとても難しく思うかもしれない。しかし，目的は条件の論理的な関係をうまく押さえて，効率的に推論することにある。それに役立つ限りで，記号化できればよいのだ。記号化は論理的な把握のための手段にすぎない。

例題 1

▼次の文を例にならって記号化せよ。
1　すべてのモノがおもしろい
2　おもしろいモノがある
3　ピラニアは肉食だ
4　ある大学生は作家でもある
5　トカゲは爬虫類(はちゅうるい)でもある

例　イチローは野球選手である
　　Px：xは野球選手である
　　i：イチロー
とすると，
答えは　Pi

解答までの近道MAP

| 一般名詞・形容詞・動詞などを記号化する | → | 「すべての」「ある」などの入るところを考える | → | 「かつ」「または」「ならば」「ない」を記号化する |

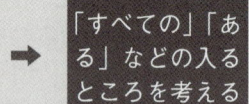

Method　述語と項を探す

1　<u>すべての</u>モノが<u>おもしろい</u>
　　　すべての　　　　　Px

「おもしろい」は形容詞なので述語記号で書く。
Px：xはおもしろい
「すべてのものがおもしろい」のであるから，答えは
すべてのxについてPx

2 おもしろいモノがある
    　　　Px　　　ある

「おもしろい」は形容詞なので述語記号で書く。
P x：x はおもしろい
「おもしろいモノが存在する」つまり「あるモノはおもしろい」のだから，答えは
あるxについてPx

3 ピラニアは肉食だ
    　　すべての, Px ⇒ Qx

「ピラニア」は一般名詞，「肉食である」は性質を表しているのでともに述語記号で表す。
P x：x はピラニアだ
Q x：x は肉食だ
また，命題の意味は「ピラニアならばみな肉食である」。「すべてのxについて」の掛かる範囲は文全体。「…ならば…」の部分は「⇒」で表す。したがって答えは
すべてのxについて（Px⇒Qx）

4 ある 大学生は作家 でもある
    　ある　Px　　 Qx　 ∧

「大学生」「作家」はともに一般名詞なので，述語記号で表す。
P x：x は大学生だ
Q x：x は作家だ
「ある…」とあるので「あるxについて」。ある存在が大学生で，同時に作家なのだから，「あるxについて」の掛かる範囲は文全体。したがって答えは
あるxについて（Px∧Qx）

5 トカゲは 爬虫類でもある
    　すべての, Px ⇒ Qx

「トカゲ」「爬虫類」はそれぞれ一般名詞なので述語記号で表す。
P x：x はトカゲである
Q x：x は爬虫類である

4と紛らわしいが，この文は「トカゲならば爬虫類である」ことを意味している。つまり「トカゲ**ならばみな**爬虫類である」ということである。よって3と同じく条件法を用いる。「すべてのxについて」の掛かる範囲は文全体だ。

したがって答えは　すべてのxについて（Px⇒Qx）

> 　3と4の記号化に注意しよう。もし，次のように記号化してしまうと意味を取り違えてしまう。
>
> ※3　すべてのxについて（Px∧Qx）
> ※4　あるxについて（Px⇒Qx）
>
> 　※3は「すべてのxについて，PxでありかつQxである」ことを意味している。つまりいかなるものも「P」であり，かつ「Q」であるという意味になる（「すべてのモノはピラニアであり，肉食である」）。
> 　※4はSection❷で説明するが「あるxについて（￢Px∨Qx）」と同じ意味である。つまり，「PでないかQであるようなxが存在する」という意味になる（「大学生でないかまたは作家であるようなモノが存在する」）。

Section ❷ 操作のしかた

推論・変形の方法

　これらの記号を使って命題を記号化すると次のようになる。

（すべて／ある変項について）（述語記号・項・論理記号）

　この「（述語記号・項・論理記号）」の部分は，前と同じように，論理記号「￢」「∨」「∧」「⇒」の性質を利用して変形してよい。「すべてのxについて」（「あるxについて」）の後に続く述語記号・項は文結合子によって一定の関係を取るが，その関係を崩さなければ，変形しても全体としては同じ意味になる。

3 「すべての」と「ある」　基本と例題

Point　（述語記号・項・論理記号）は，論理記号の性質を利用して変形してよい

たとえば，「すべてのxについて（Px⇒Qx）」を考えてみよう。「（Px⇒Qx）」に注目すると，この論理式は対偶を取って「すべてのxについて（¬Qx⇒¬Px）」と同じ意味である。同様に，「P⇒Q ≡ ¬P∨Q」を利用して，「すべてのxについて（¬Px∨Qx）」としても同じ意味である。また，「あるxについて（Px∧Qx）」の「（Px∧Qx）」に注目して，「あるxについてPx」（「あるxについてQx」）を導くことができる。

すべてのxについて（Px⇒Qx）≡　すべてのxについて（¬Qx⇒¬Px）

すべてのxについて（Px⇒Qx）≡　すべてのxについて（¬Px∨Qx）

「すべての」「ある」の意味がからんでくる推論

「すべての」「ある」の性質から，さまざまな推論ができる。

> すべてのxについてPx　⇒　Pa　　aは任意の定項
> （xはPである）　　　　　（aはPである）

すべてのxについてPxが成り立つのなら，特定のaについての命題Paも成り立つ。これは「すべてのxについて（…）」の形を取る論理式すべてに言えることだ。

たとえば「すべてのxについて（Px∨Qx）」は，すべてのxについてPxかQxか，少なくともいずれかが成り立つということである。つまり，すべてのモノはPであるかQである。したがって，特定の対象aについてもPかQのいずれかが成り立っていると推論できる。すなわち「Pa∨Qa」である。

> すべてのxについて（Px ∨ Qx）⇒ Pa ∨ Qa
>   　　　　　　　　　（xはPである）（xはQである）（aはPである）（aはQである）
> 　　　　　　　　　　　　　　　　aは任意の定項

同様に「あるxについて」の場合には，次の推論ができる。

> Pa ⇒ あるxについてPx　　aは任意の定項
> （aはPである）　　　（xはPである）

aがどんなモノであれ，aについてPが成り立っている。したがって，Pであるモノが確かに存在するから，「あるxについてPx」が言える。これも「すべてのxについて（…）」の場合と同様に，複数の定項が現れても推論できる。今「Pa」と「Qa」が言えているとしよう。aは任意の定項である。「Pa∧Qa」，つまりPでありQであるようなaがあるから，「あるxについて（Px∧Qx）」も言える。

推論できるもの・できないもの

逆に，一見推論できそうで，推論できないものもある。次の※1は推論できるが，※2は推論できない。

○ ((すべてのxについてPx) ∨ (すべてのxについてQx)) ⇒ (すべてのxについて (Px ∨ Qx))　※1

× (すべてのxについて (Px ∨ Qx)) ⇒ ((すべてのxについてPx) ∨ (すべてのxについてQx))　※2

※1は，「すべてのモノがPであるか，あるいはすべてのモノがQである」から，「すべてのモノは，PかQである」と言う。これは当然。だが，※2は間違い。「Q」に当たる述語を「¬P」とすれば明らかだろう。「すべてのモノは，Pか¬Pである」ことから「すべてのモノがPであるか，あるいはすべてのモノが¬Pである」とは言えない。

たとえば「P」に「男である」という述語を入れると「すべてのモノは，男であるか男でないかどちらかである」。これは真だ。だが「すべてのモノが男であるか，あるいはすべてのモノが男でない」は偽。この世には男も男でないモノもいる。

○ あるxについて (Px ∧ Qx) ⇒ ((あるxについてPx) ∧ (あるxについてQx))　※3

× ((あるxについてPx) ∧ (あるxについてQx)) ⇒ あるxについて (Px ∧ Qx)　※4

同様に、※3は推論できるが、※4は推論できない。※3の前件は「PでもQでもあるモノが存在する」ことを示す。よって「Pであるモノも存在するし、Qであるモノも存在する」。

だが、※4の推論はできない。たとえば「P」を「猫である」、「Q」を「犬である」にしてみよう。すると、確かに「猫であるモノは存在するし、犬であるモノも存在する」から前件は真だが、後件「猫でも犬でもあるようなモノが存在する」は明らかに偽。

以上の関係は、図式的に次のようにまとめられる。

Point　（すべてがP）∨（すべてがQ）⇏ すべてが（P∨Q）

（Pがある）∧（Qがある）⇄̸ （P∧Q）がある

否定と反例

「すべてのxについて（…）」「あるxについて（…）」という形の命題を否定すると、「（…）」が否定されるだけではなく「すべての」が「ある」に、「ある」が「すべての」に換わる。

Point　「すべてのxについて（…）」「あるxについて（…）」
　　↓否定する
　　「すべての」が「ある」に、「ある」が「すべての」に換わる

> カラスは黒い

という命題では「カラスである」「黒い」が述語。固有名はなく、項はそれぞれの述語に対応した「x」。だから「カラスx」「黒x」と書ける。しかも一般的な命題なので、全称命題「すべてのxについて（…）」と記号化できる。「カラスx」と「黒x」の関係は「⇒」でつながるので、次のように記号化できる。

すべてのxについて（カラスx⇒黒x）

これを否定すると、次のような命題が得られる。

> ¬すべてのxについて（カラスx⇒黒x）

「¬」は文全体に掛かるので，この命題は「（カラスであればすべて黒い）というわけではない」を表す。これは，「すべてのカラスが黒い」が成り立たない状態だが，「すべてのカラスが黒くない」場合だけではない。「xがカラスなら，xは黒い」という文を成り立たせない「x」が1つでもあればよいのだ。このように「すべての」を否定するには，そうでないxが1つあればよい。これを反例と言う。つまり，「¬すべてのxについて（カラスx⇒黒x）」は次の論理式と同じ意味になる。

あるxについて¬（カラスx⇒黒x）
　　　　　　　　　　xはカラスである　xは黒い

●図1　赤い三角は，(あるxについて¬（カラスx⇒黒x))を表す
左円内は，（カラスx）
右円内は，（黒x）

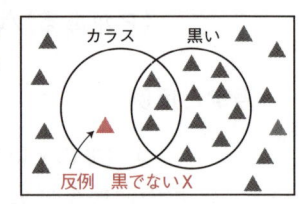

以上をまとめると，次のようになる。

¬（すべてのxについて（カラスx⇒黒x））
　　　　　　　　　　　　xはカラスである　xは黒い

(＝すべてのカラスが黒いわけではない)

≡　あるxについて¬（カラスx⇒黒x）
　　　　　　　　　　xはカラスである　xは黒い
　　　　　　　　　「すべての」と「ある」が換わる

(＝（xがカラスならばxは黒い）といえないxが存在する)

≡　あるxについて¬（¬カラスx∨黒x）　P⇒Q ≡ ¬P∨Q
　　　　　　　　　xはカラスでない　xは黒い

(＝カラスでないかまたは黒いということが成り立たないモノが存在する)

≡　あるxについて（カラスx∧¬黒x）　ド・モルガンの法則
　　　　　　　　　xはカラスである　xは黒くない

(＝カラスであって黒くないモノが存在する)

となる。同様に，次の命題を否定してみよう。

3 「すべての」と「ある」　基本と例題

> **カラスであって黒いモノがいる**　　　1

記号化すると，

あるxについて（カラスx ∧ 黒x）
　　　　　　　　（xはカラスである）（xは黒い）

となる。これを否定した命題は次のようになる。

> **¬あるxについて（カラスx ∧ 黒x）**　　　2

● 図2　赤い三角は，（カラスx ∧ 黒x）を表す
　　　　これが成立するか否かで1と2のどちらになるかが決まる

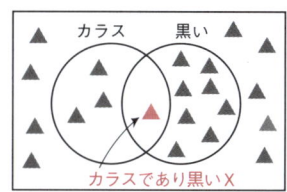

（カラス／黒い／カラスであり黒いX のベン図）

この「カラスであって黒いモノが存在することはない」とは，つまり「すべてのモノが，（カラスであって黒いということがない）」ということだ。よって，

¬あるxについて（カラスx ∧ 黒x）
　　　　　　　　（xはカラスである）（xは黒い）

（＝（カラスで黒いモノが存在する）ことはない）

≡　すべてのxについて¬（カラスx ∧ 黒x）
　　　　　　　　　　　　（xはカラスである）（xは黒い）
　　　　　　　　　「すべての」と「ある」が換わる

≡　すべてのxについて（¬カラスx ∨ ¬黒x）ド・モルガンの法則
　　　　　　　　　　　　（xはカラスでない）（xは黒くない）

（＝すべてのモノはカラスでないか黒くない）

≡　すべてのxについて（カラスx ⇒ ¬黒x）$P \Rightarrow Q \equiv \neg P \vee Q$
　　　　　　　　　　　　（xはカラスである）（xは黒くない）

（＝すべてのカラスは黒くない）

が得られる。この場合は「すべてのカラスは黒くない」に対して「カラスであって黒いモノ」（図2の赤い三角）が**反例**になっている。以上から次のようにまとめられる。

> **Point**　¬（すべてのxについて（…））＝あるxについて¬（…）
> 　　　　　¬（あるxについて（…））＝すべてのxについて¬（…）

ド・モルガンの法則との対応

否定による「すべての」と「ある」の入れ換えは，命題論理のド・モルガンの法則に対応している。

すべての x について P x　（xはPである）

これは「すべてのモノがPである」ということを言っているから，「すべてのモノ」を a・b・c‥‥を用いて書けば，

P a ∧ P b ∧ P c ∧ …

となる。これはド・モルガンの法則により次の命題と等しい。

¬（¬P a ∨ ¬P b ∨ ¬P c ∨ …）
　　（aはPでない）（bはPでない）（cはPでない）

これは「少なくとも a・b・c‥‥のうちどれかはPでない，ということはない」という意味である。すなわち，

¬（ある x について ¬P x）　（xはPでない）

逆も同様に，

ある x について P x　（xはPである）
≡　¬（¬P a ∧ ¬P b ∧ ¬P c ∧ …）
　　　（aはPでない）（bはPでない）（cはPでない）
≡　¬（すべての x について ¬P x）
　　　どんな x を取ってきてもPではない，ということはない

さて，**Chapter2** で述べた，条件法を使った文を否定する作業を思い出そう。条件法を使った文「**P⇒Q**」は一般的に，

すべての x について（P x ⇒ Q x）
　　　　　　　　　　（xはPである）（xはQである）

と記号化できる。これを否定するためには，

（P x ∧ ¬Q x）
　（xはPである）（xはQでない）

を満たすものが1つあればよい。それをaとすれば，

P a ∧ ¬Q a

が得られ，そこから

あるxについて（$\underset{x はPである}{Px}$ ∧ $\underset{x はQでない}{\neg Qx}$）

が言える。条件法の命題に反例を出すとは，このようなaを示すことである。

例題2

▼例題1の文を記号化した後，例にならって否定し，日常語に直せ。

1　すべてのモノがおもしろい
2　おもしろいモノがある
3　ピラニアは肉食だ
4　ある大学生は作家でもある
5　トカゲは爬虫類でもある

例　**イチローは野球選手である**

　　Px：xは野球選手である
　　i：イチロー　　　**項と述語を記号化**
　　Pi　　　　　　　**全体を記号化**
　　¬Pi　　　　　　**否定する**

　　➡「イチローは野球選手ではない」

解答までの近道MAP

否定する ➡ 「ある」と「すべての」を入れ換える ➡ 日常語にして整理する

Method 「すべての」と「ある」の入れ換わり

1 <u>すべてのモノ</u>が<u>おもしろい</u>
　　すべてのxについて　　Px

　Px：xはおもしろい　　　　　　述語を記号化
　すべてのxについてPx　　　　　全体を記号化
　￢（すべてのxについてPx）　　否定する
　　　　　　　　　　　　xはPでない
　≡　あるxについて￢Px
　　➡「おもしろくないものが存在する」

2 <u>おもしろいモノ</u>　<u>がある</u>
　　　　Px　　　　　あるxについて

　Px：xはおもしろい　　　　　　述語を記号化
　あるxについてPx　　　　　　　全体を記号化
　￢（あるxについてPx）　　　　否定する
　　　　　　　　　　　　　xはPでない
　≡　すべてのxについて￢Px
　　➡「すべてのモノがおもしろくない」

3 <u>ピラニア</u>は<u>肉食だ</u>
　　　　Px　　　　Qx

　Px：xはピラニアだ
　Qx：xは肉食だ　　　　　　　　　　述語を記号化
　すべてのxについて（Px⇒Qx）　　　全体を記号化
　￢（すべてのxについて（Px⇒Qx））　否定する
　≡　あるxについて￢（Px⇒Qx）
　　　　　　　　　　xはPである　xはQでない
　≡　あるxについて（Px ∧￢Qx）　￢(P⇒Q)≡(P∧￢Q)
　　➡「あるピラニアは肉食でない（ピラニアで肉食でないものが存在する）」

4 <u>ある</u>　<u>大学生</u>は<u>作家</u>でもある
　　あるxについて　Px　　　　Qx

Px：xは大学生だ
Qx：xは作家だ　　　　　　　　　　　述語を記号化
あるxについて（Px∧Qx）　　　　　　全体を記号化
¬（あるxについて（Px∧Qx））　　　　否定する
≡　すべてのxについて¬(Px∧Qx)
≡　すべてのxについて(¬Px∨¬Qx)　　ド・モルガンの法則
≡　すべてのxについて（Px ⇒¬Qx）　¬P∨Q≡P⇒Q
　　　　　　　　　　　　　　xはPである　xはQでない
➡「大学生ならば作家ではない（すべての大学生は作家ではない）」

5　トカゲは爬虫類でもある
　　　　　Px　　　　　Qx

Px：xはトカゲである
Qx：xは爬虫類である　　　　　　　　述語を記号化
すべてのxについて(Px⇒Qx)　　　　　全体を記号化
¬（すべてのxについて(Px⇒Qx)）　　　否定する
≡　あるxについて¬(Px⇒Qx)
　　　　　　　　　　　　xはPである　xはQでない
≡　あるxについて(Px ∧¬Qx)　　　　¬(P⇒Q)≡(P∧¬Q)

➡「あるトカゲは爬虫類でない（トカゲで爬虫類でないものが存在する）」

Seciton ❸　「すべての」「ある」の具体的使用

複数の項を持つ述語

　　Section❶・❷では，述語に必ず1つの項が組になっていた。たとえば「xは野球選手である」「xは金持ちである」等だ。だが，述語は1つの項しか持たないわけではない。たとえば「xはyの母親だ」「xはyを好きだ」等の述語が考えられる。これらを用いて次の推論を記号化してみよう。ただし「兄」という概念と「弟」という概念の関係は仮定する。

> 高廣は正和の兄だ。　　　前提1
> 亮は正和の弟だ。　　　　前提2
> 兄の兄も，兄だ。　　　　前提3
> それゆえ，
> 高廣は亮の兄だ。　　　　結論

固有名が「高廣」「正和」「亮」とあるので，それぞれ定項「a」「b」「c」で表す。「xはyの兄だ」は「兄 x y」と書く。両方の項は異なる記号を割り振る。もし「兄 x x」とすると，「…は〜の兄である」の「…」と「〜」が同じになってしまう。

複数の項を記号化する

前提1はそのまま，述語と定項を当てはめればよい。

> 兄 a b　　　　前提1

前提2では「xはyの弟だ」とあるが，これは「yはxの兄だ」と同じだ。したがって，次のようになる。

> 兄 b c　　　　前提2

前提3では，「兄 x y」という述語が3つ出てきている。項どうしの関係に注意しよう。また「…も，〜」とあるのは意味から考えて「⇒」を使う。

> すべての x , y , z について((兄 x y ∧ 兄 z x)⇒兄 z y)　前提3

「兄の兄も兄である」の「兄の兄」とは「xがyの兄で，zがxの兄であるとき」の「y」に対する「z」の関係である。それが，「兄」なのであるから，「兄 z y」が後件に来る。

結論は前提1の場合と同様，次のようになる。

> 兄 a c　　　　結論

証明のしかた

まず，前提3は「すべての x , y , z について」とあるので，「x」「y」「z」すべての文字に定項を代入してよい。そこで

結論の「兄ａｃ」を導くために前提3の後件と見比べて「ｚ」に「ａ」を，「ｙ」に「ｃ」を入れる。残った「ｘ」には，前提1・2と前提3の前件を見比べて「ｂ」を入れる。すると，前提3より，

(兄ｂｃ∧兄ａｂ) ⇒兄ａｃ　　　　4

が得られる。
前提1・2より

兄ｂｃ∧兄ａｂ　　　　　　　5

が言えるので，4と5より，下の結論が言える。

兄ａｃ　　結論

　このような単純な推論の場合は直感的にも明らかだが，より複雑な関係では，複数の項を持つ述語をうまく理解できないと，思わぬ時間のロスになる。

「すべての」と「ある」の組合せ

　2つの項を持つ述語「Ｐｘｙ」を考えてみよう。次のように，「すべての」どうしまたは「ある」どうしを用いた命題の場合，2つの順序を変えても命題の意味は変わらない。

すべてのｘ，ｙについてＰｘｙ≡すべてのｙ，ｘについてＰｘｙ
あるｘ，ｙについてＰｘｙ≡あるｙ，ｘについてＰｘｙ

　だが，1つの命題で「すべての」と「ある」を複合的に使う場合は，そうはいかない。「すべてのｘについて」「あるｙについて」…の順序を入れ換えると意味が変わってしまうのだ。**「すべての」「ある」の2つを必要とする命題は，その順序に気をつけて形式化しないと，命題の意味を取り違える。**たとえば「ｘはｙを好きだ」という2種類の項を持った述語を考えよう。これを「**好ｘｙ**」と書く。以下の2つはどう意味が異なるだろうか。

すべてのｘ，あるｙについて好ｘｙ　　　　1
あるｙ，すべてのｘについて好ｘｙ　　　　2

1は「すべてのxについて，あるyが存在し，xはyを好きだ」，つまり，「どんなxについても，（xはyを好きだ，というyが存在する）」ことを述べる。要するに「どんな人（x）にも，その人（x）が好きであるような関係の人（y）がいる」，つまり「だれにでも好きな人がいる」ということだ。

　ところが，2は「あるyについて，すべてのxについてxはyを好きだ」（「すべてのxについてxはyを好きだ，そのようなyが存在する」）という意味になる。すなわち「すべての人（x）がその人（y）を好きであるような人（y）が存在する」ことを述べる。つまり，「すべての人が好きな人が存在する」ということだ。

●図3　すべてのx，あるyについて好x y

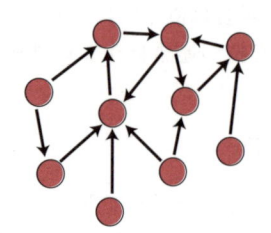

●図4　あるy，すべてのxについて好x y

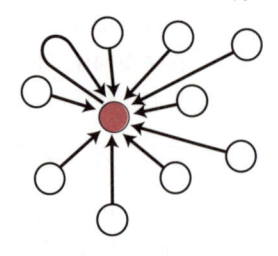

　1は，図3のようにすべての人について，それぞれ自分が好きであるという関係の人が1人でも存在していればよい。他方2は，図4のようにすべての人（自分自身も入る）が好きであるような人が存在する。条件や命題を理解する際には，全体が「**すべてのxについて**」「**あるyについて**」のどちらについての命題なのかを確かめよう。

両者の関係と否定

　両者の命題の関係は，2から1を推論できるが，1から2を推論することはできない，という関係になっている。図4の状況では確かに1の命題も成り立つことを確かめよう。すべてのxそれぞれに（同一の）yがいることがわかるだろう。

　また，否定に関しては，「**すべての**」と「**ある**」とをともに用いている命題も，Section❷のように機械的に「**すべての**」と

> **Point** 「ある」を換えながら「¬」を中に繰り込んでいく。つまり
>
> ¬（すべてのx，あるyについて（…））
> ≡
> あるx，¬（あるyについて（…））
> ≡
> あるx，すべてのyについて¬（…）

日常語を直す

与えられた条件や命題を，1つの論理式に直したり理解したりするためには，その条件や命題に含まれている「**すべての**」や「**ある**」を読み取らねばならない。そこで，大まかにこれらを表す表現を理解しておこう。

● 「すべての」「ある」を表す日常表現

「すべての」を表す表現	「どんな…でも」 「任意の…について」 ※ほとんどの条件法が当てはまる
「ある」を表す表現	「…が（少なくとも1つ）存在する」 「うまく…を選べば」 「適切に…を取れば」

「すべての」を表す表現には「どんな…でも」「任意の…について」等がある。これらは比較的明らかだが，表現としては省略されることが多い。**Chapter1・2**で扱ったような条件法を用いる命題は，ほとんどが「**すべての**」の意味を持つ。なぜなら，条件法で記号化できる命題で，その前件が成り立つものは，いつでも（すべて）後件が成り立つことを主張しているからだ。したがって，ほとんどの条件法では「すべての」を用いて記号化することになる。

逆に言えば，「すべての」を用いて記号化できるような命題は，「どんな…でも」「任意の…について」等と，自分の理解しやすいように読んでよい。

「ある」を表す表現としては「…が（少なくとも1つ）存在する」がある。また，「うまく…を選べば」「適切に…を取れば」も「ある」を表す。たとえば「あるxについてPx」という命題を考えると，これは「Pであるようなxが（少なくとも1つ）存在する」ことを述べる。したがって，「うまく」x「を選んでやれば」そのxはPを満たす，と言ってよい。

だから，「ある」を用いて記号化できる命題は，そういう「うまく…を選べば」「適切に…を取れば」などの「…」を探すという方針を取れば，問題を解決するきっかけになる。

注意すべき相違

さらに，「〜が存在したら」（「ある…が〜だったら」）という表現に慣れておこう。たとえば次のような命題だ。

> 救世主が存在したら，地球は平和なはずだ。
> （あるモノが救世主だったら，地球は平和なはずだ）

これを「xは救世主である」「xは平和だ」という述語をそれぞれ「救世主x」「平和x」として記号化する。地球は固有名なので定項eを当てよう。字義どおりに記号化すると

((あるxについて救世主x) ⇒ 平和e)　　1

となる。これを

あるxについて（救世主x ⇒ 平和e）　　2

とするのは誤りだ。なぜなら，「…が存在したら〜」は「存在」を仮定している文であって，「(…なら〜) となる…を満たすモノが存在する」を断言しているわけではないからだ。

存在したら	仮定
存在する	断言

後者は

あるxについて（¬救世主x ∨ 平和e）　P⇒Q≡¬P∨Q　※2

と同じ意味である。これは「(xは救世主でないかまたは地球

が平和である）を満たすxが存在する」を意味し，救世主でないようなモノがいれば真になる。

しかし，1は「救世主であるようなxが存在するのなら，地球は平和だ」ということを言っている。つまり「救世主であるようなxがありさえすれば（それがどんなものでも），地球は平和だ」ということである。すなわち，「どんなxであれ『xが救世主だ』が成り立てば，地球は平和になる」と同じ。したがって，

((あるxについて救世主x) ⇒平和e)　　1
≡
すべてのxについて（救世主x⇒平和e）

> このように「あるxがPだったら，A」という形の命題は次のように記号化できる。よく使われる表現なので，この形式で覚えておこう。Aに「x」が含まれていたら，文全体に「すべてのxについて」が掛かるので，Aにも掛かってきて意味が変わってしまう場合がある。その場合は，注意して形式化しよう。
>
> ((あるxについてPx) ⇒A)
> ≡　すべてのxについて（Px⇒A）

慣れてきたら，「すべての」「ある」の2つの関係と意味さえ押さえれば，いちいち複雑な記号化をしなくても条件を把握できる。**問題Basic**でもあまり記号化していないが，「すべての」と「ある」の関係だけはしっかり押さえてある。

例題3

▼次の文を記号化し，例にならって否定した後，日常語に直せ。

1. みんなに好かれる人がいる
2. 上には上がいる
3. アイデアがあったら俺は困るはずないよ
4. スポーツ選手の配偶者は忙しい
5. 象は鼻が長い

例：兄の兄は兄だ

兄 x y ： x は y の兄である　　　　　　　　　　述語を記号化
すべての x, y, z について((兄 x y∧兄 y z)⇒兄 x z)　全体を記号化
¬(すべての x, y, z について((兄 x y∧兄 y z)⇒兄 x z))　否定する
≡ある x, y, z について¬((兄 x y∧兄 y z)⇒兄 x z)
≡ある x, y, z について((兄 x y∧兄 y z)∧¬兄 x z)
　　　　　　　　　　　　　　　　¬(P⇒Q)≡(P∧¬Q)

➡「x が y の兄で，y が z の兄なのに，x が z の兄でないような x y z が存在する」（「兄の兄が，兄でないような関係を持つ3人がいる」）

解答までの近道MAP

否定する ➡ 「ある」と「すべての」を入れ換え，¬を中に入れる ➡ 日常語にして整理する

Method 複数の項どうしの関係を整理する

1 みんなに好かれる人がいる　　Pxy：xがyを好きだ
　　　すべての　好かれる　　ある
　　　　　　　　Pxy

すべての人が好きであるような人間が少なくとも1人存在するのだから，

あるy，すべてのxについてPxy　　　全体を記号化
¬あるy，すべてのxについてPxy　　　否定する
≡　すべてのy，あるxについて¬Pxy

➡「すべてのyについて，それぞれyを好きではないようなxが存在する」
➡「みんなだれかしらに好かれていない」

2 上には上が いる　　Pyx：yはxより上である
　　すべての　Pyx　ある

どんなものにも，それぞれそれよりも「上」のものが存在するのだから，

すべてのx，あるyについてPyx　　　全体を記号化
¬すべてのx，あるyについてPyx　　　否定する
≡　あるx，すべてのyについて¬Pyx

➡「すべてのyがxよりも上ではない（x以下である）ようなxが存在する」
➡「どんなモノよりも下でないモノが存在する」

3 アイデアがあったら 俺が困るはずないよ
　　　Px　　ある　⇒　Qa　　¬

Px：xはアイデアがある
Qa：aは困る

a：俺　　　　　　　　　　　　述語を記号化
（あるxについてPx⇒¬Qa）　　全体を記号化
≡
すべてのxについて（Px⇒¬Qa）

¬（すべての x（Px⇒¬Qa））　　　　否定する
≡　あるxについて¬（Px⇒¬Qa）
≡　あるxについて（Px∧Qa）　¬（P⇒Q）≡（P∧¬Q）

➡「アイデアがあるのに俺は困っている」

4　スポーツ選手の配偶者は忙しい
　　　　Px　　　Qyx　　Ry

Px：xはスポーツ選手である
Qyx：yはxの配偶者である
Ry：yは忙しい

「配偶者」を2つの項の述語記号で表す。「P」「R」との関係でx，yを混乱しないように。「スポーツ選手の配偶者」とあるので「Px∧Qyx」で「y」が配偶者であることを表す。「…は〜」とあるので条件法を用い，「すべての」も出てくる。

すべてのx，すべてのyについて（(Px∧Qyx)⇒Ry）
　　　　　　　　　　　　　　　　　　　　　　全体を記号化
¬（すべてのx，すべてのyについて（(Px∧Qyx)⇒Ry））
　　　　　　　　　　　　　　　　　　　　　　否定する
≡　あるx，あるyについて¬（(Px∧Qyx)⇒Ry）
≡　あるx，あるyについて（(Px∧Qyx)∧¬Ry）
　　　　　　　　　　　　　　　　¬（P⇒Q）≡（P∧¬Q）

➡「xがスポーツ選手でyがxの配偶者でありyは忙しくない，というx，yが存在する」
➡「スポーツ選手の配偶者なのに忙しくない人が存在する」

5　象は鼻が長い
　　Px　Qyx　Ry

Px：xは象である
Qyx：yはxの鼻である
Ry：yは長い

「Q」を2項の述語にして象と鼻，鼻と長いこととの関係を表す。「象は…」とあるので条件法を用いる。「鼻が長い」は「鼻」が存在することが含まれているので，「Qyx」の「y」については「あるyについて」と書くのを忘れないこと。

3 「すべての」と「ある」　基本と例題

すべてのxについて（Px⇒あるyについて（Qy x∧R y））
　　　　　　　　　　　　　　　　　　　　　　全体を記号化

> これを下のようにしてはいけない。
>
> すべてのxについて（Px⇒すべてのyについて（Qy x⇒R y））
>
> これでは，「鼻があったら長い」という意味になるから，象に鼻がなくても真になってしまう。

¬(すべてのxについて（Px⇒あるyについて（Qy x∧R y）))
　　　　　　　　　　　　　　　　　　　　　　否定する
≡　あるxについて¬(Px⇒あるyについて（Qy x∧R y））
≡　あるxについて(Px∧¬あるyについて（Qy x∧R y））
　　　　　　　　　　　　　　　　　¬(P⇒Q) ≡ (P∧¬Q)
≡　あるxについて(Px∧すべてのyについて¬(Qy x∧R y））
　　　　　　　　　　　　　否定で「ある」が「すべての」になる
≡　あるxについて(Px∧すべてのyについて（¬Qy x∨¬R y））
　　　　　　　　　　　　　　　　　　　　ド・モルガンの法則
≡　あるxについて(Px∧すべてのyについて（Qy x⇒¬R y））
　　　　　　　　　　　　　　　　　(¬P∨Q) ≡ (P⇒Q)

➡「xは象であり，yがxの鼻であるならyはすべて長くない，というxが存在する」
➡「象であって，その鼻が長くないモノが存在する」

3 「すべての」と「ある」　　　問題Basic

▼次の文章を読み，下の問い（問1～3）に答えよ。

　3つの部屋があり，それぞれの部屋に1人ずつのプレイヤーが入る。それぞれの部屋には1つの黒板が置いてある。
　部屋にはモニターが備え付けてあり，それによって他の部屋の黒板に何が書いてあるかを見ることができる。モニターが全部機能していればどの部屋からも他のすべての部屋の黒板を見ることができる。しかし，場合によってはモニターが一部機能せず，見ることのできない部屋が生じることもある。極端な場合，他の部屋の黒板をいっさい見ることができない部屋もあり得る。もちろん，自分の部屋の黒板はモニターを通さずに直接見ることができる。
　これらの部屋を利用して，次のようなゲームを行う。

① まず，各プレイヤーは自室の黒板に，1から9までの数のうち，好きなものを1つ書く。書いた数は最後まで消さずに残しておく。
② 各プレイヤーは，それぞれ自分が見ることのできる部屋（自室を含む）をすべて観察し，そこの黒板に書いてある数を確かめる。
③ その結果に従い，各プレイヤーは次の⑴と⑵を行う。
　⑴ ある数 n が自分の見ることのできるすべての部屋の黒板に書かれていたなら，自室の黒板に，$10 \times n$ を書き足す。例えば，自室の黒板も含めて観察できたすべての黒板に数2が書かれていたなら，数20を自分の黒板に書き足す。
　⑵ ある数 n が自分の見ることのできる1つ以上の部屋の黒板に書かれていたなら，自室の黒板に $10 \times n + 5$ を書き足す。例えば，観察できたどこかの部屋の黒板に数2が書かれていたなら，数25を自分の黒板に書き足す。
④ 以上の作業をすべてのプレイヤーが完了したら，もう一度それぞれが見ることのできる部屋をすべて観察する。そして，自室の黒板も含め，新たに書き足された2桁の数がある場合には，それに基づいて③の作業を繰り返す。例えば，観察できたどこかの部屋の黒板に数25が書かれていたら，数255を自分の黒板に書き足す。

以上が終了した時点でゲームは終了とする。

問 1　あるゲーム全体を通して次の**条件A**が成り立っているものとする。

　条件A　各部屋のモニターは完全に機能している。すなわち，どの部屋からも他のすべての部屋の黒板を見ることができる。

　ゲーム終了後の状態について，次の**ア〜ウ**の記述の正誤の組合せとして適当なものを，下の①〜⑧のうちから1つ選べ。

　ア　どこかの黒板に数100が書かれていれば，必ずすべての黒板に数1が書かれている。
　イ　どこかの黒板に数105が書かれていれば，必ずすべての黒板に数1が書かれている。
　ウ　どこかの黒板に数150が書かれていれば，必ずすべての黒板に数1が書かれている。

	ア	イ	ウ
①	正	正	正
②	正	正	誤
③	正	誤	正
④	正	誤	誤
⑤	誤	正	正
⑥	誤	正	誤
⑦	誤	誤	正
⑧	誤	誤	誤

（問2は省略）

問 3　ゲーム終了後の状態に関する**命題α**と，ゲーム全体を通して想定される**条件C**を，次のように考えてみる。

　命題α　はじめに各プレイヤーがどの数を黒板に書いてゲームを始めたとしても，数1が書かれている黒板には，必ず数150も書かれている。

条件C 任意の部屋X，Yについて，部屋Xから部屋Yの黒板を見ることができるならば，必ず部屋Yから部屋Xの黒板を見ることができる。

命題αと条件Cの関係について正しく述べたものを，次の①~⑤のうちから1つ選べ。

① 条件Cが成り立っているならば，命題αは成り立つが，条件Cが成り立っていないときには，命題αが成り立つかどうかは分からない。
② 条件Cが成り立っていないならば，命題αは成り立つが，条件Cが成り立っているときには，命題αが成り立つかどうかは分からない。
③ 条件Cが成り立っているならば，命題αは成り立ち，条件Cが成り立っていないならば，命題αは成り立たない。
④ 条件Cが成り立っていないならば，命題αは成り立ち，条件Cが成り立っているならば，命題αは成り立たない。
⑤ 条件Cが成り立っていても，命題αが成り立つかどうかは分からない。そして，条件Cが成り立っていないときにも，命題αが成り立つかどうかは分からない。

(16年度センター本試験　第4問)

解答・解説

与えられた規則と条件をもとにして，ある命題が成り立つかどうかを検討する問題である。便宜上各部屋をⅠ，Ⅱ，Ⅲと呼ぶ。

問1　条件を理解して真偽を検討する

条件Aに基づいてア～ウの記述をそれぞれ検討する。その際，文言は標準的な表現に言い換え，使われている数に気をつける。また，「どこかにあれば…」という表現の意味を誤解しないようにしよう。

記述の検討

ア：どこかの黒板に数100が書かれていれば，必ずすべての黒板に数1が書かれている。

→図5参照。この条件は，Section❸で学んだように「いかなる黒板に数100が書かれていても」と言い換えられる。だから，任意の部屋に数100が書かれている場合を考えなくてはならない。条件Aによって各部屋が対称的であるから，仮にⅠという1つの部屋に数100が書いてあるものとしよう。100は，ある数を10倍する方法によってしか得られない。10倍できるには，もとの数が黒板のすべての部屋に書いてあるはず。よってすべての部屋の黒板に数10が書いてある。数100と同様に，数10は1を10倍して得られる。1を10倍して10を得ているのだから，数1がすべての黒板に書いてなくてはならない。したがって，**ア**は正しい。

イ：どこかの黒板に数105が書かれていれば，必ずすべての黒板に数1が書かれている。

→図6参照。**ア**と同様にⅠに数105が書かれているとしよう。この105はある自然数を10倍して得られる数ではないので，（10を）10倍して5を足す方法で得られたものである。したがって，どこかの黒板には数10が書いてある。この10は1を10倍して得られたものである。したがって，1が10倍されているのだから，この数1がすべての黒板に書いてあるはず。したがって，**イ**は正しい記述である。

ウ：どこかの黒板に数150が書かれていれば，必ずすべての黒板に数1が書かれている。

→図7参照。Ⅰに数150が書かれているとしよう。この150は15を10倍して得られたものである。したがって，すべての黒板に数15が書いてある。だが，この15は1を10倍して5を足す方法で得られた数である。1が10倍されてさらに5が足されているのだから，数1はどこかの1つ

の黒板に書いて**あれば**よい。つまりすべての黒板に 1 がある必要はない。つまり「150が書かれている黒板があっても，うまく数字を書けば数 1 が書いてある黒板がなくてもよい」。したがって，**ウ**は誤った記述である。

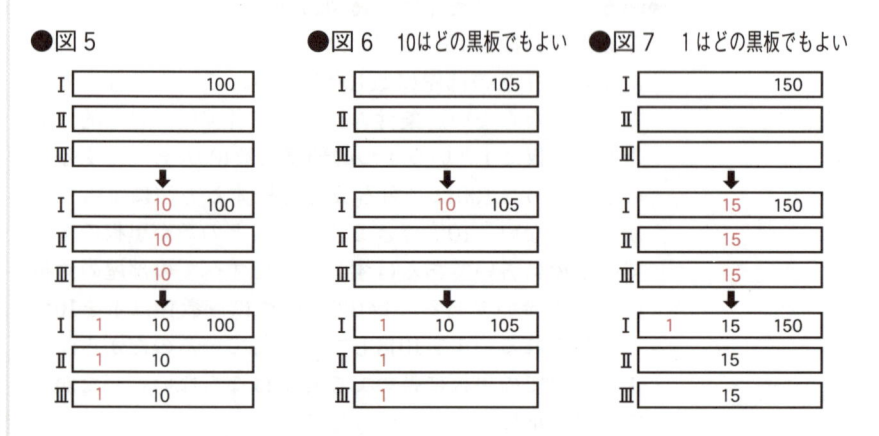

●図 5

I			100
II			
III			

↓

I		10	100
II		10	
III		10	

↓

I	1	10	100
II	1	10	
III	1	10	

●図 6　10はどの黒板でもよい

I			105
II			
III			

↓

I		10	105
II			
III			

↓

I	1	10	105
II	1		
III	1		

●図 7　1はどの黒板でもよい

I			150
II			
III			

↓

I		15	150
II		15	
III		15	

↓

I	1	15	150
II		15	
III		15	

よって，正解は②。

問 3　条件・命題の否定と含意関係

この問題も，実質的にはある条件の下での命題の真偽の吟味である。条件を確認し，それとその否定を仮定したうえで，提示された命題の真偽を検討する。**条件C**の否定と**命題α**の否定をまずは確認する。

条件と命題の整理

条件Cを記号化する。

P x y：x から y が見える

とすると

すべての x，すべての y について（P x y ⇒ P y x）

図 8 のように，X から Y が見えることを X から Y への「→」で表すと，どこかの部屋の間に矢印が存在するならば，その矢印は双方向の矢印である。**条件C**の否定は以下のようになる。

¬（すべてのx，すべてのyについて（P x y ⇒P y x））
≡
あるx，あるyについて（P x y ∧¬P y x）
「すべての」と「ある」の入れ替わり，¬（P⇒Q）≡（P∧¬Q）

　つまり，部屋Xから部屋Yの黒板を見ることができ，かつ，部屋Yから部屋Xの黒板を見ることができないような，部屋X，Yが存在する。一方向の矢印しかない部屋の組があるのだ。

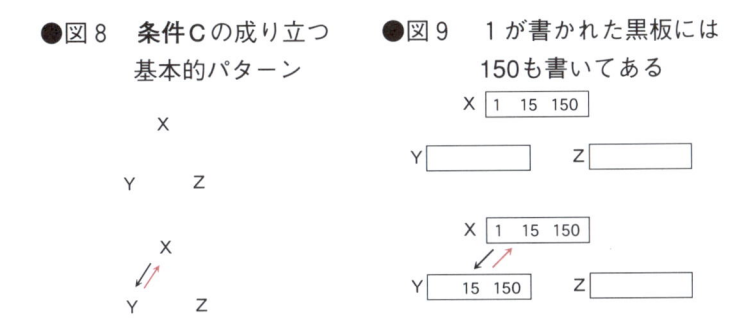

●図8　条件Cの成り立つ基本的パターン　　●図9　1が書かれた黒板には150も書いてある

　一方命題αは「はじめに…としても」と始まっているが，問2と同様に次のように直せる。

どんな場合でも，数1が書かれた黒板には，数150が書かれている。

　否定すると「どんな場合でも」の「**すべての**」，「数1が書かれた黒板には数150が書かれている」の「**すべての**」が「**ある**」に換わるから，次のようになる。

命題αの否定：各プレイヤーがある特定の数を書いて**ゲームを始めた場合には，数1を書いてあって，**かつ**数150が書かれて**いない**黒板が**存在する**。**

　CやCの否定からαの真偽を見ていくことになるが,その際,αの否定「ある特定の数を書いてゲームを始めた場合…」に着目しよう。これは**Section ❸**で学んだように，「特定の数を選んでゲームを始めてやれば，…とできる」と理解してよい。とい

うことは，**もし可能なら命題αを否定するような「特定の数」を考えて否定してよい**ということだ。複雑に可能性を考える場合には，αが「否定されるかどうか」ではなく「否定できるかどうか」という視点で吟味する。

Cを仮定してαとの関係を見る

まずCを仮定して，C⇒αか，C⇒（￢α）かを検討しよう。

ある部屋Xに数1が書かれている場合を考えると，**条件C**より，その部屋Xから見ることができる任意の部屋からは部屋Xを見ることができるのだから，部屋Xから見ることができる部屋からは，部屋Xの数1が見えるはず。したがって**部屋Xから見ることができる任意の部屋で，手順③の(2)より，数15が書かれる**。さらに，部屋Xから見ることができる任意の部屋に数15が書かれているのだから，手順③の(1)より，部屋Xには数150が書かれる。

つまり，各プレイヤーがどんな数を書いてゲームを始めたとしても，数1が書かれている黒板には，必ず数150も書かれている（**命題α**）。以上より，C⇒αが言えた。

￢Cを仮定してαとの関係を見る

次に，**条件C**の否定を仮定して，（￢C）⇒αか，（￢C）⇒（￢α）かを検討しよう。

ある部屋Xに数1が書かれているとして，部屋Xから部屋Yの黒板を見ることができるが，部屋Yからは部屋Xの黒板が見えないような部屋Yがあるとする（**条件Cの否定**）。この部屋Yを1つ考える。この**部屋Yに書かれている数は何でもよい。だから，1以外の1ケタの数n（n≠1）が書かれる場合を考える**。αを否定しやすい数を選んでいるわけだ。そうすると，部屋Xの黒板には手順③の(2)より数15と10n＋5（なぜなら10n＋5≠15）が書かれる。また，部屋Yの黒板には手順③の(1)・(2)より，数10n（10n≠10）と10n＋5（10n＋5≠15）が書かれる。

さらにゲームの2順目では，部屋Xからは部屋Yが見えるが，

部屋Xから見えるすべての黒板に数15があるわけではない（部屋Yには命題αを否定しやすい数を選んでいるから）。よって部屋Xの黒板に数150が書かれることはない。

つまり、各プレイヤーが**うまく特定の数を選んで**ゲームを始**めた場合**には、数1を書いてあって、かつ数150が書かれていない黒板が存在する（**命題αの否定**）。以上から、（￢C）⇒（￢α）が言えた。よって、正解は③。

●図10　Yに15がないので、Xには150が書かれない

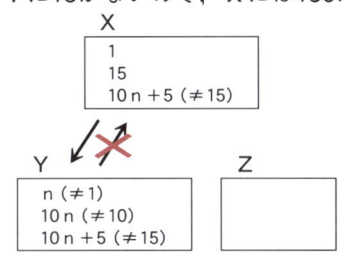

```
X
1
15
10n + 5 (≠15)
```

```
Y
n (≠1)
10n (≠10)
10n + 5 (≠15)
```

```
Z
```

証明のポイントは何か

最初のC⇒αでは、**条件C**が言えることによって、部屋Xから見える部屋の2ケタの数に特定の数（ここでは15）が含まれると確実に言えることが重要である。部屋Xから見えるすべての部屋からは部屋Xの1が見えているのだから、15がなければならない。これが言えるかどうかが、「証明」を考えていくうえでの決定的なポイントである。これさえわかってしまえば、**命題α**の真偽が見えてくる。この「部屋Xから見える部屋に15がある」ということを、**条件C**から言うことができるのなら、**命題α**が真であるということが直ちにわかる。

一方の（￢C）⇒（￢α）についても同様に、部屋Xから見える部屋に15があると言えるかどうかが、**条件C**の成否にかかる。**条件C**の否定によって、「部屋Xから見える部屋に15がある」とは必ずしも言えないことがわかるのだから、数15が書かれないような部屋Y（とその数$n \neq 1$）を考えればよい。つまりαを否定する「特定の数を選べば」に気づけば、**条件C**の否定と特定の数を使って**命題α**が偽になることを示そうという方針が出てくる。

◆◆◆ 本書ではわかりやすさを優先して記号化しなかったが，本来は「すべての」「ある」は次のように記号化する。これを量化子(りょうかし)と呼ぶ。

すべての x について＝∀x
ある x について＝∃x

これを使ってp.118〜119の式変形を示すと以下のようになる。

∀x∀y（P x y⇒P y x）

否定して変形すると

¬∀x∀y（P x y⇒P y x）
≡ ∃x∃y¬（P x y⇒P y x）　　∀，∃の入れ替わり
≡ ∃x∃y（P x y∧¬P y x）　¬（P⇒Q）≡（P∧¬Q）

このような記号化は慣れれば簡単で，式変形の際には時間の節約になるが，実は今までの適性試験では延々と式変形させるような問題は多くない。だから，この2つの記号は無理に覚える必要はないだろう。

Solution

◆全称命題は「すべての」がついて表される命題，存在命題はある適当なモノを取れば条件が満たされる命題
◆否定すると「すべての」と「ある」は入れ換わる
◆「すべての」「ある」の日常表現にはさまざまな形があり，ほとんどの条件法は「すべての」を用いて表現できる
◆「すべての」「ある」の関係さえ読み取れば，全部記号化しなくても解ける

Part 2

【応用編】
推論・分析力問題の
さまざまな解法

Introduction

Part2では，適性試験に出てくるさまざまなタイプの問題を，**Part1**で学んだ技法を使って，実際にどのように解いていくか，その典型的な手法を学びます。つまり，技法の応用編です。

Chapter 4　複数の技法を活用して，論理的な推論をする

●**ベン図・真理表・記号化**の3つの方法は，推論をするための代表的な方法です。しかし，これらには次のような利点と欠点があるので，うまく使い分ける必要があります。

ベン図	○	直観的に理解できる
	×	二者択一に整理しないと使えない
	×	概念が4つ以上の場合は書きにくい
真理表	○	すべての場合を解明できる
	×	書くのに時間がかかる
記号化	○	確実で基本的
	×	式変形に慣れるのに時間がかかる

●ここでは，それぞれの方法の特質を説明した後，それらに適した問題を提示して，実際に解いてみることで，それぞれの方法の特質を理解します。

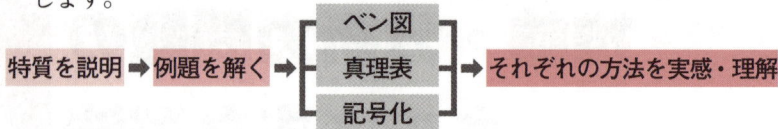

特質を説明 ➡ 例題を解く ➡ ベン図／真理表／記号化 ➡ それぞれの方法を実感・理解

Chapter 5　図・表を使って複数の条件を整理する

●問題によっては，複数の条件が絡み合って複雑になる場合があります。これらの条件を整理するには，**対応表・ベン図・キャロル図**を用いると便利です。これらの条件を手際よく整理するだけで，解決につながることがあるのです。

●それぞれの方法は得意分野があるので問題に応じて使い分けましょう。

Part2　Introduction

対応表	2種類の条件を整理する
ベン図	二者択一の条件が3つある場合を整理する
キャロル図	1つ二者択一が含まれる3つの条件を整理する

●図表は直観的に理解できるので，可能な場合を見分けやすくなります。

複数の条件によって整理 ➡ 対応表／ベン図／キャロル図 ➡ 可能な場合を見る ➡ 解決

Chapter 6　議論の仕組みを解明する

●法律で使われる議論では，推論が適切に行われているかどうか，議論に対して適切な反論をどのように行うか，を判断しなければなりません。このような問題では，どこに前提があるかを見抜き，どのようなメカニズムで結論が導かれているかを吟味する必要があります。

●以下のような考え方を使って，**推論・議論の構造**を整理すると，それが正しいか間違っているかを素早く判断できます。

	役割・仕組み	見分け方・手続き
仮説	事例から一般的な命題を導く	導くプロセスが適切か　適切な一般化になっているか
前提	ある結論を出すのにどうしても必要な内容	それがなければ，結論が導けないか
議論の構造	主張とその根拠からなる	根拠が何かわかれば，そこから議論全体を批判できる

Chapter 7　統計的な問題に強くなる

●実際の社会問題では，データをきちんと吟味する必要があります。そのため，適性試験では，調査や実験から結論を導き出す手続きを問う問題があります。この場合，統計の基本知識を知っていれば，比較的簡単に議論・推論が適切かどうか判断できます。

データの吟味 ➡ 統計の基本知識 ➡ 素早い判断

● 2つの量のうち一方が増減するにつれて，もう一方も増減するのなら，そこに**相関関係**が成り立ちます。しかし，これは**因果関係**とは限りません。

相関関係（correlation）　≠　因果関係（cause and effect）

● 相関関係があっても，それは**第3の変数**によって，見かけ上そう見えているだけかもしれないのです。

相関関係

X 〜 Y
 ↖ C ↗

あるいはサンプルを取り出してくる場合に，もとの集団（**母集団**）とは違った性質を持つ場合もあります。こういうことが起こっていないかを吟味しないと，調査したデータでも信頼はできないのです。

● 調査した結果，得られたデータがどのような観点から信頼できると判断されるのか，その方法を知るのが目標です。これについて，普通は**確率論的背理法**という方法を使います。あるデータの信頼性を示したい場合，そのデータを否定する結果が出てくる確率が十分に低ければ，信頼性があるとみなすわけです。

Chapter 8　解答時間を短縮するテクニック

● 適性試験の本番で問題を解く時間は限られています。ここでは，一見面倒な思考や計算を必要とする設問に，どうやって解答方針を定めるか，素早く選択肢を判断するか，その方法を伝授します。いわば適性試験対策の総仕上げです。

面倒な思考や計算を必要とする設問 ➡ 解答方針・選択肢判断 ➡ 素早い解決

● 次の方法は，応用範囲が広いので十分に理解しておきましょう。

1	図表で整理する
2	場合分けを考える
3	選択肢間の関係を利用する
4	極端な場合を考える

Chapter 4 推論の方法

　論理的推論とは，いくつかの文が与えられていて，そこからもう1つの文が正しく導けるどうかを問う問題だ。もし間違いなら，正しい文に直したり，抜けている内容を補ったりもする。文を記号，表あるいはベン図に置き換えて，文の表す意味の範囲を正しく表すと，正解にたどり着ける。

Technic

① ベン図で解く
直観的に条件把握

② 真理表・記号化で解く
機械的かつ確実に解く技術

③ 意味から解く
確実さからスピードアップへ

4 推論の方法　　基本と例題

Section ❶ ベン図の利点・欠点

含意関係を包含関係に直す

　　ベン図を書くには，与えられた文の「ならば」に注目して，その文の表す意味の範囲（含意）を直接ベン図の包含関係に置き換える。たとえば，A，Bが成り立つ範囲をある円が含む範囲と考えれば，「AならばB」は，Aが成り立つ範囲はすべて，Bが成り立つ範囲を表す。したがって，図1のようにAを表す円はBを表す円に含まれる，という形で表すことができる。

●図1「AならばB」　　　　●図2「Aならば（BまたはC）」

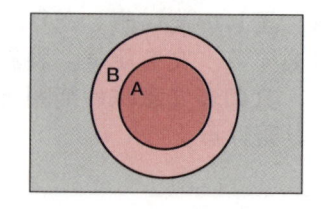

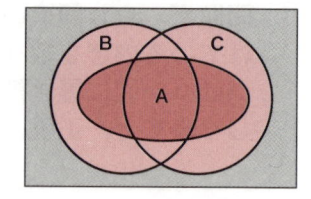

　　また「BまたはC」はBかCが成り立つ範囲だから，Bを表す円とCを表す円の双方の結合となる。したがって，「Aならば（BまたはC）」は，図2のようにAを表す円がBとCの円の結合に含まれることになる。

　　このように「ならば」に注目して，与えられた文をベン図に直した後で，前提のベン図を1つのベン図に整理して結論が言えるかどうかを検討したり，ベン図どうしを比較して文どうしの含意関係がどうなっているかを検討したりする。その際に，**ベン図の包含関係が，そのまま概念・条件の含意関係になるわけだ。**つまり，条件の文をベン図に整理して，図1のようになれば，AはBを含意することが言えるので，「AならばB」が成り立つことになる。

概念をベン図に割り当てる

もう一つは，あらかじめベン図に現れる円を描いてしまい，それぞれの円に与えられた文に表れる概念を割り当てる方法だ。この方法だと，与えられた文のすべての文結合子に注目して，ベン図の中のありえない領域にチェックしていく。こうして残ったチェックされていない領域（「許された」領域）が，その文の表している意味だ。

たとえば「AならばB」は，初めにAを表す円，次にBの円を描く。AとBが一致する場合もあるから，AとBが重なる領域も描く。この中でAであるがBでない領域は，Aの円には入るがBの円に入らない領域だから，図3の灰色の部分になる。

● 図3「AならばB」　　●図4「Aならば（BまたはC）」

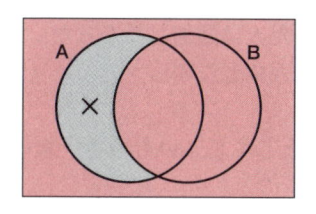

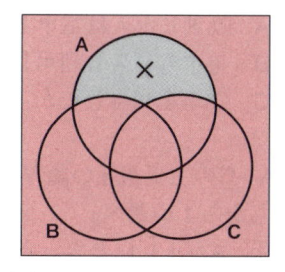

同様に「Aならば（BまたはC）」も，A，B，Cの円を別々に描いて，その中でAであっても「BまたはC」でない所を，図4のようにチェックする。

この方法の場合は，含意関係が問題になっている文ごとに1つの円，つまりベン図を描けばよい。複数の前提文が与えられ，それらからある文が帰結するかどうかを検討する際は，円（ベン図）は前提に1つ，帰結に1つの計2つだけでよい。前提の文の集まりは「かつ」でつながれているとみなしてよいので，1つのベン図に重ねてチェックしていけば済むからである。

逆に複数の文の間で含意関係がどうなっているかを問われている場合は，問題になっているすべての文についてベン図を描き，そこでベン図のチェックされなかった領域を相互に比較する。このとき，一方のベン図のチェックされなかった領域が，他方のベン図のチェックされなかった領域を含んでいれば，前

者が後者から帰結すると言える。

Point ベン図の包含関係は文の含意関係を表す

例題 1

▼次の文章を読み，下の問いに答えよ。

　ある大学で入学試験を行った日に雪が降った。その地方ではめったに雪が降ることはなかったので，交通機関に遅れが生じ，多くの遅刻者が出ることとなった。このことについて，次の**A〜C**の3つの主張が3人から出された。
　　A　遅刻した人は電車とバスを両方利用していた。
　　B　電車もバスも利用しなかった人は遅刻しなかった。
　　C　電車を利用しなかった人は遅刻しなかった。

問　**A〜C**の主張相互の論理的関係として正しいものを，次の①〜⑥のうちから1つ選べ。
　① **A**が正しいとき，必ず**B**も正しい。また，**B**が正しいとき，必ず**C**も正しい。
　② **A**が正しいとき，必ず**C**も正しい。また，**C**が正しいとき，必ず**B**も正しい。
　③ **B**が正しいとき，必ず**A**も正しい。また，**A**が正しいとき，必ず**C**も正しい。
　④ **B**が正しいとき，必ず**C**も正しい。また，**C**が正しいとき，必ず**A**も正しい。
　⑤ **C**が正しいとき，必ず**A**も正しい。また，**A**が正しいとき，必ず**B**も正しい。
　⑥ **C**が正しいとき，必ず**B**も正しい。また，**B**が正しいとき，必ず**A**も正しい。

(15年度センター本試験　第5問)

解答までの近道MAP

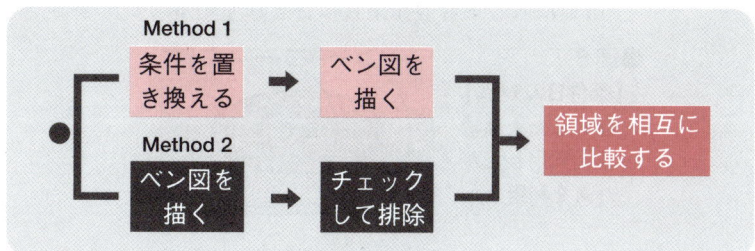

```
Method 1
条件を置    →   ベン図を
き換える         描く
                              →  領域を相互に
Method 2                          比較する
ベン図を    →   チェック
描く            して排除
```

Method 1　含意関係を包含関係に直す

　　第一の方法で**条件A〜C**をベン図にすると次のようになる。まず，**条件A**は

遅刻した人は電車とバスを両方利用していた。【条件A】

だから，遅刻した人の集合が電車を利用した人の集合とバスを利用していた人の集合の共通部分に含まれていると考えられる。つまりベン図は**図5**のように描ける。

●図5【条件A】
遅刻した人は電車とバスを両方利用していた

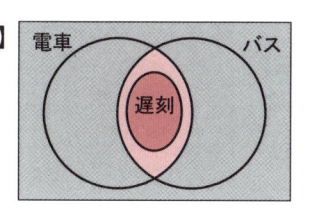

対偶を取る──条件B

　　一方，**条件B**は

電車もバスも利用しなかった人は遅刻しなかった。【条件B】

である。条件Aでは，遅刻者と電車・バスの利用者という肯定表現をもとにしてベン図にしたのだから，**条件B**もそれと比較しやすいように，対偶を取って「遅刻した人は…」と肯定の表現が出てくるように直す。その際，ド・モルガンの法則を使って「AかつB」の否定は，「AでないかまたはBでない」となることに注意しよう（$\neg(A\wedge B) \equiv \neg A \vee \neg B$）。

遅刻した人は電車を利用したかバスを利用した。【条件Bの対偶】

つまり，遅刻者の集合が電車を利用した人の集合とバスを利用した人の集合の和集合に含まれていることになる。

●図6
【条件Bの対偶】
遅刻した人は電車を利用したかバスを利用した

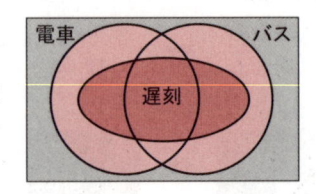

対偶を取る──条件C

条件Cも，同様に対偶を取って比較しよう。
遅刻した人は電車を利用した。【条件Cの対偶】
つまり，遅刻した人の集合が電車を利用した人の集合に含まれているわけだ。バスを利用した人については何の言及もない（＝含意にかかわる包含関係がない）ので，遅刻した人・電車を利用した人の集合に対して，共通部分とそうでない部分をともに持つように描く。したがって，ベン図は図7のようになる。

●図7
【条件Cの対偶】
遅刻した人は電車を利用した

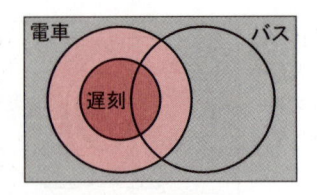

相互に比較する

図5～図7を比較すると，遅刻者の領域が異なっているのがわかる。この円の占める領域が狭ければ狭いほど，遅刻者の持つべき条件が厳しくなるわけだ。それぞれの条件を比較すると，条件Aでは遅刻者は必ず電車とバスの両方を利用しており，条件Bでは遅刻者は電車・バスどちらか一方の利用者であるだけでよい。同様に，条件Cでは遅刻者は電車を利用するだけしか必要な条件がない。したがって，遅刻者の条件が厳しい順に並べると，A・C・Bの順になる。すなわち，条件Aが言えれば条件C・Bが言え，条件Cが言えれば条件Bが言えるという関係になる。よって，正解は②。

Method 2　概念をベン図に割り当てる

　　第二の方法で，条件A～Cをベン図にすると次のようになる。
遅刻した人は電車とバスを両方利用していた。【条件A】
は，遅刻した人でも電車とバスを両方利用した人のところ以外はダメなのだから，そこにチェックを入れればよい。したがって図8のようになる。

●図8【条件A】
遅刻した人は電車とバスを両方利用していた

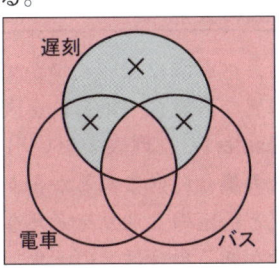

　　同様に，**条件B**「電車もバスも利用しなかった人は遅刻しなかった」は，遅刻した人の中で電車かバスの少なくとも片方を利用した人を抜いた部分にチェックを入れればよいから，図9のようになる。一方**条件C**は図10のようになる。

●図9【条件B】　　　●図10【条件C】

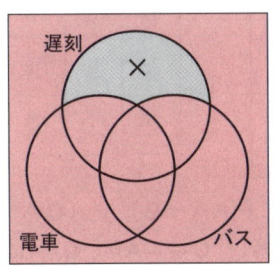

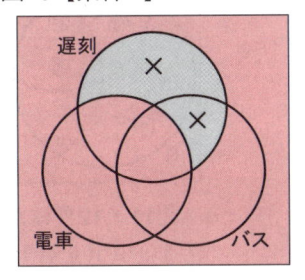

　　ベン図どうしのチェックマークが入っていない赤色の領域を比較すると，図8が図9・図10に含まれており，図10が図9に含まれている。つまり，**条件Aは条件B・Cを含意し，条件Cが条件Bを含意している**，と考えることができる。
　　第一の方法だと「遅刻者」の円の大きさについての関係が，そのまま文どうしの含意関係になっている。つまり，遅刻者の存在する領域がより狭いベン図が表す文が，それを含んだより

広い領域を持つベン図の文を含意している。直観的に言えば，より厳しい条件の文はより緩い条件の文を含意できるが，逆は不可能だということだ。

第二の方法のほうが，より文どうしの含意関係がハッキリしているだろう。チェックされていない「許される」領域の包含関係が，そのまま文どうしの含意関係になっているからだ。

補足　　ベン図の欠点

ただし，ベン図にはいくつか欠点がある。ベン図で同時に4つ以上の異なる概念（集合）を表すと全体像がかなり見にくくなる。**Chapter1**の真理表を思い出してみよう（p.25〜28参照）。ある概念の集合に含まれるか否かによって，1つの概念について，肯定と否定の2通りを考えなくてはならない。だから，4つの概念がある場合は2の4乗で，全部で16通りの場合がある。そこで，次のように平面を16分割したベン図が必要になる。

●図11　　　　　　　　●図12

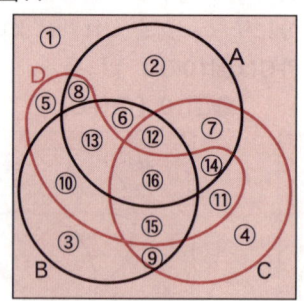

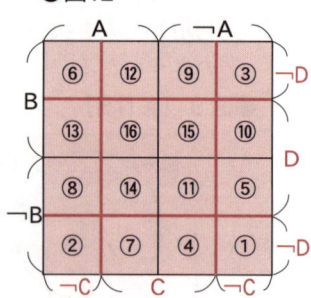

図11・12ではたとえば「(A∧¬B) ∨ (C∧¬D)」は②④⑦⑧⑨⑫⑭を合わせた領域，「C⇒ (A∨¬D)」は⑪⑮以外の領域で表される。

概念どうしの関係をベン図で表す作業手順は，概念が3個以下の場合と変わらないが，かなり入り組んだ思考が必要になることがわかるだろう。

第一の方法でも複雑になる

第一の方法でも，事情は同じだ。「ならば」をベン図の包含関係で書いていくと，1つのベン図に描くことが困難になるほ

ど複雑になるし，ベン図どうしを比較する際に相当複雑な思考を強いられる。ベン図を描く際に，たった1つでも包含関係を間違えたら命取りだ。「すべての」「存在する」という語を含んだ文が現れた場合，その情報までベン図に書き込むとさらに複雑になってしまう。

　もともと，論理的関係を手早く理解するためにベン図を書くのに，その作成・利用に時間がかかってしまうのでは，本末転倒であろう。結局，ベン図は，概念が3つ以下の場合か，概念どうしの関係が複雑そうではない場合に用いるのがよい。

Section❷ 真理表で解く・記号化して解く

真理表で解く

　Section❶末尾で述べたように，概念が4つ以上になった場合では，どうすればよいだろうか？　問題によっては真理表が役に立つ。それは，いくつかの文が与えられて，それらの文どうしの含意関係が問われている場合である。

　ある文Aから他の文Bが論理的に帰結するとは，「ある文Aの真理表の列のうち真となっている行で，もう一方の文Bもすべて真となっていること」である。真理表はすべての文の真偽を示している。したがって，ある文Aが正しいとき，もう一方の文Bが正しいといえるかどうかは，真理表を見れば一目瞭然なのである。

> **Point** 文Aから文Bが論理的に帰結する＝文Aの真理表の列のうち真となっている行で，文Bもすべて真となっている

真理表の利点

　したがって，問題を確実に解くためには，真理表を書けばよい。この方法は，一見「泥臭い」が利点も大きい。なぜなら，問題から解答までほぼ機械的に進んでいくからだ。与えられた文を並べて書き，その真理表を作る。それから真理表を読んで，

上の**Point**に当てはまっているかどうか見る。論理記号と真理値の規則に慣れてさえしまえば，頭を使うことなく，ほぼ自動的に問題を解くことができる。

しかも真理表は，慣れれば相当速く作ることができる。たとえば3つの概念を含んでいる3つの文が出た場合で，真と偽の2つの3乗は8になるので，8行×3列（3つの概念の部分を入れれば6列）の真理表を作ればよく，検討する項目も全部で24項目（48項目）しかない。同様に，4つの概念で4つの文ならば64項目（128項目）である。機械的に書くこと・省略してよいところを考えれば1項目平均1秒を切るはずである。

異なる概念が増えるごとに，書くべき項目は等比級数的に増えるが，5つの概念を操作するような問題で真理表を用いたほうがよい設問が出題されるとは考えにくいから，実用的には問題ないであろう。では，実際に**例題1**を真理表を用いて解いてみよう。

条件A〜Cを記号化する

「遅刻した人」・「電車を利用した人」・「バスを利用した人」をそれぞれ「遅刻」・「電車」・「バス」と表す。

> **条件A**：遅刻⇒（電車∧バス）　　（1）
> **条件B**：((¬電車)∧(¬バス))⇒(¬遅刻)
> **条件C**：(¬電車)⇒(¬遅刻)

となる。ベン図のときの操作と同様に，真理表を単純にするために，否定をできるだけ少なくしてみよう。そのために，まず**条件B**と**条件C**それぞれの対偶を取る。

> **条件Bの対偶**：遅刻⇒(¬((¬電車)∧(¬バス)))
> **条件Cの対偶**：遅刻⇒電車　　（3）

さらに**条件B**の対偶にド・モルガンの法則
¬（A∧B）＝¬A∨¬B
を適用して

> **条件Bの対偶**：　遅刻⇒(¬((¬電車)∧(¬バス)))
> ≡　遅刻⇒（電車∨バス）　　（2）

以上の（1）〜（3）についての真理表を書く。**1は真，0は偽**を表す。

遅刻	電車	バス	条件A 遅刻⇒(電車∧バス)	条件B 遅刻⇒(電車∨バス)	条件C 遅刻⇒電車
1	1	1	1	1	1
1	1	0	0	1	1
1	0	1	0	1	0
1	0	0	0	0	0
0	1	1	1	1	1
0	1	0	1	1	1
0	0	1	1	1	1
0	0	0	1	1	1

> ◆ **解答のコツ―真理表の書き方**
> 　条件の前件（「…ならば」の部分，⇒の前の部分）に注目して，前件が偽の場合はすべて真にしてしまう。「PならばQ」は，前件Pが偽の場合，そもそもPが成り立っていないのだから，後件がどうあろうと必ず真になるからだ。

Point　「PならばQ」は前件Pが偽の場合必ず真になる

　次に，残った真理表の項目のうち，後件（「…である」の部分，⇒の後の部分）が真になるものだけを選ぶ。Pが真のときに，「PならばQ」が真になるのは，後件Qが真になるときで，かつ，そのときだけなのは自明だろう。もちろん，残った部分は自動的に偽となる。
　真理表より，**条件Aが真のときは条件B・Cが必ず真**になっている。同様に**条件Cが真のとき，条件Bが必ず真**になっていることがわかる。
　したがって，正解は②。
　真理表を用いれば上のように文どうしの含意関係も見やすくなる。ただし，この場合も与えられた文に「すべての」「存在する」が現れたら使えない。注意しておこう。

記号化して解く

いくつかの文が与えられて，それらからある文が帰結するかどうかを問う問題では，**Section❶**で述べたように，ベン図のみの解法では心もとない。論理記号に慣れてきたら，文を記号化して解くのが最も確実だ。なぜわざわざ記号化するかというと，実際の文を操作する過程では「ならば」「かつ」といった日本語では書く時間がかかりすぎるからだ。しかも，それらの語は音読できるので，言葉の掛かり方によっては，操作の過程で意味を誤解してしまうことも多々ある。文は記号化して，数式のように厳密に扱うことが，結局簡単なのだ。

> **Point** 文は記号化して，数式のように厳密に扱うことが，結局簡単である

記号化して解く場合は，まず与えられた文を記号化する。次に，そこに**Chapter1**で説明したさまざまな規則を適用して，結論が導けるかどうかを検討する。特に，結論が「AならばB」の形の場合はその前件Aが何を含意しているかに注目して，前提を吟味すればよい。なぜなら，結論が「AならばB」だということは，結論の前件Aが後件Bを含意しているかどうかを検討すればよいということだからだ。

「Aならば…」の形にする方法

具体的には，まず問題の前提から結論の前件Aを含む文を探し出す。Aを前件としている文があればそのまま使うし，Aの否定が後件になっている文があれば対偶を取って，結論の前件Aを前件とするような文を作り出す。前提がAを含まなければAを前件とするトートロジーを作り出しても利用してもよい。その際必要なら**Chapter1**で解説した分配則およびド・モルガンの法則を用いて文を整理する。

こうして「AならばC」という文を作り出したら，今度はこの新しい後件Cに注目して，Cを持った文を前提から探し，「CならばD」という形の文を作る。このように「ならば」の連鎖を作っていく。最終的に「…ならばB」という文を作ることが

できれば,「AならばB」が証明できる。これが基本である。

> **解答のコツ──「ならば」の連鎖を作る**
> 1　問題の前提から,Aを含む文を取り出す
>   a　「A⇒…」があれば,そのまま取り出す
>   b　「…⇒¬A」があれば,対偶を取る
>   c　Aを含まないなら,「A⇒すべて成り立つ」の形にする
> 2　「A⇒C」の形にする
> 3　「C⇒D」になるように,Cを持つ文を前提から探す
>   （1-a,1-b,1-cの操作の繰り返し）
> 4　「C⇒D」の形にする（以下同様）
> 5　「…⇒B」の形にする

　同時に,前提はすべて仮定できるのだから,複数の前提A,B,C,D,…を「かつ」でつないで新しい文「A∧B∧C∧D∧…」を作り出し,ここからさらに,「XならばY」という形の文を作り出せば,これも材料として使える。これらの条件をすべて利用して,「…ならばB」を作ることが目標である。

　「ならば」の連鎖が,結論の前件Aからスタートして後件Bまで到達したら,それは前提から「AならばB」が言えるということにほかならない。つまり「AならばC」「CならばD」…「…ならばB」がともに成り立っているのだから,結局Aが成り立つならばBが成り立つのだ。逆に,この連鎖ができない場合,つまり,結論の後件Bに至る前に前提から途中の文が作れなくなる場合は,「AならばB」という結論は出てこないことになる。

　ここまでの説明は抽象的でわかりにくいかもしれないが,例題で具体的にやってみればすぐ理解できる。よくわからないと思った人は,**例題2**をまずやってから,上の説明に戻ってほしい。

Point　結論の前件から始まり,後件に終わる「ならば」の連鎖を作れるかどうか,検討する

例題2

▼次の推論が正しい推論かどうかを判定せよ。

前提1：服装の派手な人は社交的な人であるかもしくは自己主張が強い人だ。
前提2：社交的だが自己主張が強くはない人には恋人がいる。
前提3：服装が派手で社交的な人には恋人がいない。

それゆえ

結論　：服装が派手な人は自己主張が強い。

❖ 解答までの近道MAP

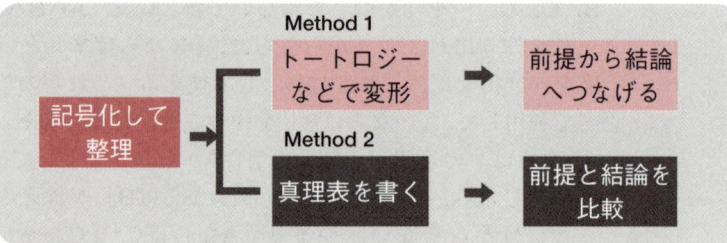

記号化して整理 → Method 1 トートロジーなどで変形 → 前提から結論へつなげる

記号化して整理 → Method 2 真理表を書く → 前提と結論を比較

Method 1　記号化して解く

それぞれの文を記号化して整理しよう。「服装が派手」「社交的」「自己主張が強い」「恋人がいる」をそれぞれ「派手」「社交」「自己」「恋人」と略記する。**前提2**に現れる「だが」に惑わされないように注意しよう。これは逆接ではない。「派手で（かつ）自己主張が強くない」と書き換えても同じことだからである。

前提1：派手⇒（社交∨自己）
前提2：（社交∧（￢自己））⇒恋人
前提3：（派手∧社交）⇒（￢恋人）
結論　：派手⇒自己

トートロジーを使って推論する

結論の前件が「派手」であるからこれが「自己」を含意するかどうかを検討する。まず**前提1**より，

派手⇒（社交∨自己）　　（1）

が言えている。だが，この後件「社交∨自己」を前件に持つような前提は見当たらない。そこで**前提3**の前件「派手∧社交」に注目する。

（P⇒Q）⇒（P⇒（P∧Q））

がいつでも成立する（トートロジー）ので，（1）にこのトートロジーを適用して

派手⇒（派手∧（社交∨自己））
≡　派手⇒（（派手∧社交）∨（派手∧自己））　　分配則**（2）**

が言える。後件の∨の右側の「自己」を含んだ連言はこれでよい。

（派手∧自己）⇒自己　　（3）

が言えるからだ。

「自己」を含意するか

したがって，もう一方の「派手∧社交」が「自己」を含意するかどうかが問題である。すると，**前提3**より

（派手∧社交）⇒（¬恋人）　　（4）

が言えているので，次は「¬恋人」を前件とする前提を探す。**前提2**より

（¬恋人）⇒（¬（社交∧（¬自己）））　　前提2の対偶
≡（¬恋人）⇒（（¬社交）∨自己）　ド・モルガンの法則**（5）**

となり

（派手∧社交）⇒（（¬社交）∨自己）　　（6）

が言える。この（**6**）の前件の連言には「社交」が入っているのに後件の選言には「￢社交」が入っている。「社交」と「￢社交」が両立すると矛盾してしまうので，（**7**）が言える。

（派手∧社交）⇒自己　　（**7**）

派手⇒（（派手∧社交）∨（派手∧自己））　　（**2**）
（派手∧自己）⇒自己　　（**3**）
（派手∧社交）⇒自己　　（**7**）

の 3 つから，

派手⇒自己

が言える。よってこれは正しい推論である。

Method 2　真理表で解く

記号化した後，その真理表を書く。

派手	社交	自己	恋人	前提1 派⇒(社∨自)	前提2 (社∧￢自)⇒恋	前提3 (派∧社)⇒￢恋	結論 派⇒自
1	1	1	1	1	1	0	1
1	1	1	0	1	1	1	1
1	1	0	1	1	1	0	0
1	1	0	0	1	0	1	0
1	0	1	1	1	1	1	1
1	0	1	0	1	1	1	1
1	0	0	1	0	1	1	0
1	0	0	0	0	1	1	0
0	1	1	1	1	1	1	1
0	1	1	0	1	1	1	1
0	1	0	1	1	1	1	1
0	1	0	0	1	0	1	1
0	0	1	1	1	1	1	1
0	0	1	0	1	1	1	1
0	0	0	1	1	1	1	1
0	0	0	0	1	1	1	1

このうち，**前提1〜3**がすべて正しいとき，結論は常に正しくなっている。したがって，この推論は正しい推論である。

Section ❸ 意味から解く

Section ❷で述べた記号化して解く方法の場合，変形の過程をいちいち踏んでいくのでは，時間がかかりすぎるきらいがある。方法を理解するためには大いに練習すべきだが，実際には，与えられた文を記号化したうえで，その文の意味を考慮に入れて解いていくほうが効率的である。ただし，**Section ❷**の方法を完全に理解していないと，フィーリングや語感で解いてしまうことになりかねないので，厳密な操作ができるようになっていることが前提となる。

この場合では，与えられた文を記号化した後に，結論の前件を仮定したり，場合分けしたりするなど，前提と結論の文の意味をそのまま生かして，論証に持ち込んでいく。逆に，結論が前提から出てきそうもない場合には，結論が否定できるかどうかを検討してもよい。どの方法を取るかは，与えられた文によるわけだ。**例題2**でいくつか具体的に見てみよう。

例題2を解く──場合分けを使う

> **前提1**：派手⇒（社交∨自己）
> **前提2**：（社交∧（￢自己））⇒恋人
> **前提3**：（派手∧社交）⇒（￢恋人）
> **結論**　：派手⇒自己

だから，まず**前提1**より，「派手」のときに「社交∨自己」である。ここで，

派手　（0）

を仮定し，さらに選言によって場合分けをする。　　（1）
「**自己**」である場合　これは結論どおり。
「**社交**」である場合　これを考えればよい。

今「派手」のうえに「社交」の場合を考えているので

派手∧社交　　（2）

を仮定する。前提3より

（派手∧社交）⇒（￢恋人）

なので，仮定（2）より

（￢恋人）　　（3）

が言える。次に**前提2の対偶**を取ると次のようになる。

（￢恋人）⇒（￢（社交∧（￢自己）））
≡（￢恋人）⇒（（￢社交）∨自己）　ド・モルガンの法則（4）

が言えるので，（3）・（4）より

（（￢社交）∨自己）

が言える。このとき，仮定（2）より

（派手∧社交）⇒（（￢社交）∨自己）

となり，「社交」と矛盾するので，「￢社交」は言えない。したがって

自己　　（5）

が言える。つまり，服装が派手な人が社交的になるか，自己主張が強いかになるかいずれかに場合分けしたのだが，その両方で（5）が言えるので，結局下の命題が言えた。

派手⇒自己

＜別解＞─前提からトートロジーを作る

前提2と前提3の「恋人」・「￢恋人」に注目する。わかりやすくするために両者の対偶を取ると，

（￢恋人）⇒（￢（社交∧（￢自己）））　　　　　前提2の対偶
≡（￢恋人）⇒（（￢社交）∨自己）　ド・モルガンの法則（1）

恋人⇒（¬（派手∧社交））　　　　　　　　前提3の対偶
≡　恋人⇒（（¬派手）∨（¬社交））　ド・モルガンの法則（2）

が言える。

トートロジーを活用する

恋人∨（¬恋人）

がトートロジー，つまり人には恋人がいるかいないかどちらかなので，（1）・（2）の後件を使って，

（（¬社交）∨自己）∨（（¬派手）∨（¬社交））　　　　　（3）

が言える。このとき，

派手　　　　　（4）

を仮定する。

選言の前半を考える

まず（3）の選言の前半は，以下のように変形できる。

（¬社交）∨自己
≡社交⇒自己　　　　　　　　　¬P∨Q　≡　P⇒Q（5）

仮定（4）については**前提1**より

社交∨自己

が言えるが，「社交∨自己」なのだから「社交」を仮定すると，（5）より「自己」が言える。よって，

派手⇒自己

が言える。

選言の後半を考える

一方，（3）の後半，

（¬派手）∨（¬社交）

については，仮定（4）と「¬派手」が矛盾するから

¬社交

が言える。前提1の「社交∨自己」のもとで「¬社交」なのだから，結局

自己

が言える。よって，

派手⇒自己

が言えた。

「すべての」「存在する」の処理

　特に「すべての」「存在する」などの表現を含む文を扱う際には，その条件を満たしている人間を考えて解くほうが直感的に理解しやすい。具体的には，その条件を満たす者をAさん・Bさんと仮定して，彼らが他に満たすべき条件が何であるかを，他の前提から導けばよいのである。つまり，初めに人間の名前を固定しておき，その人が何をどこまで含意しているのか他の前提から導くのだ。

　ただし，注意しなくてはならないのは，その際に異なる文で同じ人間を登場させてはいけないということだ。なぜなら，その複数の文で示されている人間が同じとは必ずしも保証されないからだ。記号化する際に混同しないように気をつけよう。もし「存在する」が含まれる文が複数あったら，とりあえずAさん，Bさん，…と違う人物を仮定していくべきである。

> **Point** 人間を仮定してから条件の含意関係を吟味する

例題 3

▼次の推論が正しい推論かどうかを判定せよ。

前提 1：優しくなく一途(いちず)でもない人はＮ君の好きな人ではない。
前提 2：優しい人は美しくも一途でもない。
前提 3：ある美しい人はＮ君の好きな人である。

それゆえ

結論　：一途な人が少なくとも１人存在する。

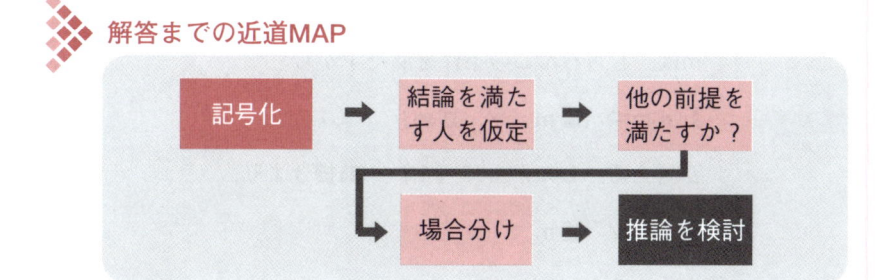

解答までの近道MAP

記号化 → 結論を満たす人を仮定 → 他の前提を満たすか？ → 場合分け → 推論を検討

| Method | 条件を満たす人間を仮定する |

記号化する

前提と結論を記号化しよう。「優しい」「一途である」「美しい」をそれぞれ「優」・「途」・「美」と略記する。また、「xがyを好く」を「好 x y」と書く。Ｎ君は「n」と書く。すると、次のように書ける。

前提1：すべてのxについて（((¬優x)∧(¬途x))⇒(¬好 n x)）
前提2：すべてのxについて（優x⇒((¬美x)∧(¬途x))）
前提3：あるxについて（美x∧好 n x）
結論　：あるxについて（途x）

人間を仮定する

まず，前提を見ると，前提3が存在を表す文なので，この「美x」かつ「好n x」を満たしている人をmと仮定しよう。他には存在を表す文がないので，このmが結論を満たすmであると考えられる。したがって，「美x」かつ「好n x」が「途x」を含意していなくてはならない。

前提1の後件が「¬好n x」なので，対偶を取ると，

すべてのxについて（好n x ⇒ （¬（（¬優x）∧（¬途x））））
前提1の対偶

≡ すべてのxについて（好n x ⇒ （優x ∨ 途x））
ド・モルガンの法則

mは，もちろんこの条件を満たすから

好n m ⇒（優m ∨ 途m） （1）

が言える。したがって（1）・前提3より，

優m ∨ 途m （2）

が言える。

場合分けをする

ここで「途m」がいえる場合は結論が成立するから，ここで証明終わり。そこで

優m （3）

を仮定する。前提2より，

優m ⇒ （（¬美m）∧（¬途m））

なので，

（¬美m）∧（¬途m）

が言える。しかし，これは「¬美m」を含む連言のため，**前提3と矛盾する**。したがって，（3）は否定されて

一優m　　（4）

が言えた。したがって，(2)・(4) より

途m

が言え，よって

あるxについて（途x）

が言える。したがってこの推論は正しい推論である。

　ちなみに，この問題にある「好きである」を，好きな人は1人しかいないなどと勝手に解釈・判断してはならない。あくまで形式に則った推論をしなくてはならない。

4　推論の方法　　　　　　　　　　問題Basic

▼次の推論ア～ウを読み，下の問いに答えよ。

推論ア　図書委員は文化委員を兼任する。
風紀委員は体育委員か図書委員の少なくともどちらかを兼任する。
風紀委員をしないならば，文化委員をする。
それゆえ，
文化委員をしないならば，体育委員をする。

推論イ　厳格なしつけを受けた人は几帳面(きちょうめん)である。
几帳面でない人は蔵書の整理が苦手である。
厳格なしつけを受けていない法律家がいる。
それゆえ，
蔵書の整理が苦手な法律家がいる。

推論ウ　内気な人は大勢の前や初対面の人に対しては上手に話ができない。
パーティーが苦手な人は内気な人か孤独が好きな人だ。
Nさんは初対面の人に対しては平気だが，大勢の前では上手に話ができない。
それゆえ，
Nさんはパーティーが苦手ではない。

問　推論ア～ウの正誤の組合せとして正しいものを，次の①～⑧のうちから1つ選べ。なお，正しい推論とは，前提がすべて真であると仮定すれば，その前提のみに基づいて必ず結論も真となる推論をいう。

① すべて誤りである。
② 正しい推論はアであり，イとウは誤りである。
③ 正しい推論はイであり，アとウは誤りである。
④ 正しい推論はウであり，アとイは誤りである。

⑤ 正しい推論は**ア**と**イ**であり，**ウ**は誤りである。
⑥ 正しい推論は**ア**と**ウ**であり，**イ**は誤りである
⑦ 正しい推論は**イ**と**ウ**であり，**ア**は誤りである。
⑧ すべて正しい。

(15年度センター追試験　第4問)

解答・解説

推論ア　対偶を取る

前提・結論を記号化する

まず前提と結論を記号化しよう。

前提1：図 ⇒ 文
前提2：風 ⇒ （体∨図）
前提3：¬風⇒文
結論　：¬文⇒体

このとき，結論が

¬文 ⇒ 体（文でないならば体である）

まず**前提1と3**の対偶を取る。対偶を取るのは「¬文⇒（…）」という形の論理式を作り出すためだ。結論で「⇒」の前が「¬文」なので，同じ「¬文⇒（…）」という形を持った文を作り，そこから「（…）⇒（〜）」と「⇒」でつないでいき，最後に「⇒体」に持っていくことを考える。

¬文 ⇒ ¬図　　　前提1の対偶（1）
¬文 ⇒ 風　　　　前提3の対偶

このうち後件の「¬図」と「風」のうち，「風」を前件に持つ
　　　　　　　　前提2

風 ⇒ （体∨図）　前提2

に注目する。すると，(1) と**前提2**から

¬文 ⇒ (体∨図)　　(2)

が言える。ここで，(1) と (2) を合わせれば

¬文 ⇒ ((体∨図) ∧ (¬図))

が言える。これは分配則を用いると

¬文 ⇒ ((体∧(¬図)) ∨ (図∧(¬図)))　　(3)

となる。

このとき，選言の右側は矛盾しているので，自動的に左側を選べる。つまり，

(体∧(¬図)) ⇒ 体　　(4)

が言え，

¬文 ⇒ 体

が言えた。よって**推論ア**は正しい推論である。

<別解>――前提のトートロジーに着目

前提2・3に注目すると

風∨(¬風)

がトートロジーである。つまり，人は必ず風紀委員をするかしないかどちらかなので，前提2・3の後件の選言

(体∨図) ∨ 文　　(1)

が言える。この文が言えるということは，**全員が体育委員か図書委員か文化委員の少なくとも1つをする**ということである。ここで**前提1**より

(¬文) ⇒ (¬図)　　前提1の対偶

が言える。つまり**文化委員をしないならば図書委員をしないが**

言える。したがって，（1）より，文化委員をしない者は必ず残った体育委員にならなくてはならないことがわかる。
よって**推論ア**は正しい推論である。

推論イ　　逆は必ずしも真ならず

前提と結論を記号化する

「厳格なしつけを受けている」・「几帳面である」・「蔵書の整理が苦手である」・「法律家である」をそれぞれ「**厳**」・「**几**」・「**蔵苦**」・「**法**」と略記する。すると，前提と結論は以下のようになる。

> **前提1**：すべてのxについて（厳x ⇒ 几x）
> **前提2**：すべてのxについて（￢几x ⇒ 蔵苦x）
> **前提3**：あるxについて（法x ∧ （￢厳x））
> **結論**：あるxについて（法x ∧ 蔵苦x）

今，結論が

あるxについて（法x ∧ 蔵苦x）

だから，まずはこれを導くことを試みよう。

条件を満たす人間を仮定する

これを導くためには，前提3に

あるxについて（法x ∧ （￢厳x））

とあるので，ここで法律家であり厳格なしつけを受けていない人物をAと仮定すると，

法A ∧ （￢厳A）

他に存在を示す文が前提にないので，このAさんが，結論である法律家でかつ蔵書の整理を苦手にしている人でなくてはならない。つまり，

法A ∧ 蔵苦A

が言えなくてはならない。

しかし，**前提1・2**を見ても，その**対偶**を取ってみても，「法」または「￢厳」を前件とするものはない。

前提1：すべてのxについて（厳x ⇒ 几x）
（≡　すべてのxについて（￢几x ⇒ ￢厳x））　　前提1の対偶
前提2：すべてのxについて（几x ⇒ 蔵苦x）
（≡　すべてのxについて（￢蔵苦x ⇒￢几x））　　前提2の対偶

したがってこの結論は導けない。

結論を変形して確かめる

実際，結論の否定を考えてみると，以下のようになる。

￢あるxについて（法x ∧ 蔵苦x）　　　　　　　結論の否定
≡　すべてのxについて￢（法x ∧ 蔵苦x）
　　　　　　　　　　　　　　　　「ある」と「すべて」が入れ換わる
≡　すべてのxについて（(￢法x) ∨ (￢蔵苦x)）　ド・モルガン則
≡　すべてのxについて（法x ⇒ ￢蔵苦x）　￢P∨Q ≡ P⇒Q
（≡　すべてのxについて（蔵苦x ⇒ ￢法x））　　　対偶

前提に「法」と「￢蔵苦」の含意関係（および「蔵苦」と「￢法」の含意関係）がないことを考えると，これは真とも偽とも言えない。よって**推論イ**は誤った推論である。

前提の裏命題を用いる

前提1の裏命題を取ると，

すべてのxについて（￢厳x⇒￢几x）　　　　　前提1の裏

が得られる。すると**前提2**

すべてのxについて（￢几x ⇒ 蔵苦x）

より，

すべてのxについて（￢厳x⇒ 蔵苦x）

が言え，「￢厳」が「蔵苦」を含意することになる。つまり

推論イは前提1の裏命題を用いた，誤った推論なのだ。

推論ウ　対偶，ド・モルガンの法則

前提と結論を記号化する

まず前提と結論を論理式で表してみよう。「初対面の人の前で上手に話ができる」ことを「初」として，「内」「大」「パ苦」「孤」についても同様に省略して表す。また「Nさん」を「n」として，表すと次のようになる。

> 前提1：すべてのxについて（(内x ⇒ (￢大x ∧ ￢初x))
> 前提2：すべてのxについて（パ苦x ⇒ (内x ∨ 孤x)）
> 前提3：初n ∧ (￢大n)
> 結論　￢パ苦n

今，結論は

￢パ苦n

だから，これを導こうとしてみよう。

結論と結びつく前提はどれか

「n」についての言及は前提3の

初n∧（￢大n）　　　（1）

だけなので，ここにある「初」または「￢大」から「￢パ苦」を導かなくてはならない。まず前提1より

すべてのxについて（内x ⇒ (￢大 ∧ ￢初)）
≡　すべてのxについて（￢（￢大x ∧ ￢初x）⇒ ￢内x）
　　　　　　　　　　　　　　　　　　　　　対偶を取る
≡　すべてのxについて（(大x ∨ 初x) ⇒ ￢内x）
　　　　　　　　　　　　　　　　　　　　　ド・モルガンの法則

が言える。

トートロジーを活用する

さらに

$((P \lor Q) \Rightarrow R) \Rightarrow (P \Rightarrow R)$

がトートロジーなので,

すべてのxについて（初x ⇒ ¬内x）　　　　（2）

が言える。（1）より

初n

だから,（2）より

¬内n　　　（3）

が言えた。次いで**前提2**より

すべてのxについて（パ苦 ⇒ （内x ∨ 孤x））
≡　すべてのxについて（¬（内x ∨ 孤x）⇒ ¬パ苦x）
　　　　　　　　　　　　　　　　　　　　対偶を取る
≡　すべてのxについて（(¬内x ∧ ¬孤x) ⇒ ¬パ苦x)
　　　　　　　　　　　　　　　　ド・モルガンの法則（4）

が言える。しかし，この（4）の条件から

¬パ苦n

を言うためには,

¬内n ∧ ¬孤n

が言えなくてはならない。（3）で片方の「**¬内N**」はよいのだが，もう片方の

¬孤N

は，出てこない。どの前提を見ても，「**初**」「**¬大**」「**¬内**」が「**¬孤**」を含意していないからだ。したがってこの結論は導けない。よって**推論ウ**は誤った推論である。以上より正解は②。

4 推論の方法　問題Advanced

▼次の文章を読み，下の問いに答えよ。

　ある会社の社内誌の企画で，すしの好みについてアンケートをとったところ，次の**ア〜ウ**のことが分かった。

- **ア**　納豆巻きを食べられない人は全員，一切の貝類を食べられない。
- **イ**　納豆巻きも赤貝も食べられる人はすべて，玉子も食べられる。
- **ウ**　納豆巻きを食べられる人の中には，貝類を一切食べられない人はいない。
- **問**　ア〜ウの条件に従って必ず成り立つことを，次の①〜⑥のうちから2つ選べ。ただし，解答の順序は問わない。

  ① 玉子が食べられない人がいるとしたら，その人には食べられない貝類がある。
  ② 納豆巻きを食べられる人は，玉子を食べられない。
  ③ 納豆巻きを食べられる人は，玉子も食べられる。
  ④ 赤貝は食べられないがほたて貝を食べられる人がいるとしたら，その人は納豆巻きも食べられる。
  ⑤ 赤貝を食べられない人は，玉子も食べられない。
  ⑥ 玉子を食べられる人の中には，貝類を一切食べられない人はいない。

（16年度センター追試験　第6問）

解答・解説

Method　適度に記号化して解く

　まず，ア・イ・ウの条件を記号化する。「xは納豆巻きを食べられる」を「納豆x」，「xはある貝類を食べられる（xには食べられる貝類がある）」を「貝類x」とする。「￢貝類x」は

「xはすべての貝類を食べられない」だ。

> ア　すべてのxについて（￢納豆x⇒￢貝類x）
> イ　すべてのxについて（（納豆x∧赤貝x）⇒玉子x）
> ウ　￢あるxについて（納豆x∧￢貝類x）

　見やすいように，少し大ざっぱに記号化している。「一切の貝類を食べられない」を「すべての」を用いずに表している点だ。これを正確に記号化すると「すべてのxについて，（（あるyについて（yは貝類∧xはyを食べられない））⇒…）」のように複雑になる。「納豆を食べられる」についても納豆であるモノと納豆を食べる人間を分けなくてはならない。これでは大変なので「赤貝」「ほたて貝」には「すべてのxについて（（xは赤貝である∨xはほたて貝である）⇒xは貝類である）」という関係があるのを頭に置いて，問題を解いていこう。記号化自体が目的ではなく，条件をうまく把握すること・扱いやすくすることがポイントだ。まず，**条件ウ**をわかりやすい形に直そう。

￢あるxについて（納豆x∧￢貝類x）　　　　ウ
≡　すべてのxについて￢（納豆x∧￢貝類x）
　　　　　　　　　　　　　「すべて」と「ある」の入れ替わり
≡　すべてのxについて（￢納豆x∨貝類x）　ド・モルガンの法則
≡　すべてのxについて（納豆x⇒貝類x）￢P∨Q≡P⇒Q（1）
➡「納豆を食べられる人は全員，少なくとも1種類の貝類を食べられる」

条件アと（1）を合わせて，

すべてのxについて（納豆x⇔貝類x）

　つまり，「納豆が食べられる」人と「食べられる貝類がある」人は，同じになる。これに基づいて選択肢を吟味する。

選択肢の吟味

○① 玉子が食べられない人がいるとしたら，その人には食べられない貝類がある。

➡Chapter3，Section❸で学んだとおり，「…がいる（ある）としたら…」は「すべてのxについて（…⇒…）」である。この選択肢だけは，大ざっぱなやり方では「食べられない貝類がある」をうまく記号化できないので，文章で書く。

すべてのxについて（¬玉子x⇒あるyについて（yは貝類∧xはyを食べられない））

「¬玉子」で始まっているので，**条件イ**の対偶を取る。

すべてのxについて（¬玉子x⇒¬(納豆x∧赤貝x））　イの対偶
≡　すべてのxについて（¬玉子x⇒(¬納豆x∨¬赤貝x））
　　　　　　　　　　　　　　　　　　　　　　　ド・モルガンの法則

　後件の選言によって場合分けしよう。もし，「¬赤貝x」ならば選択肢の「食べられない貝類がある」は満たされる。そこで「¬納豆x」を仮定すると，**条件ア**より，

すべてのxについて（¬納豆x⇒¬貝類x）　　ア

結局，この場合も「食べられない貝類がある」を満たす。

×② 納豆巻きを食べられる人は，玉子を食べられない。
　➡「すべてのxについて（納豆x⇒¬玉子x）」
　　「納豆x」を前件に持つ，（1）より，

すべてのxについて（納豆x⇒貝類x）

次に「貝類x」を前件にする条件文を作るため，**条件ア**の対偶を取るが，

すべてのxについて（貝類x⇒納豆x）

となり「納豆x」が出てくるだけで，これ以上つながらない。

×③ 納豆巻きを食べられる人は，玉子も食べられる。
　➡「すべてのxについて（納豆x⇒玉子x）」
　　これは②と同様に前件から後件が出てこない。

○④ 赤貝は食べられないがほたて貝を食べられる人がいるとしたら、その人は納豆巻きも食べられる。
➡「すべてのxについて((￢赤貝x∧ほたて貝x)⇒納豆x)」
前件「(￢赤貝x∧ほたて貝x)」より「貝類x」が言える。

すべてのxについて（貝類x⇒納豆x）　　　アの対偶

より、後件の「納豆x」が出てくる。

×⑤ 赤貝を食べられない人は、玉子も食べられない。
➡「すべてのxについて（￢赤貝x⇒￢玉子x）」
「￢赤貝x」を前件に持つ条件文がない。

×⑥ 玉子を食べられる人の中には、貝類を一切食べられない人はいない。
➡記号化して、わかりやすく変形すると、

￢あるxについて（玉子x∧￢貝類x）
≡　すべてのxについて￢（玉子x∧￢貝類x）
　　　　　　　「すべての」と「ある」の入れ替わり
≡　すべてのxについて（￢玉子x∨貝類x）
　　　　　　　　　　　　ド・モルガンの法則
≡　すべてのxについて（玉子x⇒貝類x）　￢P∨Q≡P⇒Q

だが、前件の「玉子x」を前件に持つ条件文がない。
よって、正解は①、④。

Solution

◆3つの方法—ベン図を描く・記号化する・真理表を書く
◆ベン図—直接包含関係を表す・領域に概念を割り当てる
◆記号化—式を変形して結論の前件から後件を推論する
◆真理表—概念が少なければ機械的にできる
◆文の意味を利用して、論証の効率化を図る

Chapter 5 図・表の使い方

　ここでは，推論・分析力問題を解くために便利な，対応表・ベン図・キャロル図など，さまざまな図表とその使い方を学ぶ。一見複雑な条件であっても，これらの図や表を使えば，手際よく整理・視覚化できるので，しっかり覚えよう。

Technic

❶ 対応表―2種類の条件
複雑な条件を整理する有力な方法

❷ ベン図―3種類の条件
すべてが二者択一の場合の直観的な方法

❸ キャロル図―3種類の条件
1つ二者択一がある場合の整理法

5 図・表の使い方　　基本と例題

Section ❶ 2種類の条件—対応表

2種類の条件の処理

命題では，**2種類の条件を整理**して考えなければならない場合がある。たとえば，何人かの人が複数の会社の入社試験を受ける場合では，「受ける人（Aさん，Bさん，Cさん，…）」と「受ける会社（a社，b社，c社，…）」の組合せによって結果が違う。あるいは，どこの観光地でどんなレジャーを楽しめるかは，「観光地（A，B，C，…）」と「レジャー（a，b，c，…）」の組合せを考えねばならない。

こうした2種類の条件の組合せは，対応表を書けば明確に表すことができる。2種類の条件を吟味しなければならないとき，一つ一つ当てはまる場合を考えるのでは，混乱してミスにつながるし時間もかかる。

対応表を書く

たとえば，受験者「a，b，c，d」が試験科目「A，B，C，D」を受験して，その結果「一発合格（○），追試合格（△），不合格（×）」の3つの結果が出たとしよう。

対応表は，縦軸に「A，B，C，D」，横軸に「a，b，c，d」という4つの場合を取る（縦横はどちらでもよい）。すると「A」の行・「a」の列の交わった所は「A」という条件と「a」という条件が対応しているところである。

	a	b	c	d
A	○			
B				
C				
D				

ここに，設問で与えられる条件を簡単な記号で書き込んでいく。たとえば，その項に○とあれば，受験者aは科目Aを受験

5 図・表の使い方　基本と例題

して一発合格したことを表す。

Point 複雑な条件に見えても，対応表ですっきり整理できる

条件を対応表に落とし込む

このように，**条件を対応表に落とし込むときには，文結合子に気をつけよう**。特に「∨」を使った文が条件法の前件になっている場合は，混乱しないよう注意すること。

たとえば，「aかcが科目Bを受験したら，必ず一発合格する」という条件があったとしよう。この条件は「(aがBを受ける∨cがBを受ける)⇒○」ということである。つまり「aがBを受ける」か「cがBを受ける」のどちらか一方が成り立てば「一発合格」するということだ。したがって，ここから「aがBを受ける⇒(aはBで)○」と「cがBを受ける⇒(cはBで)○」を言えるので，「∨」でつながれた「a」と「c」両方の列で「B」は「○」になる。

$$((P \lor Q) \Rightarrow R) \equiv ((P \Rightarrow R) \land (Q \Rightarrow R))$$

	a	b	c	d
A				
B	○		○	
C				
D				

対応表の分類項目

仮に与えられた条件下で次のような対応表ができたとしよう。

●表1

	a	b	c	d
A	○	×	×	△
B	○	△	○	×
C	×	△	×	△
D	△	○	×	×

対応表は正確には「2種類の条件の組合せ」（だれが何の科目を受験したか）と「1種類の条件」（その結果がどうであっ

たか）との対応を表している。ちなみに，表を作るときには，この3種類の条件をどう組み合わせてもいい。たとえば次のような対応表を作ってもいい。

●表1-1

	○	△	×
A	a	d	b, c
B	a, c	b	d
C	―	b, d	a, c
D	b	a	c, d

●表1-2

	○	△	×
a	A, B	D	C
b	D	B, C	A
c	B	―	A, C, D
d	―	A, C	B, D

　表1-1，表1-2はともに表1と同じ情報を表している。つまり，対応表の縦横に何を並べて表を作るかは自由なので，**与えられた条件と設問が何を問うているのかに合わせて，使いやすい対応表を作る**のがよい。

対応表の論理の読み取り

　問題の条件を対応表に整理することができたら，あとはそれを見ながら設問に答えていくだけだ。その際，「∨」「∧」「⇒」などの関係が問われるので，素早く確認できるようにしよう。そのときは，対応表を**Chapter1**で前述した真理表のように見て，関係を吟味すればよい。

　たとえば「∨」は，ある条件を満たしているものが，少なくとも1つあればよいという意味だが，「試験科目Aではaまたはcが一発合格している」は真である。なぜなら，表1の「A」の行で「aが○」であり，「aが○」または「cが○」のどちらかが成り立っていると言えるからだ。逆に「bは科目Aまたは Cに一発合格している」は，「b」の列の「A」「C」の行が

ともに「○」ではないので，偽である。

同様に「⇒」も，前件が成り立っているときに後件が成り立っていればよいという意味だ。たとえば「dが不合格だった科目のみ，cは一発合格している」は真だ。なぜなら，表1で「c」が「○」になっている科目では「d」が「×」になっているからだ（PだけQである＝P⇒Q）。逆に，「Dに一発合格していない者は，Aにも一発合格していない」は，「a」が「D」で「△」なのに「A」で「○」だから偽である。

例題 1

▼A，B，C，D，Eの5人の学生が就職活動をしている。5人は，U，V，W，X，Y，Zという6つの会社への応募を検討している。

U，V，W，X，Y，Z各社の初任給は，それぞれ17万円，22万円，10万円，27万円，29万円，17万円である。

U，V，X，Z各社は，全国の各都道府県に本社または支社を持ち，そのいずれでも勤務できる可能性がある。その他の会社はいずれも，日本国内では東京と大阪のみに本社または支社がある。W，X，Z各社は，海外にも支社を持っていて，これらの支社でも勤務できる可能性がある。

V，W，Y各社は，就職して5年経過すれば，大学院に入学して2年間勉強できる制度を持っている。

熊本出身のAさん，青森県出身のBさん，富山県出身のCさんは，郷里の県に戻って勤務できる可能性のある会社に就職したい。DさんとEさんは，海外で勤務できる会社に就職したい。Bさん，Dさん，Eさんは，大学院に入学して2年間学ぶことを希望している。そして，Aさん，Cさん，Dさんは，初任給がそれぞれ20万円以上，25万円以上，15万円以上の会社に就職したい。

問1　5人が，それぞれ自分の希望をすべて満たす会社があれば，必ずその会社に応募する場合において**誤っているもの**を，次の①～⑤のうちから1つ選べ。

① 2つ以上の会社に応募する学生が少なくとも1人いる。

② AさんとBさんが応募する会社は完全には同じではない。
③ 6つの会社のどこにも応募しない学生がいる。
④ Bさん，Cさん，Eさんが応募する会社はすべて互いに異なっている。
⑤ Aさん，Dさん，Eさんのうち少なくとも2人については，応募する会社に共通のところがある。

問2　問1と同じ場合において**誤っているもの**を，次の①〜⑤のうちから1つ選べ。

① だれも応募しない会社が3つ以上ある。
② W社とX社に応募してくる学生は互いに異なっている。
③ 2人以上が応募してくる会社は1社以下である。
④ U社，V社，X社のうち少なくとも2社には，応募してくる学生に同じ人がいる。
⑤ どの2社をとっても，応募してくる学生に同じ人が2人以上いることはない。

(15年度センター本試験　第12問)

解答までの近道MAP

それぞれの条件を整理する　→　対応表を作りチェックする　→　学生と会社の関係を読み取る

Method　対応表を書く

条件の整理

まずは6つの会社U，V，W，X，Y，Zについての条件を整理する。問題文の順序，「初任給」「地方勤務が可能かどうか」「海外勤務は可能かどうか」「大学院での勉強は可能かどうか」の順に整理していこう。「初任給」は「○○万円」と直接金額

を書く。その他の条件については可能な会社だけわかっていればよいので,「地アリ」「海アリ」「学アリ」と書いていく。未記入の場合は不可能だということだ。すると,それぞれの会社の条件は,

U：17万円	地アリ			
V：22万円	地アリ		学アリ	
W：10万円		海アリ	学アリ	
X：27万円	地アリ	海アリ		
Y：29万円			学アリ	
Z：17万円	地アリ	海アリ		

同様にAさん,Bさん,Cさん,Dさん,Eさんの5人についても整理していく。会社の条件を整理したときのように簡略化して書いていこう。たとえば出身県などの細かい情報はどんどん落とす。初任給の希望は「○○万円上」と表してある。すると,それぞれが希望する条件は,

A：20万円上	地アリ		
B：	地アリ		学アリ
C：25万円上	地アリ		
D：15万円上		海アリ	学アリ
E：		海アリ	学アリ

これら会社の条件,学生の条件から対応表を書く。次のように5人の学生を縦軸に取り,6つの会社を横軸に取る。この表に,それぞれの学生がその対応する会社に応募するか否かをチェックしていく。今回は応募する場合だけ「○」を書き込んでチェックしていこう。

	U	V	W	X	Y	Z
Aさん						
Bさん						
Cさん						
Dさん						
Eさん						

それぞれの学生の応募する会社を割り出す

Aさんは「20万円上」「地アリ」を希望する条件として持っているのだから，これら2つを満たす会社に応募する。金額よりも「地アリ」かどうかのほうが判断が早いのでそちらから会社を絞っていこう。

まず，「地アリ」を満たすのはU，V，X，Zの4つの会社だ。この中から初任給が20万円以上を満たしているのは，V，Xの2社になる。結局対応表のAさんの行は次のようになる。

	U	V	W	X	Y	Z
Aさん		○		○		

同様にBさんは「地アリ」と「学アリ」が希望の条件だ。したがってBさんの応募する会社はV 1社しかない。あらかじめ必要な条件をある程度整理しておいたほうが，対応表を早く作れることが多い。いちいち問題本文に戻らず，手早く簡単に条件をまとめておく習慣をつけよう。

	U	V	W	X	Y	Z
Bさん		○				

Cさんは「25万円上」と「地アリ」だ。Aさんの場合と同じように，まず「地アリ」の会社がU，V，X，Z。その中で初任給が25万円以上の会社はX 1社しかない。

	U	V	W	X	Y	Z
Cさん				○		

Dさんは「15万円上」と「海アリ」「学アリ」だ。「海アリ」と「学アリ」両方を満たす会社はWしかない。しかし，そのWも初任給が10万円なので，結局Dさんはいずれの会社にも応募しないことになる。

	U	V	W	X	Y	Z
Dさん						

Eさんは「海アリ」と「学アリ」だ。Dさんのところで見た

ようにWがこれを満たす。Eさんの希望する条件はこれだけなのでEさんはW1社に応募する。

	U	V	W	X	Y	Z
Eさん			○			

対応表を書く

以上より次のような対応表が書ける。学生を縦軸に，会社を横軸に取っているが，これが逆になってももちろんかまわない。

●表2

	U	V	W	X	Y	Z
Aさん		○		○		
Bさん		○				
Cさん				○		
Dさん						
Eさん			○			

問1　対応表を読む

「誤っているもの」を選ぶ点に注意しよう。問1では作った対応表（表2）を学生ごとに横に読んでいく。

×① 2つ以上の会社に応募する学生が少なくとも1人いる。
　➡Aさんの行から，AさんがV社とX社の2社に応募することがわかる。したがってこれは正しい。

×② AさんとBさんが応募する会社は完全には同じではない。
　➡Aさんの行とBさんの行を比べると，AさんがV社・X社の2社に応募するのに対し，BさんはV社のみに応募する。つまり2人の応募する会社は完全に同じとは言えないので，これも正しい。

×③ 6つの会社のどこにも応募しない学生がいる。
　➡Dさんの行から，Dさんがどこの会社にも応募しないこ

とがわかる。これも正しい。

✗④　Bさん，Cさん，Eさんが応募する会社はすべて互いに異なっている。
　　➡Bさん，Cさん，Eさんの行から，3人が応募する会社はそれぞれV社，X社，W社であることがわかる。3人の応募する会社に重複はないので確かにこれは正しい。

○⑤　Aさん，Dさん，Eさんのうち少なくとも2人については，応募する会社に共通のところがある。
　　➡Aさん，Dさん，Eさんの行から3人が応募する会社はそれぞれV社・X社，なし，W社となる。3人の応募する会社に重複はないので，どの2人をとってきても共通の会社に応募はしない。したがって，これが誤った記述。

問2　対応表を読む

問2では表2を会社ごとに縦に読んでいく。

✗①　だれも応募しない会社が3つ以上ある。
　　➡U，Y，Zの列を見ると，これら3列にはチェックが入ってない。つまりだれも応募してこない会社だ。3つだれも応募してこない会社があるのだから，正しい。

✗②　W社とX社に応募してくる学生は互いに異なっている。
　　➡W社とX社の列より，W社に応募してくる学生はEさん，X社に応募してくる学生はAさんとCさんで確かに2社に応募する学生は異なっている。よって，これも正しい。

○③　2人以上が応募してくる会社は1社以下である。
　　➡V社とX社の列より，V社にはAさんとBさん，X社にはAさんとCさんが応募してくる。いずれも2人以上が応募してくるのだから，2人以上が応募してくる会社は2社ある。よってこれが誤った記述となり，正解。

×④　U社，V社，X社のうち少なくとも2社には，応募してくる学生に同じ人がいる。
　　➡U社，V社，X社の列より，それぞれに応募してくる学生は，なし，Aさん・Bさん，Aさん・Cさんである。このうちV社とX社に応募してくる学生には，ともにAさんという同じ人がいる。したがってこれは正しい。

×⑤　どの2社をとっても，応募してくる学生に同じ人が2人以上いることはない。
　　➡そもそも応募してくる学生が2人以上いる会社はV社とX社だけだ。この2社に応募してくる学生についても，それぞれAさんとBさん，AさんとCさんなので同じ人は1人しかいない。したがって，確かにどの2社をとっても応募してくる学生に同じ人は1人以下しかいない。

Section ❷ 3種類の条件（1）──ベン図

3種類の条件の処理

　対応表は便利だが，時間もかかる。もし条件が3種類なら，ベン図に直すのも有効だ。Chapter4で述べたように，ベン図は円が4つ以上では描きにくい。そのため，使える場合が限られるし，**「領域の内外」で表すので，二者択一の条件しか使えない**。だが，問題の状況が最も**視覚的に**とらえやすい。たとえば，大学受験生を「第1志望が国立大学か否か」「男性か女性か」「現役か浪人か」によって分類すると図1のようになる。

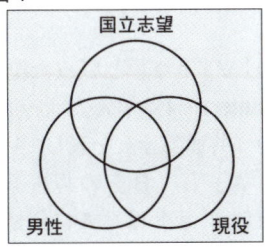

●図1

対応表でこれを書くと，表が2つできてしまい，全体を把握しづらい。

3種類の二者択一の条件を見つける

たとえば，**Section❶**の**表1**で試験科目「A〜C」と受験者「a〜c」およびそれの結果が「（追試かどうかを問わず）合格（○），不合格（×）」の二者択一になる場合を考えると，**図2**のようなベン図を利用して表すことができる。

●図2

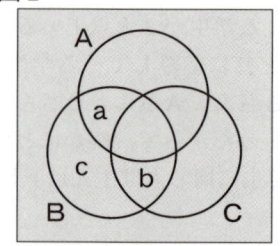

つまり試験科目「A〜Cに合格したか否か」をそれぞれ別の「種類」の条件だとして，ベン図を描いている。それぞれの領域の内側が科目「A〜C」のそれぞれに合格していることを表している。領域内に書き込まれた「a〜c」は，その領域を含んでいる科目の合格者だ。

後述するように，対応表は条件の対応関係を見るのに適しているが，ベン図は3つまでの条件が絡んでいる場合の直感的把握に役立つ。特に，それぞれの条件を満たす者の人数などの性質を考えるときには便利だ。問題によって使い分けよう。

> **Point** 3つまでの二者択一の条件なら，ベン図が便利である

ベン図と論理

ベン図の場合は，「∧」「∨」「⇒」といった論理的関係を読み取ることが容易だ。**Chapter1・4**で学んだように，「∨」は領域の「和」，「∧」は領域の「共通部分」を表している。

たとえば，図2では，「A」と「B」の共通部分がちょうど「a」のいる領域であるから，「a」は「Aに合格し，かつ，B

に合格している」。逆に「A」と「C」の領域の「和」に「c」は入っていないから,「cがAまたはCの少なくともどちらか一方に合格しているということはない」とすぐわかる。

ただし,ベン図の包含関係と含意関係には若干注意が必要だ。図2では「a」のいる領域が「A∧B∧¬C」,「c」のいる領域が「B∧¬A∧¬C」だ。したがって,「aの合格している科目は必ずcも合格している」とは言えないが,逆に「cの合格している科目は必ずaも合格している」は言える。これは「a」の属している集合（Aの合格者の集合とBの合格者の集合の共通部分）よりも「c」の属している集合（Bの合格者の集合）のほうが,少ないからだ。つまり,以下のようになる。

| ○ | 「c」が合格した科目は「a」も合格している ← 「c」の属している集合には「a」も属している |

| × | 「a」が合格した科目は「c」も合格している ← 「a」の属している集合に必ずしも「c」は属していない |

集合の要素の数が問題になるとき

ベン図は,領域ごとの要素の数を計算しなくてはならないときに役に立つ。たとえば,1から100までの自然数を2の倍数・3の倍数・nの倍数に分類して,図3のような領域ごとの要素の数が与えられているとしよう。そうすると,図3-1のようなベン図が簡単に描けるはずだ。

●図3　　　　　　　　　●図3-1

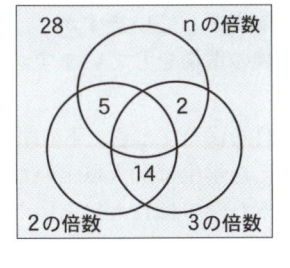

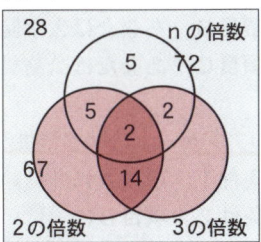

ここでは,計8つの領域が描かれているが,そのうち3つの

領域に書き込まれた数が，それぞれの領域内にいるモノの個数を表している。ここから n を求めてみよう。

他の領域の数を推定する

「￢n の倍数∧￢2 の倍数∧￢3 の倍数」を満たす自然数が28個あるので，「n の倍数∨2 の倍数∨3 の倍数」（≡￢（￢n の倍数∧￢2 の倍数∧￢3 の倍数））を満たす自然数が72個となる。「2 の倍数∨3 の倍数」は50＋33－16（2 の倍数＋3 の倍数－6 の倍数）＝67個あるので「n の倍数∧￢2 の倍数∧￢3 の倍数」は 5 個だ。また，「2 の倍数∧3 の倍数」を満たす自然数は16個なので「n の倍数∧2 の倍数∧3 の倍数」を満たす自然数は 2 個だ。これで「n の倍数」である自然数が14個となり，n ＝ 7 であることがわかる（**図 3 - 1 参照**）。

ベン図に描くと，2 の倍数・3 の倍数などを対応表に書くよりも格段に見やすくなる。集合どうしの関係が絡み合っている場合には，集合どうしの関係を直接視覚化するベン図が最も適している。

例題 2

▼ある大学 4 年生のクラスの40人の学生に対して，卒業後の進路計画についてアンケートを実施した。アンケートの項目は次の 3 つの項目からなっており，すべての項目で「はい」または「いいえ」の回答を得た。

　項目 A：あなたは就職活動をしていますか。
　項目 B：あなたは大学院受験の準備をしていますか。
　項目 C：あなたは公務員試験受験の準備をしていますか。

このアンケートの回答結果が次の条件を満たすとき，下の問いに答えよ。
　条件 1：項目 A に「はい」と答えた学生は30人以上いた。
　条件 2：項目 B に「はい」と答えた学生は12人以上いた。
　条件 3：項目 C に「はい」と答えた学生は 5 人以上いた。

5 図・表の使い方　　基本と例題

問　次の①〜⑤のうちで**誤っている**記述を1つ選べ。

① すべての項目に「いいえ」と回答した学生が3人以上いる場合，2つ以上の項目に「はい」と回答した学生は少なくとも5人いる。

② すべての項目に「いいえ」と回答した学生が3人以上いる場合，**項目Bのみ**に「はい」と回答した学生が2人以上いるなら，**項目Cのみ**に「はい」と回答した学生は多くとも5人しかいない。

③ すべての項目に「いいえ」と回答した学生が3人以上いる場合，**項目Aのみ**に「はい」と回答した学生が25人以上いるなら，**項目BとC両方**に「はい」と回答した学生が少なくとも5人いる。

④ すべての項目に「いいえ」と回答した学生が6人以上いる場合，**項目BとC両方**に「はい」と回答した学生が6人以上いるなら，すべての項目に「はい」と回答した学生が少なくとも3人いる。

⑤ すべての項目に「いいえ」と回答した学生が6人以上いる場合，**項目A・B両方**に「はい」と回答した学生が15人以下なら，**項目Cのみ**に「はい」と回答した学生は多くとも4人しかいない。

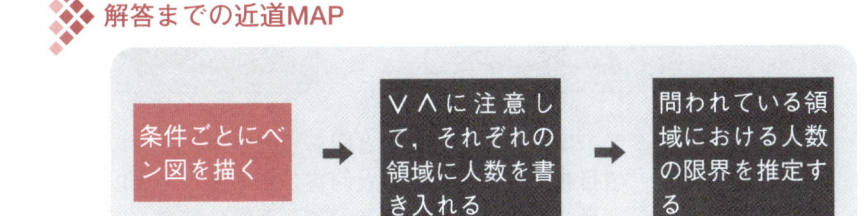

解答までの近道MAP

条件ごとにベン図を描く　→　∨∧に注意して，それぞれの領域に人数を書き入れる　→　問われている領域における人数の限界を推定する

| **Method** | ベン図で人数の関係を把握する |

アンケートの項目ごとに領域を取ったベン図を描いて、それぞれの選択肢ごとに、どの領域にどれだけの人数の制限があるか吟味する。

選択肢の吟味

×① すべての項目に「いいえ」と回答した学生が3人以上いる場合、2つ以上の項目に「はい」と回答した学生は少なくとも5人いる。

　➡図4のように書き込む。まずA～Cすべての領域の外側が3人以上の場合を考える。まず、**条件1**より、「A」の領域内は全部で30人以上いるのだから、「(B∨C)∧￢A」には最大で40－(30＋3)＝7人しかいない。**条件2**より、「B」には12人以上いるので、うち少なくとも5人は「A∧B」に入っていなくてはならない。これだけで、2つの項目に「はい」と回答した学生が5人以上いることが言える。

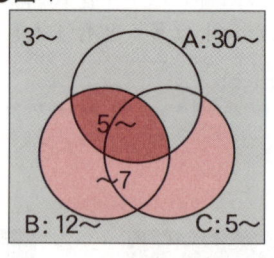

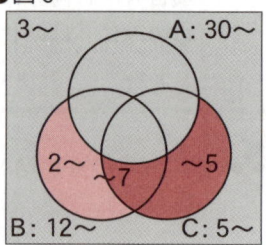

●図4　　　　　　　　　●図5

×② すべての項目に「いいえ」と回答した学生が3人以上いる場合、項目Bのみに「はい」と回答した学生が2人以上いるなら、項目Cのみに「はい」と回答した学生は多くとも5人しかいない。

　➡①と同様に、「￢A∧￢B∧￢C」が3人以上で、**条件1**より「A」が30人以上なので、「(B∨C)∧￢A」には最大で40－(30＋3)＝7人しかいない。「B∧￢A∧￢C」が2人以上なので、「C∧￢A」には多くとも5人

しかいない。よってそれより狭い「C∧¬A∧¬B」にも多くとも5人しかいない。図5参照。

×③　すべての項目に「いいえ」と回答した学生が3人以上いる場合，項目Aのみに「はい」と回答した学生が25人以上いるなら，項目BとC両方に「はい」と回答した学生が少なくとも5人いる。

→「A∧¬B∧¬C」が25人以上，「¬A∧¬B∧¬C」が3人以上なのだから，残った「B∨C」は40－(25＋3)＝12人以下である。条件2・3より「B」には12人以上，「C」には5人以上いるので，「B∨C」が全体で12人以下であるためには「B∧C」が5人以上いなければならない。図6参照。

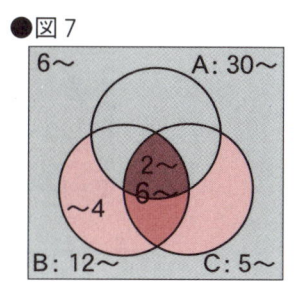

●図6　　　　　　　　　　　●図7

```
  3〜           A:30〜           6〜           A:30〜
      25〜                          
                                        2〜
  〜12    5〜                 〜4    6〜
  B:12〜  C:5〜               B:12〜  C:5〜
```

○④　すべての項目に「いいえ」と回答した学生が6人以上いる場合，項目BとC両方に「はい」と回答した学生が6人以上いるなら，すべての項目に「はい」と回答した学生が少なくとも3人いる。

→「¬A∧¬B∧¬C」に6人以上，「A」には30人以上いるので，「(B∨C)∧¬A」には，多くとも40－(30＋6)＝4人しかいない。したがって「B∧C」が6人以上いるときには，少なくとも6－4＝2人は「A∧B∧C」に入ることになる。だが，2人が入るだけで条件を満たすには十分であって，3人以上入っている必要はない。図7参照。これが誤った記述である。

×⑤　すべての項目に「いいえ」と回答した学生が6人以上いる

場合，項目A・B両方に「はい」と回答した学生が15人以下なら，**項目Cのみに「はい」と回答した学生は多くとも4人**しかいない。

➡「¬A∧¬B∧¬C」が6人以上いる。また，**条件1・2**より「A」には30人以上，「B」には12人以上いて，「A∧B」が15人以下なのだから「A∨B」には30＋12－15＝27人以上いる。しかし，Aが30人以上であることを考えれば，A∨Bはそれ以上いるはずだから30人以上いるとみてよい。よって，残る「C∧¬（A∨B）」≡「C∧¬A∧¬B」には多くとも40－(30＋6)＝**4人**しかいない。図8参照。

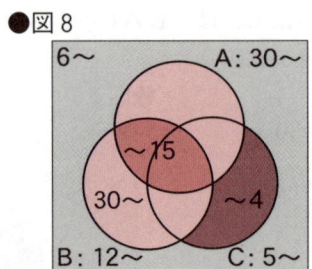

●図8

（ベン図：6～, A:30～, ～15, 30～, ～4, B:12～, C:5～）

よって，正解は④。

Section ❸ 3種類の条件(2)―キャロル図

表とベン図を組み合わせる

Section❶では対応表，**Section❷**ではベン図による条件の整理を解説したが，この2つを組み合わせることでもっと複雑な条件でも整理できる。これを**キャロル図**（キャロル表）と言う。確かに対応表をいくつも作れば，条件の種類が増えてもすべての場合を表すことができるが，手間がかかる。3種類の条件の組合せが出てきたら，キャロル図を書けるかどうか考える。

キャロル図を書く

たとえば，ある調査で調査対象を「65歳以上，20歳以上65歳

未満，20歳未満」，「男性，女性」で分類したとしよう。するとすべての分類の場合を網羅する対応表は次のようになる。

	男性	女性
65歳〜		
20〜65歳未満		
〜20歳		

これにさらに「年収700万円以上，年収700万円未満」の分類項目を付け足すにはどうすればよいだろうか。つまり「年齢」「性別」「年収」の3種類の条件が組み合わされる場合だ。

この場合は，それぞれ分類された枠をさらに「年収」によって2つずつに分けねばならない。そこで次のように，対応表の枠にまたがって円を描く。ベン図のように領域を分けるわけだ。

●図9　円の内側が年収700万円以上

	男性	女性
65歳〜		
20〜65歳未満		
〜20歳		

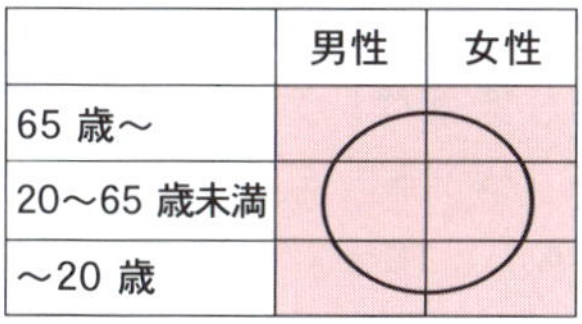

このような図をキャロル図という。図9では，円の内側が「年収700万円以上」，外側がそれ以外を表している。このようにすると，ありえる場合のすべてを網羅していることを確認しよう。

Point　3種類の条件のうち二者択一の条件が1つでもあったら，キャロル図を使う

これをもし対応表で書くと，以下の2つに分けられる。

●表3（年収700万円以上）

	男性	女性
65歳〜		
20〜65歳未満		
〜20歳		

●表3-1（年収700万円未満）

	男性	女性
65歳〜		
20〜65歳未満		
〜20歳		

これでは，ほぼ2倍の手間がかかってしまう。

例題3

▼次の文章を読み，下の問いに答えよ。

　トランプのカードを2組，計104枚用意する。一方の組は裏に犬の絵が描かれているので「犬のカード」と呼び，もう一方の組は裏に猫の絵が描かれているので「猫のカード」と呼ぶことにする。これを用いて次のようなことを行う。

　この104枚のカードをよく混ぜ合わせ，その中から相手に10枚のカードを取り出してもらう。取り出した10枚がどのようなカードであるのかは，それが犬のカードなのか猫のカードなのかということも含め，あなたには全く分からない。そこで，10枚のカードを取り出した相手は，それをよく調べ，取り出した10枚のカードについてあなたにいくつかの情報を伝える。あなたはその情報を基に推論を行う。

　なお，犬のカードも猫のカードも普通のトランプのカードであるとする。すなわち，スペード，クラブ，ハート，ダイヤのいずれかの種類をもち，それぞれの種類に対して，Aから10までの10枚及びJ，Q，Kの絵札3枚の，計13枚がある。犬のカード，猫のカードともに，この52枚を1組とする。この知識は推論において用いてよい。

（問1は省略）

問2　取り出した10枚について，相手は次のエ〜キの情報をあなたに伝えてきた。これらの情報を基に論理的に結論できることとして正しいものを，下の①〜⑤のうちから1つ選べ。

エ　取り出した10枚にハートかスペードのカードが含まれるとすれば，それはどちらもすべて絵札でないカードである。
オ　取り出した10枚に絵札でない猫のカードが含まれるとすれば，それはハートでもスペードでもない。
カ　取り出した10枚にクラブの絵札が含まれるとすれば，それはすべて犬のカードである。
キ　取り出した10枚の中にはダイヤでない猫のカードがある。

① 取り出した10枚の中にはハートの猫のカードがある。
② 取り出した10枚の中には猫の絵札がある。
③ 取り出した10枚の中には絵札でないスペードの犬のカードがある。
④ 取り出した10枚の中にはクラブの猫のカードがある。
⑤ 取り出した10枚の中にはクラブでない犬のカードがある。

(15年度センター本試験　第14問)

解答までの近道MAP

3つの条件をキャロル図で表す → 可能な場合を図の中にチェックする → それに基づいて、選択肢の可能性を検討する

Method　キャロル図で条件を整理する

問われているトランプに関する条件は「スペード・クラブ・ハート・ダイヤ」・「犬・猫」・「絵札・数字札」がある。これをキャロル図で整理しよう。キャロル図の円は「犬・猫」「絵札・数字札」のどちらでもかまわないが、**図10**では仮に「絵札・数字札」を表すとして描いてみた。

●図10　円の内側が絵札

	犬	猫
スペード		
クラブ		
ハート		
ダイヤ		

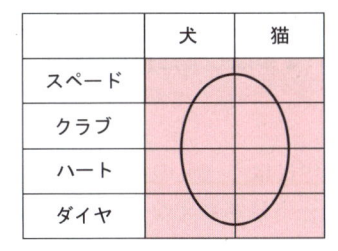

条件エ〜キのうち、**エ〜カ**は条件法で仮定の条件が示されているが、**キ**だけは1枚の特定のカードが存在することを示して

いる。つまり、**条件エ～カ**からは「ありえない」カードを読み取れるのに対し、**条件キ**からは特定の（「ありうる」ではなく）存在するカードの情報が読み取れる点に注意しよう。

キャロル図に条件を書き込む

> **条件エ**：ハートとスペードの絵札はありえないので「×」をつける。
> **条件オ**：ハートとスペードの絵札でない猫のカードもありえないので「×」をつける。
> **条件カ**：クラブの絵札で猫のカードはありえないので「×」をつける。
> **条件キ**：ダイヤでない猫のカードが存在するが、これは以上の条件よりクラブの絵札でない猫のカードでしかありえないので、これに「○」をつける。

条件エ～キをキャロル図に書き込むと次のようになる。

●図11

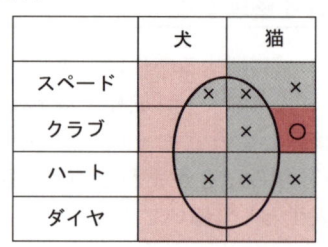

	犬		猫	
スペード		×	×	×
クラブ			×	○
ハート		×	×	×
ダイヤ				

残った空欄は「可能だが現実に存在するとは言われていないカード」である。**図11**を参照して選択肢を吟味する。

選択肢の吟味

×① 取り出した10枚の中にはハートの猫のカードがある。
　➡ハートの猫のカードはありえない。

△② 取り出した10枚の中には猫の絵札がある。
　➡猫の絵札はダイヤで可能だが、あるとは言われていない。

△③　取り出した10枚の中には絵札でないスペードの犬のカードがある。
　　➡これも可能だがあるとは言われていない。

○④　取り出した10枚の中にはクラブの猫のカードがある。
　　➡確かにクラブの猫のカードが存在する。**条件キ**で言われているカードがこれだ。

△⑤　取り出した10枚の中にはクラブでない犬のカードがある。
　　➡これも可能だがあるとは言われていない。

　よって，正解は④。

5　図・表の使い方　　　　　　　問題Basic

▼次の文章を読み，下の問い（**問1～3**）に答えよ。

　市の中心と郊外を結ぶ鉄道のAM線には，アルファベット順にAからMまで英字1文字で呼ばれる13の駅がある。AM線では，A駅からM駅の方向に向かう電車は「下り」の電車と呼ばれる。下りの電車のすべてはA駅から発する。その一部はH駅を終点とし，残りはM駅を終点とする。

　A～Lの各駅において，その駅（x駅とする）に止まる電車の中で，x駅を発車してから終点までのすべての駅に止まる電車を「x駅にとっての各駅電車」と呼ぶ（x駅のすぐ次が終点である場合も含む）。また，x駅に止まる電車の中で，x駅を発車してから終点までのどこかの駅を通過する電車を「x駅にとっての急行電車」と呼ぶ。なぜ「x駅にとっての」と言うかといえば，例えばいま仮にB駅に止まらず他のすべての駅に止まる電車があったとすれば，それは「A駅にとっての急行電車」であるが，C駅以降の駅にとっては各駅電車となるからである。

　ある駅にとっての急行電車について，「急行度」が規定される。急行度については，その駅を発車してから終点までの通過駅の数の少ない方から順に，急行度1，急行度2，急行度3のように番号を振る（急行度1の次が急行度3になるというような，数を飛ばした番号付けは行わない）。これも，例えばある駅にとって急行度2であっても他の駅にとっては急行度1になることもあり得るので，あくまでもその駅にとっての急行度にほかならない。

　また，すべての電車は，それより急行度の高い電車があればその電車の止まる駅すべてに止まる。たとえば，x駅にとって急行度1の電車と急行度2の電車があるとすれば，急行度1の電車は急行度2の電車の停車駅のすべてに止まることになる。

　現在，1日の運行時間帯におけるA駅を発車する電車は，次の**条件ア～カ**のもとに運行されている。

ア　運行総数300本とし，その内訳は，A駅にとっての各駅電車200本，A駅にとっての急行度1，2，3の急行電車それぞれ70本，20本，10本とする。

イ　A駅にとっての各駅電車200本はすべてM駅を終点とする。
ウ　A駅にとっての急行度1の急行電車70本のうち30本はH駅を終点とし，残りの40本はM駅を終点とする。
エ　M駅を終点とするA駅にとっての急行度1の急行電車40本は，K駅とL駅には止まるが，I駅は通過する。
オ　A駅にとっての急行度2の急行電車は，すべてH駅を終点とする。
カ　A駅にとっての急行度3の急行電車10本は，B駅，C駅，E駅，G駅，J駅，M駅に止まり，他の駅は通過する。

次の表はア～カに従って，A駅にとっての各駅電車と急行電車の停車駅を表示したものである（○は停車，×は通過を表す）。ただし，急行度1と急行度2の急行電車は，全体を空欄にしてある。

	本数	A	B	C	D	E	F	G	H	I	J	K	L	M
A駅にとって急行度3	10	○	○	○	×	○	×	○	×	×	○	×	×	○
A駅にとって急行度2	20													
A駅にとって急行度1(H駅行き)	30													
A駅にとって急行度1(M駅行き)	40													
A駅にとっての各駅電車	200	○	○	○	○	○	○	○	○	○	○	○	○	○

問1　J駅にとっての急行度とK駅にとっての急行度に関する記述の組合せとして正しいものを，次の①～⑥のうちから1つ選べ。

	J駅にとって	K駅にとって
①	急行度3がある	急行度1しかない
②	急行度2はあるが急行度3はない	急行度1しかない
③	急行度1しかない	急行度1しかない
④	急行度3がある	急行電車はない
⑤	急行度2はあるが急行度3はない	急行電車はない
⑥	急行度1しかない	急行電車はない

問2　AM線の下り電車について，次のa～cの記述の正誤の組合せとして適当なものを，下の①～⑧のうちから1つ選べ。

a　A駅にとって急行度2の電車はD駅とF駅は通過する。
b　A駅にとって急行度1の電車がすべてD駅に停車する場合には，E駅にとって急行度1の電車は60本である。
c　E駅にとって急行度3の電車はない。

	a	b	c
①	正	正	正
②	正	正	誤
③	正	誤	正
④	正	誤	誤
⑤	誤	正	正
⑥	誤	正	誤
⑦	誤	誤	正
⑧	誤	誤	誤

問3　条件ア～カだけではその駅にとっての下りの各駅電車の本数が1つの値に**確定しない**駅を，次の①～⑤のうちから1つ選べ。

① C駅　　② D駅　　③ E駅　　④ G駅　　⑤ I駅

(16年度センター本試験　第10問)

解答・解説

Method　条件を表に落とし込む

　一見すると複雑そうな問題だが，問いを見てみれば，表さえ埋めれば容易に解答できることがわかる。表も枠組みが載っているので，まず表を条件から埋めていけば，ほぼ解けたことになる。
　ただし，「急行度」の規定に注意しよう。たとえば，A駅にとっての急行度1でM駅止まりの電車とH駅止まりの電車とは，必ずしも同じ駅を通過するとは言えない。急行度は「終点

までの通過する駅の少なさ順」で，駅の数によって決まる。したがって，上記の両方の電車がともに同じ数の駅を通過していれば，たとえ異なる駅を通過していても，急行度1となる。

表の穴埋め―条件からの推理

まず，A駅にとっての急行度2の電車はA駅を発車後，B駅・C駅・E駅・G駅に止まり，終点のH駅にも当然止まる。また，このとき，終点のH駅までに止まらない可能性のある駅はD駅・F駅の2駅だが，この電車は急行度が2なのだから，少なくとも2駅を通過しなくてはならない。よってD駅・F駅は通過することになる。

次に，急行度1の電車については，急行度2の電車が終点までに通過する駅数が2なのであるから，急行度1の電車は，H駅行き・M駅行きともに，通過する駅数は1である。ところで，**条件エ**より急行度1のM駅止まりの電車はI駅を通過しなくてはならない。したがって，I駅だけが通過できる駅であることがわかる。つまり，急行度1のM駅行き電車はI駅を通過し，他の駅すべてに止まるのだ。

最後に急行度1のH駅行きについては，A駅を発車後，B駅・C駅・E駅・G駅に止まり，H駅に到着する。通過する可能性があるのはD駅とF駅であるが，急行度1であるからこのうちどちらか1つの駅を通過し，もう一方に止まることがわかるが，どちらの駅を通過するかはわからない。以上わかったことから，表を埋めていくと以下のようになる。

A駅発の電車	本数	A	B	C	D	E	F	G	H	I	J	K	L	M
急行度3	10	○	○	○	×	○	×	○	×	×	○	×	×	○
急行度2	20	○	○	○	×	○	×	○	○					
急行度1（H駅行き）	30	○	○	○	?	○	?	○	○					
急行度1（M駅行き）	40	○	○	○	○	○	○	○	○	×	○	○	○	○
各駅電車	200	○	○	○	○	○	○	○	○	○	○	○	○	○

ただし，2か所の「?」は，一方が○になればもう一方が×になる，という関係にある。

| 問1 | 表を利用して条件を満たす選択肢を読み取る |

　先ほど作った表から，条件を満たす選択肢を読み取る。問題文の条件を正確に表に書き入れてあれば，解答するのは簡単だろう。

J駅に止まる電車　これはJ駅にとって急行または各駅停車でありうる電車だ。これは表の1行目・4行目・5行目の，A駅にとっての急行度3の電車・急行度1のM駅止まり・各駅電車となっている。これはそれぞれJ駅にとっての急行度1の電車・各駅電車・各駅電車となっている。

K駅に止まる電車　これは，表の4行目・5行目の，A駅にとっての急行度1のM駅止まり・各駅電車となっている。これは**条件4**より，それぞれK駅にとっての各駅電車・各駅電車となっている。

　以上より，J駅には急行度1しかなく，K駅に急行電車はないことがわかる。この組合せになるのは⑥だけである。

| 問2 | 表から記述の正誤を確かめる |

　表に照らし合わせて，a・b・cの各記述の正誤を確かめる。

a：A駅にとって急行度2の電車はD駅とF駅は通過する
　➡表の2行目より，Aにとって急行度2の電車の通過駅はD駅とF駅である。よってaは正しい記述である。

b：A駅にとって急行度1の電車がすべてD駅に停車する場合には，E駅にとって急行度1の電車は60本である。
　➡表の3行目の「？」について，D駅を○にし，F駅を×にして確かめればよい。この2行目・3行目・4行目（A駅にとって急行度2の電車と急行度1の電車すべて）がE駅から終点までの駅1つを通過するので，E駅にとって急行度1の電車になる。その合計は，表より20＋30＋40＝90本である。よって記述bは誤った記述である。

c：E駅にとって急行度3の電車はない。
➡表の「E」の列に注目する。「E」に止まる（「○」がつく）電車の行で「E」よりも右にいくつ「×」がつくかを見ればよい。表の3行目（A駅にとっての急行度1）の場合も含めて，「E」駅以降は1つ駅を飛ばす（＝急行度1）か，5つ飛ばす（＝急行度2）かしかない。よってcは正しい記述。

よって，正解は③。

問3　表を利用して条件を満たす選択肢を読み取る

各駅停車の本数が確定しないという条件なので，表のA駅発の急行度1（H駅行き）の電車の行，「？」がかかわることがわかる。G駅・I駅は「？」がかかわらないので，この時点で落ちる。またC駅は「？」がかかわっているように見えるが，2か所の「？」のどちらかで止まり，もう片一方は通過するので，本数自体は確定している。したがって，可能性のあるのはD駅・E駅・F駅のどれかだとわかる。以下，1つずつ検討していこう。

D駅　表のD駅にある「？」が「○」になった場合にそれより先のF駅に止まらないので，急行電車。したがって，これはD駅にとっての各駅電車にはならない。他方，D駅に止まらない場合はもちろんD駅にとっての各駅電車にはならない。よってD駅にとっての各駅電車の本数は確定している。

E駅　この電車がF駅に止まれば各駅電車にカウントされるし，逆にF駅に止まらなければ各駅電車にカウントされない。よってE駅にとっての各駅電車の本数は確定していない。

F駅　この電車がF駅に止まれば各駅電車にカウントされ，止まらなければもちろんカウントされない。F駅も自身にとっての各駅電車の本数が確定しないが，選択肢の中にない。

よって，正解は③。

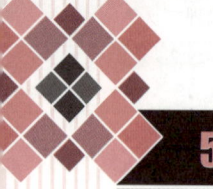

5 図・表の使い方　　問題Advanced

▼大学生Ｋ君の携帯電話には，友人の電話番号が１人１件ずつ登録されている。これら友人の電話番号を登録する際，Ｋ君は友人をすべて「ゼミ」「サークル」「高校以前」「バイト先」の４つの「所属グループ」のどれかにグループ分けする。所属グループは１人１つと決まっている。また，Ｋ君は友人の電話番号を登録する際，必ず登録する友人の性別「男性・女性」と血液型「Ａ型・Ｂ型・Ｏ型・ＡＢ型」の情報を一緒に登録している。

なお，Ｋ君の携帯電話には友人の電話番号以外は登録されていないものとする。

問１　次のような**条件**１〜４が成り立っているとき，①〜⑤のうちＫ君の携帯電話に登録されている電話番号について正しいものを１つ選べ。

条件１：Ｂ型かＯ型の友人の電話番号があったら，それはゼミグループにもバイト先グループにも入っていない。

条件２：サークルかバイト先のグループに登録されている電話番号があれば，それは女性の友人のものではない。

条件３：ＡＢ型の友人の電話番号があれば，それは女性の友人の電話番号である。

条件４：高校以前グループに入っている電話番号で男性の友人のものがあったら，その友人の血液型はＢ型でもＯ型でもない。

①　ＡＢ型の女性の友人の電話番号が登録されていたら，それはすべてゼミグループに入っている。

②　ゼミグループに入っている電話番号で女性の友人のものがあれば，その友人の血液型はＡＢ型である。

③　バイト先グループに入っている電話番号があれば，それはすべてＡ型の友人の電話番号である。

④　高校以前グループに入っている A 型の友人の電話番号があれば，それはすべて女性の友人のものである。

⑤　サークルグループに入っている男性の友人の電話番号があれ

ば，それはすべてＡ型かＢ型の友人のものである。

問2　あるとき，Ｋ君は誤って携帯電話の電話帳のメモリーをすべて消去してしまい，登録されている情報がすべて消えてしまった。そこでＫ君は，昔の手帳を探して見つけ出せる限りの電話番号・血液型・性別を登録し直した。新しく登録し直した電話番号ももとの所属グループに分けられ，血液型・性別も同時にすべて正しいものを登録した。

　今，この状況で次の**情報1～3**を利用して，論理的に正しく結論できるものを①～⑤から2つ選べ。ただし，解答の順序は問わない。

情報1：Ｋ君はＡ型・Ｂ型・Ｏ型・ＡＢ型の友人の電話番号をそれぞれ2件・1件・1件・2件見つけて，登録し直した。
情報2：Ｋ君はもとのゼミ・サークル・高校以前それぞれのグループに登録してあった電話番号をそれぞれ4件・1件・1件見つけて，登録し直した。しかし，バイト先グループに登録されていた電話番号は見つけ出せなかった。
情報3：Ｋ君が見つけ出した電話番号は6件だけで，今Ｋ君の携帯電話にはその6件しか登録されていない。

①　現在，Ｋ君の携帯電話に，ゼミグループでＡＢ型の女性の友人の電話番号が2件登録されている。
②　現在，Ｋ君の携帯電話に，サークルグループでＡ型の男性の友人の電話番号が1件登録されている。
③　現在，Ｋ君の携帯電話に，ゼミグループでＡ型の女性の友人の電話番号が2件登録されている。
④　現在，Ｋ君の携帯電話に，高校以前グループでＡ型の友人の電話番号が登録されているかどうかはわからない。
⑤　現在，Ｋ君の携帯電話に，サークルグループでＯ型の友人の電話番号が登録されているかどうかはわからない。

解答・解説

Method　キャロル図で整理する

　K君の携帯電話に登録されている電話番号を「ゼミ・サークル・高校以前・バイト先」・「Ａ型・Ｂ型・Ｏ型・ＡＢ型」・「男性・女性」によって分類する。「男性・女性」は二者択一であるので，これを円にしてキャロル図を作る。ただし，「所属先」「血液型」ともに４つの分類なので，円は２つずつの領域にまたがって，２つ描くことになる。**図12**では，血液型Ａ，ＢとＯ，ＡＢにまたがっているが，もちろん「所属先」にまたがっていてもよい。

●図12　円の内側が男性

	Ａ型	Ｂ型	Ｏ型	ＡＢ型
ゼミ				
サークル				
高校以前				
バイト先				

　円の内側が男性，外側が女性の領域である。これをもとに，問題を解いていこう。

問1　キャロル図に条件を落とし込む

条件1　Ｂ型とＯ型でゼミグループの電話番号もバイト先グループの電話番号も存在しないので，「Ｂ型」「Ｏ型」の列の「ゼミ」「バイト先」の行に「✕」をつける。

条件2　サークルグループとバイト先グループには女性の友人の電話番号は存在しないので，「サークル」「バイト先」の行で円の外側になっている欄に「✕」をつける。

条件3　ＡＢ型の友人の電話番号で男性の友人のものは存在しないので，「ＡＢ型」の列で円の内側になっている欄に「✕」をつける。

条件4 高校以前グループでB型・O型の男性の友人の電話番号は存在しないので「高校以前」の行の「B型」「O型」の列で円の内側になっている欄に「✕」をつける。

このようにできた**図13**を使って、選択肢を吟味する。

●図13 円の内側が男性

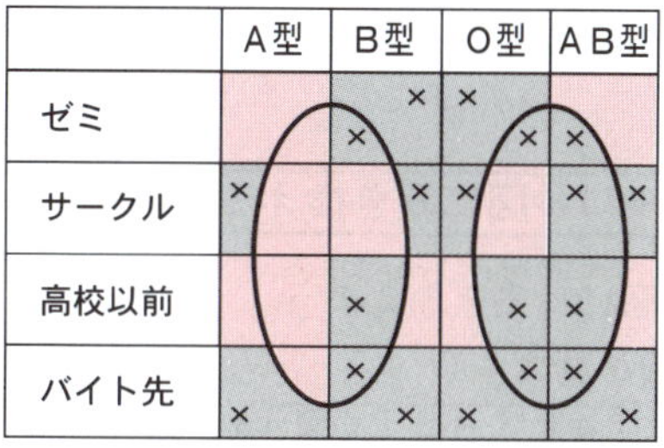

	A型	B型	O型	AB型
ゼミ		✕ ✕	✕	✕
		✕		✕ ✕
サークル	✕	✕ ✕	✕	✕
高校以前		✕	✕ ✕	
バイト先		✕ ✕	✕ ✕	✕
	✕	✕	✕	✕

選択肢の吟味

✕① AB型の女性の友人の電話番号が登録されていたら、それはすべてゼミグループに入っている。
　　➡「高校以前」の行、「AB型」の列に「✕」がついていないので、AB型の女性で高校以前グループに入っている電話番号がありうる。

✕② ゼミグループに入っている電話番号で女性の友人のものがあれば、その友人の血液型はAB型である。
　　➡「ゼミ」の行、「A型」の列に「✕」がついていないので、ゼミグループに入っているA型の女性の電話番号がありうる。

○③ バイト先グループに入っている電話番号があれば、それはすべてA型の友人の電話番号である。
　　➡「バイト先」の行より、これは正しい。

✕④ 高校以前グループに入っているA型の友人の電話番号があれば、それはすべて女性の友人のものである。
　　➡「高校以前」の行、「A型」の列に「✕」がついていないので、男性の電話番号もありうる。

✕⑤ サークルグループに入っている男性の友人の電話番号があれば，それはすべてA型かB型の友人のものである。

→ 「サークル」の行，「O型」の列に「✕」がついていないので，A型かB型に限らずO型の友人の電話番号もありうる。

よって，正解は③。

問2　情報をキャロル図に置き換える

情報1・2を図13に書き加えよう。

●図14　円の内側が男性

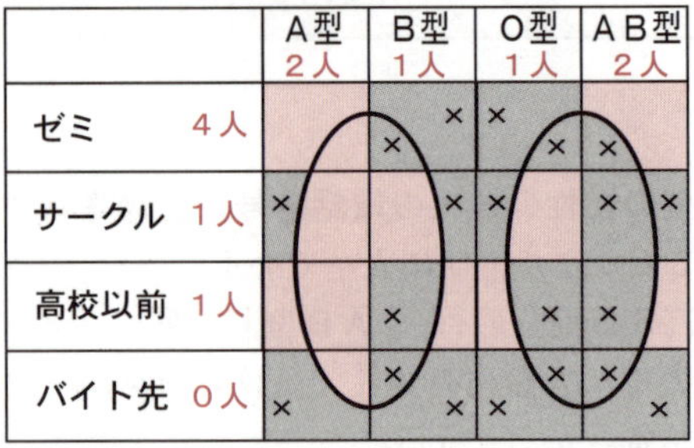

	A型 2人	B型 1人	O型 1人	AB型 2人
ゼミ　4人		✕	✕	
		✕	✕	
サークル　1人	✕	✕	✕	✕
高校以前　1人		✕	✕	✕
バイト先　0人	✕	✕	✕	✕

人数はそれが書いてある行（または列）の合計人数を表す。この人数の情報をもとに，実際に電話番号が存在しない欄には「✕」，実際に存在するとわかったらその具体的な人数，そのほか条件からわかる情報があったら，欄に書き込んでいこう。

各欄に人数を書き込む

バイト先　合計人数が0人なので，「バイト先・A型・男性」の欄を「✕」にすることができる。

B型・O型の2列　いずれの列も合計が1人で，ともに「✕」の付いていない欄が2つずつしかない。つまり，それぞれの列は2つの空欄のうちどちらか一方に一人いる。

サークル・高校以前　そこでこの「B型」「O型」の4つの空欄と交差している「サークル」「高校以前」の行に注目しよう。まず「高校以前」の合計人数は1人なので，「B型」「O型」両方の空欄に当たる電話番号がともにあることはない。だが「B

型」「O型」の2択の空欄のもう一方の行である「サークル」も合計人数は1人なので、こちらの2つの空欄（「サークル・B型・男性」と「サークル・O型・男性」）も、同様に一方だけの欄で電話番号が存在する。つまり、「サークル」と「高校以前」の行では、「B型」「O型」のどちらかに合計人数の1人が割り振られる。しかし、この4つの欄、「サークル・B型・男性」「サークル・O型・男性」「高校以前・B型・女性」「高校以前・O型・女性」の人数割り当ては、2通りの可能な場合があり確定はしない。ただ、それ以外の「サークル」「高校以前」の空欄には「×」がつくことはわかる。

AB型の列　空欄は1つしかないから、ここに合計人数の2人が割り振られる。

ゼミ・A型　ここは男女どのように人数を割り当てても条件を満たすので確定できない。

こうして完成した**図15**を使って、選択肢を吟味する。

●図15　円の内側が男性

	A型 2人	B型 1人	O型 1人	AB型 2人
ゼミ 4人	2 ／ ×	× ／ ×	× ／ ×	2 ／
サークル 1人	× ／ ×	1 or × ／ ×	× ／ 1 or ×	× ／ ×
高校以前 1人	× ／ ×	× ／ 1 or ×	1 or × ／ ×	× ／ ×
バイト先 0人	× ／ ×	× ／ ×	× ／ ×	× ／ ×

選択肢の吟味

○① 現在、K君の携帯電話に、ゼミグループでAB型の女性の友人の電話番号が2件登録されている。

　➡「ゼミ・AB型・女性」の欄には「2」が書いてあるので、これは正しい。

×② 現在、K君の携帯電話に、サークルグループでA型の男性の友人の電話番号が1件登録されている。

　➡「サークル・A型・男性」の欄には「×」が書いてある

ので，そのような条件の電話番号はない。

×③　現在，K君の携帯電話に，ゼミグループでA型の女性の友人の電話番号が2件登録されている。
　　➡「ゼミ・A型」の欄には「2」が書いてあるが，この2件が女性か男性かは確定しない。

×④　現在，K君の携帯電話に，高校以前グループでA型の友人の電話番号が登録されているかどうかはわからない。
　　➡「高校以前・A型」の欄には「×」が書いてあるので，この条件を満たす友人の電話番号は登録されていない。

○⑤　現在，K君の携帯電話に，サークルグループでO型の友人の電話番号が登録されているかどうかはわからない。
　　➡「サークル・B型・男性」および「サークル・O型・男性」の欄は「0」か「1」のどちらかであり，どちらの欄で電話番号が登録されているのかはわからない。したがって，これは正しい記述。

よって，正解は①，⑤。

Solution

◆2種類の条件がある場合は，対応表で処理できる
◆対応表に可能な場合を書き，それをもとに設問に答える
◆ベン図は二者択一の条件を持つ問題を直観的にとらえやすい
◆ベン図は領域ごとの要素の数を数えるときに役立つ
◆ベン図は∨，∧，⇒などの論理的関係を読み取りやすい
◆3種類の条件のうち，二者択一が1つあったら，キャロル図が活用できる
◆キャロル図の領域をチェックして，可能な場合・数を考える

Chapter 6　仮説・前提・批判

　仮説や前提，批判などを問う問題へのアプローチを学ぶ。これらは一定の構造・形式を持っている。それらの性質を理解することで，素早く確実に解答する方法を身につけよう。

Technic

① 仮説を吟味する
導けない事例に注目する

② 前提を吟味する
成り立たないと結論が出ないか

③ 議論を批判する
根拠の存在・整合性・導出過程

6 仮説・前提・批判　　基本と例題

Section ❶ 仮説と説明

帰納・演繹と仮説

　今日は太陽が東から昇った。一昨日も東から昇った。一昨々日もその前も，太陽は東から昇った。これらの現象をまとめて，「いつでも太陽は東から昇る」と信じることができる。その信念をもとに，「明日も太陽が東から昇るだろう」と予測もできる。つまり，個別事例を一般化することで，身の回りの事柄に法則性を見ることができるのだ。もちろん，こうした一般化は誤まることがあるかもしれないが，人間が自然法則を見いだす原理はだいたいこのようなものであったろう。

　上のように，個別事例から一般化して法則的な命題を得ることを**帰納**と言う。つまり，「今日…昇った」「昨日…昇った」…という個別事例を一般化して「いつも…昇る」を推理するわけだ。それに対して，一般的な命題から個別事例を推論することを**演繹**（えんえき）と言う。「いつも…昇る」という一般的命題から「今日…昇った」「明日…昇る」などの個別事例を推論するわけだ。

帰納	個別事例から一般化して法則的な命題を得る
演繹	一般的な命題から個別事例を推論する

帰納から得られる仮説

　この帰納という推理の過程を経て得られた命題が，一般に**仮説**と呼ばれる。たとえば次のような推理を考えてみよう。

> **推理1**
>
> 彼は柔道部の先輩に「押忍（オス）」とあいさつした。　　個別事例1
> 柔道部の顧問にも「押忍」とあいさつした。　　個別事例2
> ↓
> 彼は年上の人には「押忍」とあいさつするのだろう。　一般命題

この推理では個別事例1・2から一般命題を推理している。この一般命題が，仮説の代表的な形である。

仮説は誤りうる

演繹するということはさまざまな命題（仮定）から**Part1**で扱った論理的推論を用いて，結論を導出する作業である。だから，これは誤りえない。それに対して，帰納は論理的推論ではない。それは無限にあるデータのうち「今日…」「昨日…」「一昨日…」などというデータをいくら集めてきても，「いつも…」という一般命題を得ることはできないからだ。無限にある個体「ａ」「ｂ」「ｃ」…に関する命題「Ｆａ」「Ｆｂ」「Ｆｃ」…のうち，有限のものだけでＦが成り立っていたとしても，「すべてのｘについてＦｘ」を言うことはできない。つまり，仮説はいつも誤っている可能性があるのだ。

個別事例と一般命題から得られる仮説

しかし，仮説は個別事例からの帰納によって得られる命題以外にもある。たとえば次のような推理を考えてみよう。

> **推理2**
>
> 彼女は僕に義理チョコもくれなかった。　　　個別事例3
> 嫌われていなければ義理チョコぐらいもらえるだろう。一般命題
> ↓
> きっと僕は彼女に嫌われているのだ。　　　　個別命題

この推理では一般命題はすでに得られているが，「僕は…」という個別事例を導く命題を推理している。ここで推理された「僕は彼女に嫌われている」がもう一つのタイプの仮説だ。

複数の仮説が個別事例を説明する

一般的に仮説と個別事例との間には（仮説）⇒（個別事例）の関係が成り立っている。「⇒」が使われていることからわかるように，仮説から個別事例が論理的に導出できる。このような関係を，**仮説が個別事例を説明する**と言う。

仮説は複数考えられる

　一般的に，個別事例から仮説は一義的には定まらない。同じ個別事例を説明する仮説は複数あるのが普通だ。たとえば**推理1・2**では，次のような異なる仮説を考えることができる。

> **推理1**
>
> 彼は柔道部のA先輩に「押忍」とあいさつした。
> 柔道部の顧問にも「押忍」とあいさつした。
> ↓
> 彼は柔道部に所属する人には「押忍」とあいさつするのだろう。
>
> **推理2**
>
> 彼女は僕に義理チョコもくれなかった。
> 本命用にお金をかけると，義理用には手が回らないだろう。
> ↓
> きっと彼女は本命には豪華なチョコを用意したのだろう。

　推理1では一般化の方法が，推理2では仮説と個別事例の導出に使う一般命題の両方が異なっている。つまり，個別事例をどのような一般命題の例と見るかによって，仮説はいくつでも存在するのだ。

複数の仮説の吟味

　与えられたデータをうまく説明できるような仮説のことを「妥当な仮説」，そうでない仮説を「妥当でない仮説」と呼ぶ。「妥当でない仮説」には与えられた事例と矛盾する事柄を演繹してしまうもの以外に，与えられた事例もその否定も演繹できないような，いわば「無関係な仮説」も含まれる。
　また，「妥当な仮説」であっても，同時に説明しなくてはならない新しい個別事例が増えると「妥当でない仮説」になりうる。その仮説だけでは説明できない事例が新たに出てくる可能性があるからだ。

6　仮説・前提・批判　　基本と例題

妥当な仮説	与えられたデータをうまく説明できる
妥当でない仮説	与えられた事例と矛盾する事柄を演繹 与えられた事例もその否定も演繹できない

　実際の設問において，さまざまな仮説を吟味する際には，この「妥当な仮説」と「妥当でない仮説」との線引きをすることになる。ある仮説が妥当か妥当でないかチェックするには，その仮説から導けない個別事例があるかどうかを吟味すればよい。つまり，「仮説⇒個別事例」という関係を見ていって，**演繹される結果と相反する事例が出てくるかどうか，肯定も否定も導けない事例があるかどうか**を見るのだ。前者の場合なら，矛盾した説明になる仮説が「妥当でない仮説」だし，後者の場合なら，説明すべき事柄を取り違えている仮説が「妥当でない仮説」となる。だから，**仮説を吟味するには論理的な整合性だけではなく，何を説明しているのかにも注意する必要がある。**

Point　仮説の吟味＝その命題から導けない個別事例があるかどうかを吟味する

吟味のコツ

　個別事例が与えられ，それを説明する仮説を複数の選択肢から選ぶ場合には，**個別事例だけから「妥当な仮説は何か」と考えてはならない。**個別事例を説明するような仮説は無数に考えられるからだ。もちろん，事例を理解しようとする途中で自然に仮説を考えるのは悪くないが，それにこだわるより，すぐに選択肢の吟味に入ったほうがよい。選択肢の中の一般化や説明を用いないような仮説を思いついても，時間の無駄だ。それに，妥当な仮説よりも妥当でない仮説のほうが，吟味が楽な場合が多い。妥当な仮説は個別事例のすべてを説明できなくてはならないのに対し，妥当でない仮説は1つでも説明できない個別事例があれば，それで「妥当でない」と言えるからだ。

妥当な仮説	すべての個別事例が説明できる仮説
妥当でない仮説	すべての個別事例が説明できるわけではない＝ある個別事例が説明できない

選択肢を検討している途中で，これこそ妥当な仮説だと思われる命題を見つけても，選択肢のすべてを吟味してみるべきである。これは時間の無駄ではない。もし目をつけた選択肢が正解でも，残りの選択肢が妥当でない仮説であることを調べることは簡単だし，逆に目をつけた選択肢が不正解だった場合には，勘違いや見落としをカバーできる。妥当な仮説であることを示すにはすべてのデータを見なくてはならない。1つの見落としが命取りになるのだ。

◆ 例題 1

▼次の文章を読み，下の問いに答えよ。

　近いうちに開かれる学会の日程（4，5日間）に関する2人の学者の記憶に関するエピソードがある。1人の学者はその日を，3月30日から4月3日と覚えており，もう1人は4月30日から5月3日と覚えていた。最初の学者は，3月30日については特にしっかり覚えており，もう1人は5月3日をはっきりと覚えていた。案内状を調べてみたところ，驚いたことに，3月30日から5月3日とあった。これは明らかに案内状の方の間違いだったのであるが，記憶の性質をよく物語っている。

（印南一路『すぐれた意思決定』による）

問　このエピソードを説明する仮説として最も適当なものを，次の①～⑤のうちから1つ選べ。

① 記憶とは，覚える対象のすべてがそのまま保存・再生されるのではなく，対象が保存された後，再生されるまでに既に保存されている他の知識と互いに作用し合い，整合性のある事柄・内容を再構成するプロセスである。
② 記憶は，そもそも不正確，曖昧なものであり，どんなに記憶内容に確信をもっていると本人が訴えたところで，「保存されるべき内容」と実際に「保存された内容」とを比較してみると決して同一のものではない。

③ 記憶される内容は，記憶したいと欲する事柄かそうでない事柄かによって影響されるものであり，「保存されるべき内容」がそのまま保存されるとは限らない。
④ 記憶の特性として，覚えようとする内容の最初の部分と最後の部分が他の部分よりも強調されて保存される傾向がある。
⑤ 対象を記憶するときには注意の払い方が重要であり，対象を記憶するときにどこに注意を払ったかによって再生時における記憶の正確さが決定される。

(15年度センター本試験　第2問)

解答までの近道MAP

それぞれの条件を整理する ➡ 選択肢の吟味に移る ➡ 選択肢が条件を説明できるかどうか考える

Method　選択肢が事例を説明できているかを検討する

まず事例を整理しよう。2人の学者をそれぞれA・Bとする。

a　学会は4日間または5日間開かれる。
b　「学会日程は3月30日から5月3日」と書かれた案内状をA，B2人の学者が記憶した。
c1　Aは3月30日から4月3日と覚えていた（学会は5日間）。
c2　Aは3月30日をはっきりと覚えていた。
d1　Bは4月30日から5月3日と覚えていた（学会は4日間）。
d2　Bは5月3日をはっきりと覚えていた。

これらを説明できているかどうかを吟味する。ありうる仮説はいくつもあるから，考えてもきりがない。問題の状況を押さ

えたら，すぐに選択肢の吟味に移ろう。

選択肢の吟味

○① 記憶とは，覚える対象のすべてがそのまま保存・再生されるのではなく，対象が保存された後，再生されるまでに既に保存されている他の知識と互いに作用し合い，整合性のある事柄・内容を再構成するプロセスである。

→ 前半の「覚える対象のすべてがそのまま保存・再生されるのではなく」と後半の「既に保存されている他の知識と互いに作用し合い，整合性のある事柄・内容を再構成する」がもし成り立つなら，学者が2人ともbを「そのまま保存するのではなく」，「すでに保存されている知識」であるaとc2・d2と「整合的に再構成」して，それぞれc1・d1とした，と説明できる。

×② 記憶は，そもそも不正確，曖昧なものであり，（どんなに記憶内容に確信をもっていると本人が訴えたところで，）「保存されるべき内容」と実際に「保存された内容」とを比較してみると決して同一のものではない。

→ 「どんなに…訴えたところで」は課題文の内容と関係がないのでカットする。すると選択肢は「記憶は不正確」で「『保存されるべき内容』と実際に『保存された内容』」は「決して同一のものではない」となる。これだけではc1「Aは3月30日から4月3日と覚えていた」，d1「Bは4月30日から5月3日と覚えていた」の違いが説明できず，偶然そうなったとしか言えなくなる。つまり，これは無関係な仮説であり，妥当でない。

×③ 記憶される内容は，記憶したいと欲する事柄かそうでない事柄かによって影響されるものであり，「保存されるべき内容」がそのまま保存されるとは限らない。

→ 前半部「…影響されるものであり」は問題の条件に現れないからおかしい。それに，もしAとBが異なる記憶を記憶したいと欲したことで記憶内容が変わるとしても，

それ以降の内容は「そのまま保存されるとは限らない」であり，②「…同一のものではない」を弱めた仮説にすぎない。よって，これも $c_1・d_1$ を説明できない。

× ④ 記憶の特性として，覚えようとする内容の最初の部分と最後の部分が他の部分よりも強調されて保存される傾向がある。
→ 一見 $c_2・d_2$ を説明しているようだが，そうではない。なぜなら，もし「最初」と「最後」が強調されるなら，案内状の日付には「最初」と「最後」しかないのだからともに強調されて記憶されてしかるべきだからだ。もちろん $c_1・d_1$ も説明できない。

× ⑤ 対象を記憶するときには注意の払い方が重要であり，対象を記憶するときにどこに注意を払ったかによって再生時における記憶の正確さが決定される。
→ 「注意の払い方」が $c_2・d_2$ をさしていると取ったとしても，これによって「記憶の正確さ」は決定されない。なぜなら，「注意の払い方」は異なっているが，同じような間違いをしているからだ。しかも，これは $c_1・d_1$ を説明できない。

よって，正解は①。

Section ❷ 推論の仮定・前提

前提とは何か

次のような推論が妥当である場合を考えてみよう。

A	前提1
B	前提2
それゆえ	
C	結論

推論が妥当であるとは，結論がその前提の下では誤りえな

いということであった。だから，この推論が妥当なら「A」「B」が成り立っているときに「C」は誤りえない。つまり，「A」「B」（と論理）によって「C」は誤りではありえないのである。

したがって，**前提**とは，推論が妥当なら結論が正しくなるような命題のことである。逆に言えば，前提が成り立っていなかったら，結論が誤りとなる可能性がある（＝論理的にその結論が出てこない）。つまり，前提とは，それを否定したら（＝成り立っていなかったら）結論が出てこない（＝論理的に結論を推論できない＝その結論の導出は妥当ではない）ような命題なのである。

Point 前提＝それが成り立っていなかったら結論が出てこない命題

前提になっているかどうかを調べる

定義によれば，前提とは「xが成り立っていない⇒結論が出せない」の「x」に当てはまるものである。したがって，**前提になっていない命題とは，この定義を否定して「xが成り立っていない∧結論が出せる」の「x」に当てはまる命題**だ。よって，どれが前提かと吟味する問題では，前提の候補を一つ一つ否定して，結論を出せるかどうかを調べていけばよい。否定して結論が出せなくなるなら前提であるし，否定しても結論が出せるなら前提ではない。

ここで，前提の定義の中にある「⇒」の関係に注意しよう。上の定義は，ある命題xが成り立っていない場合を述べているだけだ。したがって，ある命題が成り立っているときに結論が出るか出ないかを吟味しても，それが前提になっているかどうかはわからない。たとえば次のような推論を考えてみよう。

```
P⇒Q      1
Q⇒P      2
Q⇒R      3
それゆえ
P⇒R
```

この推論では，1・3を否定したら結論が出ないのに対し，2は否定しても結論が出る。だが，2を肯定したままでも結論を出すことができる。肯定した形で結論が出るかどうかを吟味しても，1・3と2の間には違いがあることはわからない。

このような簡単な推論の場合は，導出に何を使っているかが明らかなので，推論と関係のない命題がどれかはすぐわかるが，複雑になるとそうはいかない。否定しても肯定しても結論が出せるような，推論と関係のない命題に惑わされないように注意しよう。

吟味のコツ—否定の関係を押さえる

仮説について問われる場合は，通常，妥当な仮説1つを吟味する場合が多い。それに対して，前提を問われる場合は複数の前提・仮定を同列に扱って，複数の正解を選ばせる問題が多い。そこで，選択肢を一つ一つチェックしていく際に選択肢どうしの否定関係を押さえると時間の節約になる。

2つの異なる前提候補の選択肢の間に否定の関係がある場合，つまり一方を否定すると他方を導くことができるという関係がある場合には，次のことが言える。

第一に，一方が推論の前提なら他方は前提ではない。その命題を否定して結論が出てくるかどうかが前提の条件なのだから，ちょうど否定の関係にある2つの命題は，片方が前提なら，もう一方はそこから結論が導けない命題である。

第二に，一方が推論に関係しない命題なら，他方も関係しない命題だ。なぜなら，否定しても肯定しても結論が出るような命題であったら，それを否定した命題を，否定しても肯定しても結果は同じだからだ。

このように，選択肢どうし，あるいは前提候補どうしの関係を見ることによって，時間を節約することができる。

> **Point** 2つの前提候補が否定の関係⇒
> 1　一方が前提なら他方は前提ではない
> 2　一方が推論に無関係なら他方も無関係

例題2

▼次の文章を読み，下の問いに答えよ。

　英語教育において，ある新英語学習法の方が旧英語学習法より優れているかどうかを検討するため，2つの学生のグループを用意した。グループAの学生は新英語学習法の下で，グループBの学生は旧英語学習法の下で，それぞれ3か月の講義・演習を受けた。その後，両グループに対して英語の試験を行い，その成績を比較したところ，新英語学習法の下で学習したグループの成績の方が良かった。
　この結果により，新英語学習法の方が優れていると結論された。

問　この実験結果からこの結論を導くに当たって前提とされたこととして適当なものを，次の①～⑨のうちから3つ選べ。ただし，解答の順序は問わない。

①　新たに開発される学習法は，常に古い学習法の欠点を考慮して開発される。
②　3か月の学習期間で効果測定をすることは，不適切である可能性がある。
③　英語の学習法の優劣は，3か月の学習期間でも明らかになる。
④　学生の履歴や資質は様々なので，英語の能力に関して，ほぼ同等な2グループの学生を集めることは困難である。
⑤　英語を学習させ成績を比較して学習の効果を調べることが可能な2グループの学生を集めることができる。
⑥　英語の学習法は，常により新しい学習法を採用するべきであり，旧学習法は改められる必要がある。
⑦　新たな学習法の方が旧学習法よりも学生の学習意欲を高める。
⑧　両者が受けた試験の問題は，英語の能力を正確に判断できる同じ問題又は同程度の難易度の問題である。
⑨　語学の能力は，どんな学習法によっても必ず向上し，下がることはない。

(15年度センター追試験　第2問)

6 仮説・前提・批判　基本と例題

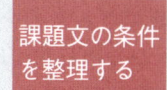

解答までの近道MAP

課題文の条件を整理する ➡ 選択肢を吟味する，選択肢相互の否定関係を確認する ➡ 否定して結論が出てこないかどうか確認する

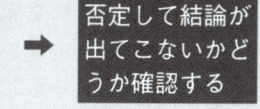

| Method | 否定して検討する |

条件の整理

まずは実験内容とその結論を整理しよう。

> **実験内容**
> 1　学生からなるグループAとグループBを用意した。
> 2　それぞれ新・旧の学習法で勉強した。
> 3　それぞれのグループに3か月間勉強させた。
> 4　3か月の勉強後，試験を実施した。
> 5　試験ではグループAの成績の方が良かった。
>
> **結論**
> 新学習法の方が旧学習法よりも優れている（学習効果が高い）。

選択肢の吟味

前提とは，それが保証されないと上の結論が出てこない，というものである。したがって，それぞれの選択肢を否定して上の結論を出せるかどうかを調べればよい。順に検討するが，実際に解くときは，まず選択肢をざっと見渡してから選択肢どうしの否定の関係にも着目すると，より手際よく不正解の選択肢を切ることができる。

✕① 新たに開発される学習法は，常に古い学習法の欠点を考慮して開発される。
　　➡「欠点を考慮して」考えられていない場合でも，成績を

上げれば学習効果があると結論されるであろう。つまり**否定しても結論を出せる**。

　ところで，あいまいな言葉，たとえば「優れている」は文脈からあくまで常識的に判断できるものを考える。定義されていないのだから，自分なりの意味づけや深読みをしてはいけない（「欠点を考慮していないものは優れているとは言えない」というように深読みしないこと）。

×②　3か月の学習期間で効果測定をすることは，不適切である可能性がある。
　　➡この内容を否定した場合，つまり，「3か月の学習期間で効果測定をすることは不適切な可能性が」ない（＝不適切な可能性はない＝適切だ）場合は，この結論を出せる。**③と見合わせて即座に切ることもできる**。

○③　英語の学習法の優劣は，3か月の学習期間でも明らかになる。
　　➡この条件は②の否定を意味している。したがってこの選択肢を否定したら②と同じ内容になり，結論が誤りである可能性が出てくる。つまり**否定すると結論が推論できない**ということだ。

×④　学生の履歴や資質は様々なので，英語の能力に関して，ほぼ同等な2グループの学生を集めることは困難である。
　　➡否定してみると，能力が同等のグループを集められるということだから，学習法の比較が可能である（つまり学習法以外の条件を同じにすることが可能）。だから，否定したときにこの結論を出せる。**⑤と見合わせて即座に切ることもできる**。

○⑤　英語を学習させ成績を比較して学習の効果を調べることが可能な2グループの学生を集めることができる。
　　➡この条件は④の否定なので，否定すると④と同じ内容になる。「英語を学習させ成績を比較して学習の効果を調

べることが可能な」集め方が可能でなければ、「成績を比較して学習効果を調べること」が不可能である。否定すると結論が出せなくなる。

×⑥　英語の学習法は，常により新しい学習法を採用するべきであり，旧学習法は改められる必要がある。
　　➡この言明は，この実験からこの結論を出す過程とは関係がない。つまり，これを採用するかしないかは実験と無関係である（採用・不採用が実験に出てこない概念である）。したがって否定しても肯定してもこの結論を出すことが可能である。

×⑦　新たな学習法の方が旧学習法よりも学生の学習意欲を高める。
　　➡実験の過程で意欲は触れられていないので，否定しようと肯定しようと結論を出せる。仮に新学習法が「学習意欲」を高めなかったとしても，成績が上がればよいのだから，学習効果から結論は導くことが可能である。これも⑥と同様実験に関係のない条件である。

○⑧　両者が受けた試験の問題は，英語の能力を正確に判断できる同じ問題又は同程度の難易度の問題である。
　　➡「英語の能力を正確に判断でき」，「同じ」か「同程度の難易度」の問題でなければ，学習効果を比較判断できない。すると学習法に優劣をつけることができない。つまり否定するとこの結論が出せない。

×⑨　語学の能力は，どんな学習法によっても必ず向上し，下がることはない。
　　➡実験に能力が向上するかどうかは関係がない。試験結果を比較しただけである（成績の低下が新学習法は旧学習法より緩やかだったのかもしれない）ので，この条件は⑥，⑦と同様実験に関係がない。つまりこの条件は肯定しても否定してもこの結論を出せる。

　　よって，正解は③，⑤，⑧。

Section ❸ 議論の構造と批判

論点の整理

　　一般に，議論の構造は主張とその根拠からなっている。主張と根拠の関係は，論理や自然法則といったさまざまな仮定によって，根拠から主張を正当化・推理できるという関係にある。ある議論を吟味する際には，正当化・推理の関係にある「主張」とその「根拠」とを読み取って，議論の構造を把握しなくてはならない。

反論・批判の方法

　　ある議論を批判・検討する場合には，主張と根拠による正当化・推理という議論の構造に対して，次のようなパターンで検討する。

1	主張そのものがおかしくないか
2	根拠となっている事柄やそこからの主張の導出過程がおかしくないか

主張を検討する

　　主張そのものを検討する必要が出てくるのは，主張がSection❶で述べた仮説であるような場合が多い。このとき主張の根拠となっているのは，主に個別事例である。したがって，こうした主張を批判するには，その仮説が根拠（個別事例）とは無関係であることを示すか，仮説から演繹される結果とは相反する事例があることを示す必要がある。つまり，妥当な仮説ではないことを示すわけだ。

　　また，主張自体の整合性も問題になる。主張が矛盾した内容を含んでいれば，それだけで誤りと断定できる。主張が複数ある場合は，それらが互いに相いれないような矛盾する内容を持っていないかどうかを検討すればよい。

> **Point** 主張の吟味＝矛盾・相いれない内容はないか？

根拠・正当化・推理を検討する

それに対して，根拠を検討する際には，まず根拠となっている事柄そのものを検討する必要がある。根拠として挙げられている事柄が確かに存在するかどうか，複数の根拠の場合は互いに整合的かどうかを見ていく。

また，根拠による主張の正当化・推理を検討する際は，論理的推論や仮説を推理するなど，主張の導出された過程を吟味する。論理的に妥当な推論過程かどうか，一般化は妥当かどうか，あるいは，ともに暗黙の仮定（前提）がないかどうか，などを吟味するわけだ。

> **Point** 根拠の吟味＝その根拠が存在するか？
>   　　　　　互いに整合的か？
>   　　　　　主張の導出過程は妥当か？

注意しなくてはならないのは，根拠に批判を加える場合は，主張それ自体を批判する場合と異なり，必ずしも当の主張が否定される必要はないということだ。根拠や導出過程が誤っていたとしても，そこから引き出された結論が誤っているとは限らないからだ。たとえば，**Chapter1**の推論の例，

バナナは栄養がある	前提1
食べ物は栄養がある	前提2
それゆえ	
バナナは食べ物である	結論

は，誤った推論過程によっているが，結論は真である（前提2つは「バナナ」であって，しかも「食べ物」ではないようなモノの存在することを許している）。もちろん，これは論理的な推論に限らず根拠と主張の関係一般に言えることだ。

例題3

▼P県知事の次の発言を読み，下の問いに答えよ。

　水1㎥当たり1,000円の「水税」を導入すれば，現在の年間の水消費量1億㎥からすると，1年で1,000億円の税収が得られる。したがって，水1㎥当たり3,000円の「水税」を導入すれば年間3,000億円の税収が得られることになり，P県の財政赤字解消に役立つ。しかも，この税を導入することにより，水の消費が減り，水不足の問題に対処できる。かたや3,000億円の税収，かたや水不足への対応，正に一挙両得である。

問 この発言に含まれる**推論の誤り**の指摘として最も適当なものを，次の①〜⑤のうちから1つ選べ。

① 互いに比較できない価値を比較している。
② 不当な政策によって財政赤字を解消しようとしている。
③ 結論を導くために用いた根拠が両立しない。
④ 目的と手段の相互関係を取り違えている。
⑤ 例外的な事実に基づいて一般論を主張している。

（15年度センター本試験　第1問）

解答までの近道MAP

主張・根拠・論証構造を整理する → これら要素の存在・整合性・妥当性に注目する → それに基づいて，選択肢を検討する

6 仮説・前提・批判　　基本と例題

Method　　根拠を吟味する

まず，P県知事の主張と根拠を整理しよう。

主張と根拠の整理

主張

3,000円/1 m³で「水税」を導入する⇒	
(3,000億円の税収を見込める∧	主張1
水不足の問題に対応できる)	主張2

根拠

現在年間水消費量が1億m³だ	根拠1
「水税」が導入されても，年間水消費量が1億m³だ	根拠2
「水税」の導入⇒水の消費が減る	根拠3
水の消費が減る⇒水不足の問題に対応できる	根拠4

論証過程を整理する

現在年間水消費量が1億m³だ	根拠1
「水税」が導入されても，年間水消費量が1億m³だ	根拠2
↓	
3,000円/1 m³で「水税」を導入すると，	
3,000億円の税収	主張1

「水税」の導入⇒水の消費が減る	根拠3
水の消費が減る⇒水不足の問題に対応できる	根拠4
↓	
「水税」の導入⇒水不足の問題に対応できる	主張2

ここで知事の発言「正に一挙両得である」を考えると，明らかに主張と根拠の2つが同時に成り立っていることを意味している。

主張を吟味すると，その一つ一つの内容も，互いの整合性に

関しても，問題ない。だが，根拠・論証過程を見てみると，**根拠2**と**根拠3**がともに成り立つことはないことがわかる。

選択肢の吟味

×① 互いに比較できない価値を比較している。
　➡「比較できない価値」が見当たらない。また，そもそも何も比較していない。

×② 不当な政策によって財政赤字を解消しようとしている。
　➡「水税」が「不当」かどうかは価値の問題であり，推論の正誤にかかわる問題ではない。なお「不当な」を「論理的にありえない」とことさら好意的に解釈しても，「水税」導入という政策それ自体は矛盾しているわけではない。

○③ 結論を導くために用いた根拠が両立しない。
　➡水税を導入する場合，結論の**主張1**と**主張2**を導くために用いた**根拠2**「水の消費量は変わらない」と**根拠3**「水の消費は減る」は両立しない。

×④ 目的と手段の相互関係を取り違えている。
　➡水税という政策（手段）とそれによる財政赤字解消と水不足の解消という利点（目的）は明確であり，取り違えられていない。

×⑤ 例外的な事実に基づいて一般論を主張している。
　➡事実からの一般化によって，主張を導出してはいない。

よって，正解は③。

6 仮説・前提・批判 問題Basic

▼次の会話を読み，下の問いに答えよ。

アユミ：ある雑誌の記事によると，P市の小学生は，1日に平均2回しか歯磨きをしていません。しかし本来は，1日に少なくとも5回は歯磨きをすべきなのです。

ケン　：そうでしょうか。小学生が全員おっしゃるとおりに歯を磨いたとしても，20歳になる時点で虫歯のない人の比率は大きくならない，という話を聞いたことがあります。1日に5回も歯磨きをしてこれでは，努力の割に得られる効果が小さすぎます。

アユミ：でも，さっきの雑誌の記事によると，人が40歳になった時点での虫歯の数を減らすためには，小学生のときから毎日何回も歯磨きをすることが有効だとされていますよ。

問　ケンに対するアユミの応答の説明として最も適当なものを，次の①〜⑥のうちから1つ選べ。

① ケンの主張の根拠となる事柄の真偽が不明であると指摘し，自分が正確だと信じる事柄を提示している。
② ケンの主張によって何歳の時に歯磨きの効果を評価するかが大事であると気付き，効果を評価する時点が問題とならないように論点を変えている。
③ ケンが例として示した事柄が信頼できない情報源に基づくものであることを論証しようと試みている。
④ ケンが提示した事柄を認めた上で，その事柄に対してむしろ肯定的評価を与えようとしている。
⑤ ケンの議論によって自分の提案が間違っていたことが分かったので，雑誌記事の信頼性を擁護しようとしている。
⑥ ケンの述べていることとは異なる事柄を根拠として，自分の提案が正当であることを主張している。

（15年度センター追試験　第1問）

解答・解説

Method　主張と根拠を整理して把握する

2人の主張の整理

　　小学生の1日の歯磨き回数について，まずはケンとアユミの論を大まかに整理する。まず，修飾句や「です・ます」などの言い切りの語句をカットする。次に，根拠と主張とをピックアップし，逆にそれ以外の情報はカットする。

> アユミ1　主張：小学生は2回/1日歯磨きをする。
> 　　　　　　　　5回/1日にするべきだ。
> ケン1　　主張：5回/1日やるのは無駄だ。
> 　　　　　根拠：2回/1日でも5回/1日でも，20歳での虫
> 　　　　　　　　歯の数には変わりがない。
> アユミ2　主張：5回/1日やるのは無駄ではない。
> 　　　　　根拠：40歳での虫歯の数には変化が出る。

アユミの反論のポイント

　　この問いでは**ケン1**に対して**アユミ2**の発言の役割を説明することが求められている。つまり，ここでは**ケン1**の論に対して，何が同じか，何が違うか・対立するかに注意して，その役割を考えてみるのである。**アユミ2**は40歳の虫歯数を根拠にしてケンの主張に対する再反論をして，**アユミ1**の主張を守ろうとしている。それを押さえておいて，選択肢を検討していく。

選択肢の吟味

×①　ケンの主張の根拠となる事柄の真偽が不明であると指摘し，自分が正確だと信じる事柄を提示している。
　　➡選択肢前半部分に「ケンの主張の…真偽が不明であると指摘し」とあるが，このような指摘は**アユミ2**にはない。

×② 　（ケンの主張によって何歳の時に歯磨きの効果を評価するかが大事であると気付き，）効果を**評価する時点が問題とならないように**論点を変えている。

- ➡ 前半部分「…と気付き」は気持ちの問題だから，議論とは直接関係ないので，無視しよう。②の後半部分に「効果を評価する時点が問題とならないように」とあるが，**ケン1**の20歳のデータに対して40歳のデータを持ってきて根拠としているのだから，40歳という「評価する時点」を問題にして，それを再反論の根拠にしている。よって不正解。

×③ 　ケンが例として示した事柄が**信頼できない情報源に基づく**ものであることを論証しようと試みている。

- ➡ 「信頼できない情報源に基づくものであることを論証」とあるがこれはおかしい。**アユミ2**は，ケンの伝聞という情報源に対してアユミの雑誌記事という情報源の違いを指摘していない。したがって，これは反論の根拠になっていない。

×④ 　ケンが提示した事柄を認めた上で，その事柄に対してむしろ**肯定的評価を与え**ようとしている。

- ➡ 「肯定的評価を与え」がおかしい。**ケン1**の「20歳で大丈夫なのだから…」をそのままにして論を進めるのではなく，反論している。

×⑤ 　（ケンの議論によって自分の提案が間違っていたことが分かったので，）**雑誌記事の信頼性を擁護**しようとしている。

- ➡ 「自分の提案が間違っていたことが分かった」は②のように気持ちの問題なので直接関係はないが，**アユミ2**は反論になっているので，「間違っていたことが分かった」はおかしいだろう。後半部分に「雑誌記事の信頼性を擁護しようとしている」とあるが，雑誌記事それ自体に対する指摘は**アユミ2**にない。

◯⑥　ケンの述べていることとは**異なる事柄を根拠として**，自分の提案が正当であることを主張している。
　　➡「異なる事柄を根拠として」は（20歳のデータとは異なる）40歳のデータをさしていると考えられる。一方で「自分の提案が正当であると主張」は，**アユミ2**の主張が5回/1日が無駄ではないということだから，最初の自分の主張につながる。

　よって，正解は⑥。

6 仮説・前提・批判　問題Advanced

▼次の文章を読み，下の問いに答えよ。

　音声言語一般について，次のような意味で「恣意性」が指摘できる。われわれの使う音声言語の単語を分析すると，単語は音声とそれによって表される意味とが組み合わされたものだということができる。

　この音声と意味との間には，第一に単語の音声が決まっていてもそれによって意味が決まるとは限らないという関係がある。国語辞典を開いてみよう。たとえば「雲」と「蜘蛛」や，「愛」と「藍」といった「同音異義語」があるはずだ。英語にも同様に「rain」と「reign」のような単語がある。これらの単語からわかるように，音声が決まっていてもそれだけによって単語の意味が決まるというわけではない。

　第二に，単語の意味が決まっていてもそれを表す音声が決まるとは限らない。今度は英和辞典を開いてみよう。たとえば「dog」には「犬」，「cat」には「猫」のように，英単語とその日本語訳が載っている。こうした，いわば「異音同義語」の存在からわかるように，意味が決まってもそれを表す単語の音声が決まるとは限らないのだ。

　つまり，ある単語の音声が決まっていてもそれによって表される意味は複数ありうるし，逆に，ある意味を表す際にも複数の音によってそれを表しうるということだ。単語の音声と意味との関係には必然的関係があるとは言えない，つまり両者には恣意的なつながりがある。これを「恣意性」と言う。

問　上の「恣意性」の指摘に関する議論を批判する根拠になりうるものとして最も適当なものを，次の①～⑤のうちから１つ選べ。
　① 日本語の「機会」「機械」や英語の「peace」「piece」といった単語は曖昧な意味で使われる場合がある。
　② 日本語の「そう」と英語の「so」は同じ意味で使うことができる。
　③ 日本語の「椅子」と英語の「chair」が異なる意味で使われることがある。
　④ 「バカ」「グズ」などのように濁音で始まる単語には，侮蔑的な意味を持つ単語が多い。
　⑤ 「学校」の「ガ」を鼻に掛かった声（鼻濁音）で発音する者と

そうでない者とがいる。

解答・解説

Method 主張と根拠，隠れた前提を検討する

主張・根拠・論証過程の整理

主張

「恣意性」が指摘できる
　　∥
音声が決まっても意味は決まるとは限らない　**主張1**
　　＋
意味が決まっても音声が決まるとは限らない　**主張2**

根拠

「同音異義語」の存在　**根拠1**
例　「雲」と「蜘蛛」，「愛」と「藍」，「rain」と「reign」
「異音同義語」の存在　**根拠2**
例　「犬」と「dog」，「猫」と「cat」

論証過程

根拠1
⬇
同じ発音でも異なる意味の単語がある
⬇
主張1

根拠2
⬇
同じ意味でも異なる発音の単語がある
⬇
主張2

この議論を批判するには，主張・根拠・論証過程のどれかがおかしいと指摘すればよい。「恣意性」が「必ずしも…必然的関係が成り立つわけではない」＝「必然的関係が成り立たない関係がある」という存在命題である点に注意しよう。つまり，この主張を否定するには全称命題「すべての単語において，意味と音声との間に必然的関係が成り立つ」を証明しなければならない。「すべての単語」においてこのことを示すのは不可能なので，根拠と論証過程に絞って吟味しよう。

選択肢の吟味

×① 日本語の「機会」「機械」や英語の「peace」「piece」といった単語は曖昧な意味で使われる場合がある。
  ➡ **根拠1**にかかわる記述。**根拠1**では，単語は音声が同じでも異なる意味であるという事実が，主張の根拠となっている。この場合，たとえ挙げられているそれぞれの単語の意味が曖昧であったとしても，互いに異なる意味であることには影響しない。

×② 日本語の「そう」と英語の「so」は同じ意味で使うことができる。
  ➡ **主張1・2**にかかわる記述。②から音声も意味も同じだと解釈できる場合があるとは言えるが，この内容は「すべての」単語についての全称命題ではない。特定の音声と特定の意味が異なる言語で同じ対応を取っていても，**主張1・2**に対する批判にはならない。

○③ 日本語の「椅子」と英語の「chair」が異なる意味で使われることがある。
  ➡ **主張2，根拠2**にかかわる記述。**根拠2**で言われる辞書で対応した単語の組は，同じ意味なのに異なる音声を持つ例として，**主張2**の根拠になっている。しかし，この根拠では辞書で対応していれば，2つの単語の意味が同じである，ということが暗に前提されている。もし，辞書で対応しても，実際にはその示す意味の範囲が異なっ

ているなら，この前提は成り立たない。意味の範囲が異なるのなら同じ意味の単語とは言えない。前提が成立しなければ議論が成り立たないから，批判になりうる。

×④ 「バカ」「グズ」などのように濁音で始まる単語には，侮蔑的な意味を持つ単語が多い。
　➡**主張1・根拠1**にかかわる記述。これも②の場合と同様，「**すべての**」単語に関する主張ではないため，「**恣意性**」の指摘には影響しない。

×⑤ 「学校」の「ガ」を鼻に掛かった声（鼻濁音）で発音する者とそうでない者とがいる。
　➡これは，同じ意味が異なる音声で表されうるということと解釈できるから，むしろ上の論の**根拠1**の役割を担うことができる。つまり，**主張2**を支持する記述なのだ。
よって，正解は③。

Solution

◆帰納は個別事例を一般化すること，演繹は一般的命題から個別事例を推論すること
◆説明では，一般化された仮説から個別事例が論理的に導出できることを示す
◆仮説の吟味をするには，その命題から導けない個別事例があるかどうかを見る
◆前提とは，それが成り立たなかったら結論が導けない命題
◆前提を吟味する場合は，
　1　それを否定して結論が出てくるかを見る
　2　選択肢どうしの否定関係を押さえる
◆議論の吟味をするには，主張・根拠・導出過程の3つを整理して，検討する

Chapter 7 調査・実験のロジック

統計資料を扱う問題もよく出題される。相関関係と因果関係の違い，母集団からサンプルを取った場合のサンプル・データの取り扱い方など，実験・観察に使う基本手法の構造を学ぶ。適性試験では実際の手法よりロジックが問われる場合が多い。

Technic

① 相関関係と因果関係の違い
相関関係は因果関係とは限らない

② 母集団とサンプルの関係
第3の変数の可能性を考える

③ 統計的分析―確率論的背理法
データの差が有意かどうかを考える

7 調査・実験のロジック　　基本と例題

Section ❶ 相関関係と因果関係

相関関係とは

　寒い季節は風邪をひきやすい。気温が高くなるとゴキブリが出やすい。値段が高いほど料理はおいしい。このように，2つの事柄に経験上ある程度規則的な関係が見られる場合がある。

　この相互関係を表すためには，それぞれの事柄の起こった回数や程度を数値化して比較しよう。たとえば気温と風邪の患者数，あるいはゴキブリの目撃回数，値段と味，…等。これらの一方を縦軸，他方を横軸のグラフにして個々の値を記入する。そうすると，2つの値の間に一定の関係を見つけることができる。たとえば，値段と料理の味の関係は，図1のようになる。

●図1　値段と料理の味の関係（個々の点は料理を表す）

　このように，一方の値に応じて他方の値が変わる傾向がある場合，2つの事柄に**相関関係**があると言う。つまり，Xが増えるとそれにつれてYも増える傾向にある，あるいは逆にXが増えるとそれにつれてYが減る傾向にあるという場合である。

●図2　Xが増えるとYが増える　　●図3　Xが増えるとYが減る

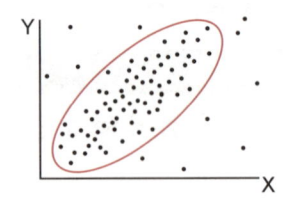

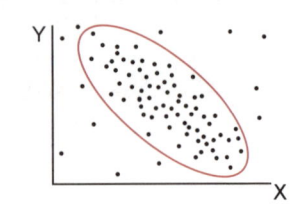

相関関係は2つの事柄の値が連続量でなくても考えられる。たとえば，ある大学の保健管理センターで学生の成績と喫煙習慣の有無を調査して，次のようなグラフが得られたとしよう。

●図4　成績と喫煙習慣の関係

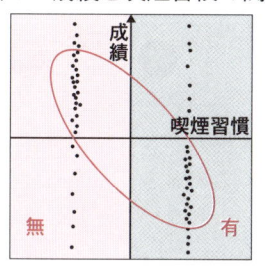

図4のような場合も相関関係があると言う。喫煙する習慣がある学生は成績が悪い傾向があり，逆に喫煙する習慣がない学生は成績が良い傾向があるからだ。つまり，一方の値「喫煙か非喫煙か」に応じた傾向が現れている。

一方が増えれば他方が増える傾向にあるものを「正の相関」があるといい，逆に一方が増えれば他方が減る傾向にあるものを「負の相関」があると言う。このような関係があれば，Xが増えればYも増える（Xが増えればYが減る）という大まかな規則性を言うことができるわけだ。

相関関係と因果関係

相関関係と因果関係は違う。2つの事柄に因果関係があれば相関関係があると言えるが，相関関係があるからといって，直ちに2つの事柄の間に因果関係があるとは言えない。

2つの事柄XとYに相関関係がある場合，XとYに関して考えられる因果関係は大まかに分けて4つある。

> 1　XがYの原因になっている場合
> 2　YがXの原因になっている場合
> 3　XとYがともに他の事柄Cの結果である場合
> 4　XとYが単なる共起（偶然起こる）の関係にある場合

相関関係にある2つの事柄の因果関係を考える場合，その相関関係が何によってもたらされるのかに注意せねばならない。

●図5　相関関係の中の因果関係

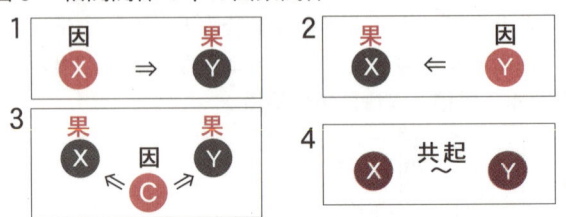

1　因　　果
　　X ⇒ Y

2　果　　因
　　X ⇐ Y

3　果　　果
　　X ⇐ C ⇒ Y
　　　　因

4　　　共起
　　X 〜 Y

　3の場合は，たとえば「視力」と「学業成績」の間に負の相関がある場合を考えよう。このとき，もちろん視力が悪いせいで成績が良くなるとは考えられないし，逆に成績が良いことが視力に影響するわけでもない。これら2つの項目は「勉強時間」という共通の原因によって引き起こされた結果だ。勉強時間が長くなれば，視力も悪くなる可能性が高まるし，成績も上がるだろう。

　4の場合は，「たまたま」傾向が一致して2つの事柄が一緒に起こる場合である。たとえば，日本国内で「子供用の玩具の売上」を調べたところ「気温」と強い負の相関が発見された場合を考えてみよう。これも玩具を買ったために気温が下がるとは考えられないし，気温が下がることが玩具の売れ行きを左右するとも考えられない。共通の原因も考えにくい。しかし，「クリスマスプレゼント」と「正月のお年玉」に気がつけば，たまたま気温の低い冬に設定された行事があるので，玩具の売上が伸びたのだと考えられるだろう。

　このように，相関関係があるからといって2つの事柄の間に直接的に因果関係があるとは一般的に言えない。1〜4の場合で，当の2つの事柄X・Yは同じように相関関係を示す。つまり因果関係を特定するためには，2つの事柄の間に対応・傾向があることだけでは不十分なのである。

| A, Bに相関関係がある | 因果関係がある，とは言えない |
| A, Bに因果関係がある | 相関関係がある |

Point　相関関係があっても，因果関係があるとは言えない

因果関係の特定

では，因果関係を特定するためには，どうすればよいのか。一つは既知の因果関係を利用して相関する2つの事柄を吟味する方法だ。たとえばある町の胃がん患者数と大学進学者数を年ごとに数えたら，次のような関係になったとしよう。

●図6　胃がん患者数と大学進学者数の関係

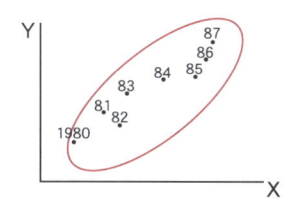

ここから，「胃がんになった人は大学生になりやすい」や「大学生になると胃がんになりやすくなる」といった因果関係を読み取るのはおかしい。それよりも，町の人口が増えたという情報を知っていたら，「人口が増えれば胃がんが増える」「人口が増えれば大学進学者も増える」という既知の因果関係を利用して，人口増加を原因と特定できる。

だが，そうした因果関係が明らかでない場合，この方法は通用しない。しかも，因果関係を調べたいのは，そうした既知の因果法則が存在するかどうか不明な場合が多い。

片方を操作してみる

このような場合，既知の因果法則に頼らずに因果関係を特定するためには，実際に2つの事柄X・Yの片方を「操作」してみて他方の変化を見ることが必要になってくる。2つの事柄X・Yの相関を「観察」するだけではなく，「実験」をしなくてはならないのだ。

もし，XとYの因果関係を調べるのなら，Xがある場合とそうでない場合という条件のみを変えて，Yが変化するかどうかを見ればよい。たとえば，「ある睡眠薬Aは用いる者の体重を減らす」という因果関係を考えてみよう。現実に睡眠薬Aを飲んでいる者と飲まない者とを選んだところ，次のような相関関

係が見られたとする。

● 図7　睡眠薬と体重の関係

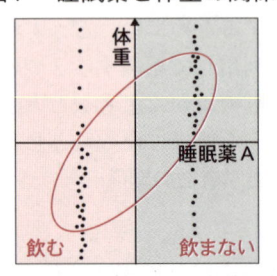

図7から、確かに睡眠薬を飲む人の体重は少なく、飲まない人の体重が多いという傾向が見られる。だが、これだけでは「睡眠薬Aが用いる者の体重を減らす」とは言えない。前述の4つの因果関係を考えてみればわかるだろう。もしかしたら、体重の少ない者が好んでその薬を飲む理由（たとえば睡眠薬Aを飲むと食欲が出る）があるかもしれない。また、ストレスという共通の原因によって、睡眠薬Aを飲むということと体重の減少が引き起こされたのかもしれない。あるいは、たまたま睡眠薬Aは高齢者によく処方される薬品で、それが体重が比較的少ない者に使われた理由かもしれない。つまり、現実に相関関係の状況が見られても、因果関係を特定することはできない。

環境の操作

そこで、実際に睡眠薬Aに体重を減らすという効果があるかどうかを明らかにするには、睡眠薬Aを飲むか飲まないかだけが異なっている2つの集団を人為的に作る必要が出てくる。つまり、2つの集団を用意し、一方には睡眠薬Aを飲ませ、他方には睡眠薬Aを飲ませないようにし、それ以外の条件ではまったく同じ条件にする。そのうえで一方の集団と他方の集団との体重の減少の違いを見るわけだ。これで、睡眠薬Aの服用者のほうが体重の減り方が大きければ「ある睡眠薬Aが用いる者の体重を減らす」と言える。逆に違いが見られない場合にはその因果関係は成り立たないとわかるのだ。

> **Point** 因果関係を特定するためには、ある条件の差だけをつけた2つの場合を用意して、人為的に環境を「操作」する

例題1

▼次のAとBの会話を読み，下の問いに答えよ。

A：サブリミナル効果ってあるじゃない。あれって，映画の1コマにメッセージを入れておくと，観客は気づかないうちに，影響を受けるんだって。けっこう怖い話だよねえ。

B：それが本当だったらね。

A：え？　本当なんだよ。心理学の本に書いてあったもの。昔，アメリカのある映画館で，映画の1コマに「ポップコーンを食べろ」とか「コーラを飲め」というメッセージを入れておいたら，その日の売り上げが大幅に増えたんだって。

B：よく知ってるねぇ。でも，僕も本で知ったんだけど，その実験の結果はずいぶん怪しいらしいよ。実験をやったという本人が，実験の信頼性については言葉を濁しているし，実験結果そのものが捏造されたんじゃないかって疑う研究者もいるらしい。

A：でもね。効果があるって言っている人，たくさんいるんだよ。それに，ある映画の1コマに，観客にはわからないようにデスマスクのような怖い絵が入れてあったという話は本当だよ。あの映画を見て失神したりする人がけっこういたっていうじゃない。やっぱり，サブリミナル効果はあるんだよ。

B：　ア

問　空欄アに入るBの発言として，因果関係に言及しながらAの発言に対して最も適切に反論しているといえるものを，次の①～⑤のうちから1つ選べ。

① でも，サブリミナル効果を使うことによって映画の観客を増やすのが倫理的に問題があることは以前から指摘されているよね。
② でも，効果があるって言っている人が多いからといって，効果があったことが証明されるわけじゃないよね。
③ でも，サブリミナル効果の専門家の書いた本の中にもそんな報告は出ていないよ。やっぱり，その話も怪しいよ。

④ でも，本当に怖い映画だよ。サブリミナル効果なんてなくたって，映画そのものの効果で失神する人が多く出ても不思議じゃないよ。
⑤ でも，人気のある映画だからね。観客が多いんだ。たまたま失神しやすい観客が多かっただけだよ。

（16年度センター追試験　第1問）

解答までの近道MAP

会話内容を主張・批判と根拠に分けて整理する　→　Aの根拠の中で，まだBが批判していないものを探す　→　因果関係に触れていることを確認する

Method　因果関係の特定を吟味する

発言内容の整理

AとBの会話内容を，Chapter6で学んだように主張および批判とそれらの根拠に分けて，整理する。

Aの主張	サブリミナル効果は存在する。
Aの根拠	ある心理学の本によれば，ある映画で1コマに商品の宣伝を載せたら，その日の商品の売上が伸びた。　　　　　　　　　　　　根拠1 効果があると言う人がたくさんいる。　根拠2 ある映画にはサブリミナル効果を生むと思われるカットがあって，実際にその効果と見なせる結果があった。　　　　　　　　　　　　根拠3

Bの批判	その実験には信頼性がない。
Bの根拠	実験者が実験の信頼性について言葉を濁している。 実験結果が捏造されたと疑う研究者がいる。

ここまで整理してから，サブリミナル効果は存在すると主張するAとそれを疑問視するB双方の発言を吟味する。

Bは**根拠1**について批判をしている。残る根拠は**根拠2**と3だ。このいずれかに対して，Bが「因果関係に言及しながら」うまく批判できているものを選択肢から選べばよい。問いに「因果関係に言及しながら」とあるのだから，因果関係の特定に関して，Aの発言の根拠を批判しているものを選ばなければならない。

選択肢の吟味

✕① でも，サブリミナル効果を使うことによって映画の観客数を増やすのが**倫理的に問題がある**ことは以前から指摘されているよね。
  ➡倫理的問題があるかどうかは価値の問題であり，論点がずれている。因果関係にも言及していない。

✕② でも，効果があるって言っている**人が多いから**といって，効果があったことが**証明されるわけじゃない**よね。
  ➡Aの**根拠2**に対する批判になっている。しかし，「因果関係に言及しながら」を満たしていない。この選択肢が批判しているのは，効果があるかないかを判断できるかどうかというデータの信頼性であって，「サブリミナル効果が観客に影響する」因果関係を批判していない。

✕③ でも，サブリミナル効果の**専門家**の書いた本の中にもそんな報告は出ていないよ。やっぱり，その話も怪しいよ。
  ➡特定の専門家が報告・紹介していないと言うのはデータの信頼性についての指摘であり，因果関係ではない。

○④ でも，本当に怖い映画だよ。サブリミナル効果なんてなくたって，**映画そのものの効果**で失神する人が多く出ても不思議じゃないよ。
  ➡サブリミナル効果が影響を持つかどうかの因果関係の特定には，同じ内容の映画でサブリミナル効果を使うカッ

トがあるヴァージョンとないヴァージョンを同じような環境で同じような観客に見せて，失神者数を比べる必要がある。そうでないと，カットがある映画とない映画で失神者数に相関関係が見られても，因果関係があるとは言えない。この選択肢は失神者数を上げる原因として他の要素（映画自体の怖さ）を挙げて，因果関係が十分特定されていないと指摘して批判している。失神者数とサブリミナルカットとの相関は因果関係ではなく，そのカットが使われたのがたまたま怖い映画だったので失神者が多かった，つまり**単なる共起だと主張**しているのだ。

×⑤　でも，人気のある映画だからね。観客が多いんだ。**たまたま失神しやすい観客が多かっただけだよ。**

　➡失神者数とサブリミナルカットとの因果関係は否定している。しかし「たまたま失神しやすい観客が多かった」という指摘は事実かどうかは確認できない仮説を出していることになるので，Aの主張に対する批判にならない。

よって，正解は④。

Section ❷ サンプリング・第3の変数

母集団とサンプル

　ある集団を観察して，その性質を発見しようとする場合，理想的には，その集団に含まれるすべてのものについてデータを集めてグラフなどを書けばよい。だが，一般的にはそれは不可能に近い。だから，観察する集団の一部を選んで，そのデータを取ることになる。その一部のデータをもとに，全体の性質（たとえば相関関係）を見いださなくてはならない。この全体を**母集団**，実際に性質を吟味するその一部を**サンプル**と言う。

　この場合，まず，サンプルの数が問題になる。一般にサンプルの数が多ければ多いほど母集団の性質について正確な情報が得られる。したがって，調査はサンプルの数によって制限を受けることになる。

だが，サンプルは数だけでなく，選び方も重要だ。**選び方に偏りがあると，母集団が本当に持っている性質とは違う性質がサンプルに現れてしまう**。たとえば，料理の値段と味の相関関係を調べる場合では，実際に食べて「味」に点数をつけるのだが，すべての店の料理を調べることはできないし，すべての人間に料理を食べてもらうわけにもいかない。すると，どんな店の料理をどんな人間に食べてもらうかによって，違う相関関係が現れる可能性がある。全体では「高い料理ほど味も良い」が成り立っても，特定の料理店の料理や特定の好みを持つ人間を選んだらそうならないかもしれないのだ。うまく全体の傾向を反映するようなサンプルに取らないと，全体の性質を発見することができない。逆に言えば，特定のサンプルとその性質や傾向が与えられた場合，それがサンプルの偏りによってもたらされたものではないか，を注意する必要がある。

Point サンプルに偏りがないか，注意する

第3の変数

　Section ❶ で学んだように，因果関係を特定するには実験しなくてはならない。だが，ある条件だけが異なるまったく同じ集団を作るということは，現実には不可能に近い。「睡眠薬A」の場合で言えば，実際に体重・食べ物の好み・薬の効きやすさ…といったさまざまな条件が等しい人を選んで2つの集団を作ることは困難である。また，2つの事柄の因果関係を調べようとしても，そもそも実験ができない場合も多い。「戦争」「人口」「結婚」といった社会現象や量は人為的に「操作」して作り出すことはできない。

　そこで実際には，不十分な実験や観察のみによって，因果関係を見いだしていかなくてはならない。したがって，**実験・観察である結果が得られたとしても，そのまま信頼はできない。**

　なぜなら，実験でうまく同じ条件を持った2つの集団を作れない場合には，その違いが「隠れた原因」になってしまうかもしれないからだ。たとえば，「睡眠薬A」の実験で2つの集団に体重差があったとしよう。普通，体重が大きいほうが体重の

変化は大きいだろうから，2つの集団で体重の減少に違いがあったとしても，それはもともとの体重差のせいかもしれない。これでは因果関係を特定できない。それなら，同じ人間で「睡眠薬A」を飲む時期と飲まない時期を作って「2つの集団」としようとすると，今度は「睡眠薬A」を飲む時期による違いが調査結果に影響を及ぼす可能性がある。

　これは，Section ❶で説明した「XとYがともにその他の原因の結果である」場合であり，注意しなくてはならない。この「隠れた原因」を，相関関係がある2つの事柄に用いる変数X・Yに対して，**第3の変数**と言う。

Point 第3の変数が相関関係の原因になっていないか吟味する

　第3の変数も実質的には集団の「偏り」である。それなら，観察・実験のサンプルでどのようにしたら，第3の変数の「偏り」をなくすことができるだろうか。

　一つには，「偏り」と考えられるものを一つ一つなくす方法がある。たとえば，「睡眠薬A」の実験で2つの集団を選ぶ際に，男女・体重・食べ物の好み‥‥など，偏りと考えられる条件ごとにチェックして排除する。特定の「偏り」，たとえば体重差による観察・実験の障害をなくそうとするなら，これで十分だ。この条件ごとの吟味には慣れておく必要がある。

Point 特定の偏りをなくすには，条件ごとにチェックする

無作為に抽出して偏りをなくす

　だが実際には，これだけでは不十分な場合が多い。なぜなら「偏り」うる条件は無数にあるからだ。だから，その条件を一つ一つつぶしていってもきりがない。どこかにまた「隠れた原因」となりうる「偏り」が見つかるかもしれない。

　そこで，一般的には，**できる限り「無作為に抽出する」ことで偏りを防ぎ**，偏りが「隠れた原因」として作用しないようにする方法が取られる。詳しくはSection ❸で学ぶが，無作為にサンプルを選んだり実験対象の集団分けに無作為の選別を用いたりすることで，「偏り」をほぼ無効化できるのだ。

例題 2

▼次の文章を読み，下の問い（**問1**・**問2**）に答えよ。

　阿部さん（35歳，男性）は最近体重が増えてきた。阿部さんはこの原因が最近好んでよく食べている食品Aのせいではないかと疑っている。そこで阿部さんの会社（B社）の同僚で，いつもよく食品Aを好んで食べている同年輩の男性5人に体重を尋ねてみたら，それぞれ

　　54, 59, 57, 66, 69（単位はkg）

とのことで，平均値は61kgであった。比較のため，あまり食品Aを食べない同僚で同年輩の男性5人に尋ねたら，それぞれ

　　50, 67, 54, 57, 52（単位はkg）

であり，平均値は56kgであった。この調査結果を基にして，阿部さんは社内誌に「食品Aをよく食べると体重が増える。」という仮説を主張する記事を書いた。

　これを読んだ同僚の渡辺さんは，この話に疑問を持ち自分でも調べてみることにした。日曜日の町内会の一斉掃除で一緒になった隣近所の男性5人に体重を尋ねたら，それぞれ

　　70, 59, 63, 50, 68（単位はkg）

であり，平均値は62kgであった。また土曜日ごとに行く町内会の囲碁クラブで男性5人に尋ねたら，それぞれ

　　58, 63, 65, 50, 49（単位はkg）

であり，平均は57kgであった。この調査結果を基にして，渡辺さんは次号の社内誌に「この世の中で大人の男性5人に体重を尋ね，平均値をとれば，5人の選び方によって平均値に5kgぐらいの差は出るのであるから，阿部さんの調査による平均値の61kgと56kgの差5kgは食品の違いによるとは言えない。」という反論を書いた。

問1　阿部さんと渡辺さんのそれぞれの調査方法に関する評価として**適当でないもの**を，次の①～⑤のうちから1つ選べ。

　①　阿部さんが，自分の同僚で同じ年齢層という同じ条件の人から食品Aを食べる人，食べない人を抽出して比較したことは適切で

ある。
② 阿部さんの調査が同年輩の男性5人に対して行われたことを考えるならば、阿部さんの仮説は、「成人男性において」と補った方がより適切である。
③ 阿部さんが、複数の人の体重の平均同士を比較することで、個人差による体重のばらつきの影響を排除しようとしていることは適切である。
④ 渡辺さんが、阿部さんの調査に対する反証を意図しているにもかかわらず、阿部さんの同僚を調査対象としなかったことは不適切である。
⑤ 渡辺さんが、阿部さんと同じ人数から成るグループに対する体重の平均値の違いを調査していることは適切である。

問2 渡辺さんの反論に対する阿部さんの批判として最も適当なものを、次の①〜⑤のうちから1つ選べ。

① 渡辺さんの町内会の一斉掃除には30〜40代の男性が、他方、囲碁クラブには50〜60代の男性が多いことが分かった。それゆえ渡辺さんの調査には偏りがある。
② 「B社の従業員の場合」という限定を付ければ、食品Aが体重を増加させるという仮説は維持できる。
③ 渡辺さんの調査はたかだか5人ずつを調べたにすぎないものであるから、「平均値の差5kgには意味がない。」と主張するには根拠不十分である。
④ 渡辺さんが調査した10人に尋ねてみると、全員が食品Aを食べたことがない人たちだった。それゆえ渡辺さんの調査には偏りがある。
⑤ 渡辺さんの調査は最初から阿部さんの仮説に反対する目的で計画されたものであるから、不当である。

(15年度センター追試験　第8問)

解答までの近道MAP

発言内容を整理する → サンプルの偏り・実験の信頼性を比較する → 選択肢の内容の対応を見る

| Method | サンプルの偏りと有効な批判 |

食品Aを食べることと体重増加の相関関係の調査と、それに対する反論の評価の問題。調査方法に対してどういう点が批判になりうるのかを吟味する。

| 問1 | サンプルの偏りを見つける |

まず条件の整理をしよう。調査の対象とその結果、そこから導き出した結論の3つに分けて整理する。

	対象	結果	結論
阿部さん	自分の職場の同年輩の男性5人ずつ	食品Aを好んで食べる者とそうでない者との体重に、平均値で5kgの差が出た	食品Aを食べると太る
渡辺さん	町内会の男性5人ずつ	一斉掃除に来た者と囲碁クラブの者の体重に、平均値で5kgの差が出た	大人の男性の体重の平均値には5kgの差ぐらい出る。食品Aによる体重差とは言えない

渡辺さんの反論の主旨は「5人ぐらいしか調べていないなら、5kgぐらいの差は出て当然である」ということだ。これは阿部さんのサンプル数の少なさを攻撃している。

もちろん、食品Aと体重増加との因果関係は、この調査では明らかにならないが、それはこの問題の論点となっていないの

で，注意しよう。ほかにもこの調査にはいろいろずさんなところがあるように見えるので，調査自体を検討するときりがない。具体的な選択肢の内容を検討したほうが早い。

選択肢の吟味

×① 阿部さんが，自分の同僚で同じ年齢層という**同じ条件の人**から食品Aを食べる人，食べない人を抽出して比較したことは適切である。
　➡食品Aを食べるか食べないかの差だけしかないような人を選ぶのは，他の条件が同じで，考察したい条件のみが異なるサンプルを選ぶことになるから，他の条件による偏りの影響が排除される。したがって，適切である。

×② 阿部さんの調査が**同年輩の男性**5人に対して行われたことを考えるならば，阿部さんの仮説は，「成人男性において」と**補った方が**より適切である。
　➡「成人男性において」という他と体質が異なると思われる（未成年や女性との差があるかもしれない）カテゴリーに限って調査が行われているので，「成人男性において」とサンプルの母集団を言及するのは適切である。母集団を限定することで，結果としてサンプルの偏りを排除している。

×③ 阿部さんが，複数の人の体重の**平均同士を比較**することで，個人差による体重のばらつきの影響を排除しようとしていることは適切である。
　➡個人差によるばらつきを抑えるため体重の算術平均を用いるというのは，集団どうしの比較では適切だろう。5人のそれぞれを，個別に比べて大小関係を出してしまうと，個人差の影響が大きくなり，集団どうしで比較する意味がなくなるからだ。

○④ 渡辺さんが，阿部さんの調査に対する反証を意図しているにもかかわらず，**阿部さんの同僚を調査対象としなかったこ**

とは不適切である。

> ➡ 渡辺さんは阿部さんの職場にかかわる主張をしているわけではないので，不適切とは言えない。渡辺さんは成人男性の体重のばらつき方を示せばよいのだから，偏りのあるサンプルの選び方をしなければ，阿部さんの職場に限る必要はない。また，常識的に考えて食品Aの影響が特定の職場に勤めているか否かによって変わるというのも考えにくい。したがって，職場を特定する必要はない。

✕⑤　渡辺さんが，阿部さんと同じ人数から成るグループに対する体重の平均値の違いを調査していることは適切である。

> ➡「無作為に選んでも5人の平均では5kgぐらいの差は出てもおかしくない」というのが渡辺さんの主張であるから，同じもしくはそれ以上の人数である必要がある。

よって，正解は④。

問2　調査の信頼性

渡辺さんの調査の信頼性を下げる選択肢を選べばよい。

選択肢の吟味

〇①　渡辺さんの町内会の一斉掃除には30〜40代の男性が，他方，囲碁クラブには50〜60代の男性が多いことが分かった。それゆえ渡辺さんの調査には偏りがある。

> ➡問1の⑤の検討で述べたとおり，渡辺さんの調査は偏りのないサンプリングに基づいていなければならない。この選択肢の内容が事実だとすると，世代間の体重差は当然あるだろうから，渡辺さんのサンプリングに偏りがあるということになる。だから，これは渡辺さんの主張を崩す批判となる。

✕②　「B社の従業員の場合」という限定を付ければ，食品Aが体重を増加させるという仮説は維持できる。

> ➡これは渡辺さんの反論に対する阿部さんの批判になって

いない。渡辺さんの主張は一般的な成人男性についての主張なので、「B社の従業員についても（食品Aに関係なく）5kgぐらいの差は出るだろう」ということを含んでいる。つまり渡辺さんの主張はB社の従業員についても成り立つ。したがってこのような限定をつけても有効な批判とはなりえない。

×③　渡辺さんの調査はたかだか5人ずつを調べたにすぎないのであるから、「平均値の差5kgには意味がない。」と主張するには根拠不十分である。
　　➡この批判は逆効果である。たかだか5人しか調べていないのに阿部さんの調査と同じ結果が出たからこそ、その結果は阿部さんの調査が不十分であることを示す。「5人を選べば…5kgぐらいの差は出る」は、阿部さんの調査の「5人」という少なさをも攻撃しているのだから、渡辺さんのサンプルは5人でよいのである。

×④　渡辺さんが調査した10人に尋ねてみると、全員が食品Aを食べたことがない人たちだった。それゆえ渡辺さんの調査には偏りがある。
　　➡この事実で明らかになることは、食品Aの影響がなくても5kgの差が出てしまうということである。したがってこれでは渡辺さんの主張を批判できない。

×⑤　渡辺さんの調査は最初から阿部さんの仮説に反対する目的で計画されたものであるから、不当である。
　　➡これは論外。議論の背後にどんな意図があっても議論の中身とは関係がない。
　　よって、正解は①。

Section ❸ 統計的分析のロジック

データの「差」を見る

観察や実験を通して調査するには，特定のサンプルから母集団についての推測をしなくてはならない。たとえば，XとYに因果関係があるかどうかの実験を考えてみよう。Xがある集団とない集団を用意して，それぞれのYの違いを見る。この際，そのサンプルでは確かに違いがあったとしても，その違いが母集団にもあると言えるだろうか。

●図8　サンプルの差は母集団の差か？

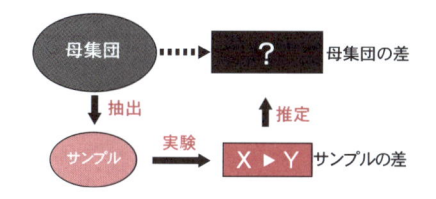

このことが問題になるのは，特定のサンプルを取り出す場合（無作為に選ばれているとしても）偶然による差がありうるからだ。母集団とサンプルは違う集団なのだから，差が出るのはむしろ当然である。必要なのは，その**データ間の差を「偶然」による差として無視するか，必然的な差として認めるかという基準**なのだ。その差を吟味することを**統計的検定**と言う。

> **Point** 統計的検定＝サンプルの差を母集団の差と認めるか

確率論的背理法

母集団から選ばれた複数のサンプル間に差があるとしよう。この差が必然的な差なのか，それとも単なる偶然の差なのかを区別するために，統計では，**確率論的背理法**という方法を用いて「検定」する。

背理法とは，証明したい命題の反対を仮定して，そこから矛盾を導くことで，最初の命題を証明する方法だ。たとえば，「彼が犯人だとしたら，事件現場にいたはずだ。しかし彼は事

件現場にいたことがない。だから犯人は彼ではない」といった「証明」は，彼が犯人でないことを示す背理法になっている。

母集団の差を「証明」する方法

この方法を応用して，偶然と必然の線引きをするのが確率論的背理法だ。まず母集団ではその差がないということを仮定する。つまり「証明」すべき「母集団にも当の条件によって差がある」という命題の否定を仮定するわけだ。

次に，上の仮定をしたうえで，今問題にしているサンプル間の差を評価する。これが上の仮定の下ではまれにしか起こらないくらい「大きな」差であったら（これが背理法の「矛盾」に相当する），母集団でも差があると結論する。

つまり，サンプルが無作為に選ばれているときに，サンプルの差が偶然に起こるにしてはまれなものだったとしたら，偶然である確率が低い。だから，その差は必然的に起こった差であると高い確率で言うことができる。逆に言えば，目の前の現象が偶然に起こったという仮定の下でも，起こる確率が低くないなら，その仮定を否定すべきではない。

Point 確率論的背理法＝サンプルの差は偶然に起こったと仮定
➡偶然ではまれにしか起こらない➡必然的に起こった差

このような，偶然だと考えるとまれにしか起こりえないような差のことを**統計的に有意な差**と言う。そして，この「まれ」の程度を「有意水準」と言う。普通，有意水準は5％（1/20）を用いる。よく統計に関する記述で「95％」という数字が登場するのはこのためだ。だが，これは経験的にうまくいくからで，5％でなくてはならないという理由が特別あるわけではない。適性試験では，具体的に統計的手法で計算できることよりも，その仕組みの理解を重視したほうがよい。

無作為抽出の利点

Section❷で，無作為抽出をするとサンプルの偏りが「隠れた原因」となるのを防ぐことができると述べたが，これは確率論的背理法によっている。無作為抽出によって偏り

そのものがなくなるわけではない。どんなに厳密に無作為抽出したとしても、サンプルに偏りは出るのだ。だが、これらの偏りは無作為な方法によって「たまたま」生み出された結果にすぎないのだから、サンプル数が十分にあれば「偶然」によるものだとして考えることができるのである。

無作為抽出は、偏りを人為的になくす方法ではなく、無数にありうる偏りを（その中には、サンプル抽出をする者が気づかないものもある）ほぼ無効化できる方法なのだ。**無作為抽出によって生まれた偏りは、偶然として処理できる**。だから、まったく気がついていなかった条件の違いによって偏りが起こっても、無視してかまわないのだ。逆に言えば、無作為抽出が行われていない場合、なんらかの偏りがある可能性がつきまとう。そうした偏りがないかどうか、注意する必要があるわけだ。

例題3

▼次の文章を読み、下の問いに答えよ。

　ある大学の研究室のチームが、ある薬物を生後10日の実験動物Ｐに与えた場合に、体重1g当たり1mgの投与が致死量を超えているか否かを検討することになった。ここでは、致死量とは一般にＰの50％が死亡すると予想される薬物の量のことを指すことにする。

問　次のア〜ウに、これに関する実験とそれについての**評価**が示してある。**評価**は、それぞれの実験についてであって、他の実験結果を考慮に入れたものではない。それらの**評価**が適当であるか適当でないかについての組合せとして正しいものを、下の①〜⑧のうちから1つ選べ。

　　ア　A君は100匹のＰを用いて実験した。B君は50匹のＰを用いて実験した。2人が実験を行った環境は、Ｐの数を除いて同一である。2人は、それぞれ自分が実験したＰ全体の中での死亡の割合

を求めて結論を出した。
　評価：A君の出した結論の方が，B君が出した結論より，信頼度が高い。

イ　C君は，200匹の実験計画を教授に申請したが，飼育箱の数が限られているため，50匹ずつ4回に分けて実験を行うことにした。最初の50匹のうち23匹が死亡し半数以下であるので，結論を出すには十分と判断して実験を打ち切った。
　評価：あと3回の実験は行っていないが，結論を出すにはこれで十分である。

ウ　D君は，100匹の実験計画を立てたが，小さなPだけを100匹選んで実験を行い，その結果65匹が死亡したので，致死量を超えているとの結論を出した。
　評価：この実験結果が，一般的に100匹のPを選んでの実験と同じような信頼度をもつかどうかは，判断できない。

① すべての評価は不適当である。
② アの評価は適当であり，イとウの評価は適当でない。
③ イの評価は適当であり，アとウの評価は適当でない。
④ ウの評価は適当であり，アとイの評価は適当でない。
⑤ アとイの評価は適当であり，ウの評価は適当でない。
⑥ アとウの評価は適当であり，イの評価は適当でない。
⑦ イとウの評価は適当であり，アの評価は適当でない。
⑧ すべての評価は適当である。

(15年度センター追試験　第5問)

◆ 解答までの近道MAP

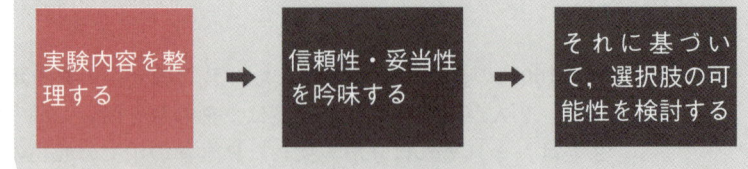

実験内容を整理する → 信頼性・妥当性を吟味する → それに基づいて，選択肢の可能性を検討する

Method　確率論的背理法を応用する

まず定義と実験内容を確かめよう。

> 致死量　Pの50％が死亡すると予想される量
> 実験内容　投薬量（1 mg/g）が致死量を超えているかどうかを，一定の数のPに投薬して死亡数と生存数を確かめる。

これを踏まえて具体的に検討していこう。

アの場合　サンプル数の違い

A君とB君の実験の違いはサンプル数のみの違いで，サンプル数以外の条件は同じである。サンプル数が増えれば増えるほど信頼度が高いのは当然である。よって**ア**は適当な評価と言える。

イの場合　手続きの妥当性

C君が当初予定していた200匹でなく，最初の50匹を実験したところで，「これで十分」と判断したことをどう評価するかが問題である。確かに，**ア**のB君の実験の場合も50匹のサンプル数だったので，C君の結論にもそれなりの信頼度はあるが，それを「十分」と評価できる基準はどこにあるのだろうか。

確率論的背理法を使って確かめる

この場合は数が提示されているので，それをもとに確率論的背理法を応用して考えよう。すると，C君は致死量に満たないと結論づけているが，仮に投薬量がちょうど致死量あったと仮定しても，このような結果になる可能性がかなり高ければ，「致死量に満たない」と結論を出すには不十分だと判断することができる。実際，C君はさらに実験が可能な状況にいたので，この時点で結論を下したとしたら，C君にその意図がなくとも，都合のよい結果が出た時点で実験を止めたのと同じになってしまう。

今，投薬量がちょうど致死量だったとしよう。その場合，1匹1匹に対する投薬が互いに影響を与えないとすると，50匹中25匹が死ぬ確率は50匹中23匹が死ぬ確率と比べて，1.17倍しかない。

$$_{50}C_{25} \cdot \left(\frac{1}{2}\right)^{50} \div {_{50}C_{23}} \cdot \left(\frac{1}{2}\right)^{50} = \frac{50!}{25! \cdot 25!} \div \frac{50!}{23! \cdot 27!}$$

$$= \frac{26 \cdot 27}{24 \cdot 25} = 1.17$$

もちろん試験場でこのような計算をする必要はない。たとえば，コインを50回投げて表裏の出た回数を記録するといった場合を思い浮かべればよい。表の出た回数が半分より1，2回多少ずれるのは十分にありうることだろう。

つまり，致死量ちょうどの投薬量であったとしても，50匹中ちょうど25匹が死ぬという場合だけでなく，1匹か2匹少なくなるという程度の揺れはかなりの確率で出現することになる。したがって，C君は同様の実験をあと3回できることを考えれば，この時点で結論を出すのは，十分とは言えない。よって**イ**の評価は適当でない。

ウの場合　偏ったサンプル

典型的な偏ったサンプルによる実験である。**小さなPだけを集めたのでは，サンプルが偏ってしまう。**もしかしたら，身体の大きさで致死量が変わるかもしれない。したがって，Pに対する一般的な致死量を調べたことにはならない。よって**ウ**は一般的にPについても当てはまるかどうか，それと同程度の信頼度があるかないかはわからない。したがって，**ウ**の評価は適当である。

すなわち，**ア・ウ**は適当であるが，**イ**は不適当である。
よって，正解は⑥。

7 調査・実験のロジック　　問題Basic

▼次の文章を読んで下の問いに答えよ。

　ある学習塾の塾長Ｐが数学の新しい指導法を考案した。彼はこの指導法が従来の旧指導法よりも成績を上昇させる効果が高いことを証明しようと，次のような実験計画を立てた。

実験計画：
1　同じ学年で２つのクラスＡ・Ｂ（各クラス30人）を選ぶ。
2　クラスＡ・Ｂに数学の試験１を実施する。
3　試験実施後，１か月間，クラスＡには旧指導法，クラスＢには新指導法での，同一の講師Ｑによる授業を行う。
4　試験１と同程度の難易度である試験２をクラスＡ・Ｂに実施する。
5　クラスＡ・Ｂの試験１・２の成績の平均点を比較する。

　実験に当たり，塾長Ｐは，実験の対象となる２つのクラスと，新旧指導法で授業を行う講師Ｑを選んだ。ただし，２つのクラスＡ・Ｂの生徒と講師Ｑには，実験の目的・意図・方法を伝えなかった。
　実験を行った結果，クラスＡとクラスＢの試験結果の平均点は次のようになった。

	試験１	試験２
クラスＡ	33.3	40.0
クラスＢ	63.1	90.9

　この結果を受け，塾長Ｐは「新指導法は旧指導法よりも数学の成績を上げるのに有効である」と結論した。

問　この実験および結論に関する記述として適当なものを，下の①～⑥のうちから２つ選べ。ただし，解答の順序は問わない。

　① もしクラスＡ・Ｂの生徒と講師Ｑに実験目的を説明したうえ

で，同じ結果が得られたとしたら，より結論の信憑性は上がる。
② クラスBの生徒が全員，実験とは別に，クラスAとは異なる授業を受けていたとしたら，結論の信憑性は下がる。
③ この実験の結論を得るためには，必ずしも授業の前に試験1を実施する必要はない。
④ 新指導法は旧指導法よりも，学習内容そのもの以外に生徒に意欲を上昇させるような工夫がされていたので，この結論は妥当ではない。
⑤ クラスA・B両方の生徒のうち，試験2での点数の伸びが最も大きかったのはクラスAの生徒だった。したがってこの結論を推測することはできない。
⑥ 実験後，試験1・2がともに非常に難しかったという感想がクラスAの生徒だけから多く出た場合，結論の信憑性は下がる。

解答・解説

| Method | 隠れた原因を探す |

　この実験では，2つの異なる集団を用いて，指導法の効果の差を証明しようとしている。その意味では，確実な因果関係の推定はできない。しかしながら，この結論にはある程度の信憑性があると言える。なぜなら，「同学年」のクラスや「同じ」講師を用いるなど，2つの集団の間で，ある程度条件をそろえているからである。

　つまり，まったく条件の異なる集団を比較する場合に比べて，成績に影響を与える「隠れた原因」になりそうな要素を排除しているわけだ。その意味では，まったく条件の異なる集団を比較する場合より，本実験の結論は，いくらかなりとも信憑性がある。

　したがって，選択肢の論点が「隠れた原因」になっているかどうかで，この実験の信憑性がどの程度あるかを吟味することになる。

選択肢の吟味

✗ ① もしクラスA・Bの生徒と講師Qに実験目的を説明したうえで，同じ結果が得られたとしたら，より結論の信憑性は上がる。

➡生徒や指導する講師に実験目的を説明すると，「新指導法が，旧指導法よりも成績上昇効果がある」ということを証明するための実験であることがわかってしまう。すると，新旧の指導法の違い以外に，生徒が講師の意図をくんで頑張るとか，逆にさぼってしまうなどということになって，成績の伸びに影響する可能性が出てくる。よって結論の信憑性は下がる。

○ ② クラスBの生徒が全員，実験とは別に，クラスAとは異なる授業を受けていたとしたら，結論の信憑性は下がる。

➡もしクラスBの生徒がクラスAの生徒が受けていない授業を取っていたなら，それが成績の伸びの違いに影響するかもしれない。つまり，クラスBの生徒だけが受けていた授業が「隠れた原因」になる可能性がある。よって結論の信憑性は下がることになる。

　この選択肢は，たまたま成績の伸びが良いクラスが余分に授業を受けていた場合だが，逆に成績の伸びが悪いクラスが余分に授業を受けていても，それが「隠れた原因」になる可能性があるので注意しておこう。条件の違いはいかなる違いであっても，「隠れた原因」として働く可能性があるのだ。

✗ ③ この実験の結論を得るためには，必ずしも授業の前に試験1を実施する必要はない。

➡本実験は，成績の上昇効果を測るための実験である。「上昇」したかどうか測るためには，その指導法を実行する前と後の状態が明らかにならなければならない。よって，少なくとも2回の試験を実施する必要がある。したがって，明らかにこの選択肢は誤り。

×④　新指導法は旧指導法よりも，学習内容そのもの以外に生徒に意欲を上昇させるような工夫がされていたので，この結論は妥当ではない。

➡成績の伸びが，新指導法と旧指導法の違いによって引き起こされたのであれば，「学習内容そのもの以外に意欲を上昇させる工夫」があっても問題はない。この実験は「成績上昇の効果があるかどうか」という結果についての実験であって，それを引き起こすのが「学習内容そのものかどうか」といった過程についての実験ではないからだ。新指導法と旧指導法の差によって結果に差が出るのならば，それは何であれ，実験のねらいどおりの差なのである。

×⑤　クラスA・B両方の生徒のうち，試験2での点数の伸びが最も大きかったのはクラスAの生徒だった。したがってこの結論を推測することはできない。

➡30人ずつも比べれば，1人や2人そのような生徒が出てきてもおかしくないだろう。確かにそのような生徒がいないほうが結論の信憑性は強まるが，それがごく少数にとどまるなら，もしいたとしても「偶然」として処理することができる。したがって，少なくともこの結論を推測できないということにはならないはずである。

○⑥　実験後，試験1・2がともに非常に難しかったという感想がクラスAの生徒だけから多く出た場合，結論の信憑性は下がる。

➡クラスA・Bの生徒が平均すると異なる学力である（クラスAの生徒のほうが学力が低い）ことは試験1でわかっているのだから，一見すると問題ないようだが，そうではない。もし，クラスAの生徒にとってだけ難しすぎる試験だったら，クラスAの生徒の学力の上昇が試験にうまく反映されないかもしれないからだ。極端に難しい試験では，たとえ学力の低い生徒が多少学力が向上したとしても，その伸びが点数にそのまま現れないという可

能性は大きい。これを試験の「感度」と言う。実際に旧指導法のほうが「成績上昇効果」が高くても，試験の難易度によって，伸びの違いがゆがめられて表されるおそれがある。したがって，この実験の結論の信憑性は，いくらか下がることになるだろう。

よって，正解は②，⑥。

1 調査・実験のロジック　　問題Advanced

▼次の文章を読み，下の問い（**問1**・**問2**）に答えよ。

　2つの事項の関連を調べるとき，それらのデータの散布図（相関図）を描いて考えることが多い。

　例えば，1980年代前半の日本における出生児数と完全失業者数をグラフに描くと，非常に強い関係（相関関係）があるようにみえる。なぜなら，1980年代前半の日本における出生児数は年を経るにつれて一貫して減少傾向にあり，完全失業者数は年を経るにつれて大まかには増大傾向にあったからである。しかし，出生児数と完全失業者数の間の因果関係を見いだすのは，難しい。というのも，この2つの事項の関係の背後には，この年代の日本の経済環境や生活様式の変化等，2つの事項の各々に影響を及ぼす第3の事項（以下「第3の事項」という。）が存在しているからである。

　このように，見かけ上の相関関係のある2つの事項のデータの間に因果関係があるかどうかを調べる場合，散布図での関係の強さに影響を及ぼす第3の事項の有無を慎重に検討しなければならない。とりわけ，それぞれの事項が，年を経るにつれて一貫して増大していたり，減少していたりするデータの場合には細心の注意を払うべきである。すなわち，グラフで見かけ上の相関があるかどうかを検討するのと同時に，社会科学的観点・自然科学的観点等の諸観点から意味のある因果関係を想定し得るかどうかという検討も行わなければ結論を導き出すことはできないのである。

　下の**図9**・**図10**は，架空のある国における国民1人当たりの輸出総額を縦軸にとり，人口10万人当たりの出生児数ないし病院ベッド数を横軸にとって点を打ったグラフである。また，**図11**・**図12**は，1996年におけるその国の6つの県（人口の多い順に県名を**A**，**B**，**C**，**D**，**E**，**F**とする。）の統計数値をグラフで示したものである。なお，縦軸と横軸の単位と目盛は省略してある。

問1　1991年から1996年について人口10万人当たりの出生児数を横軸にとり，人口10万人当たりの病院ベッド数を縦軸にとったグラフを描

いた場合，そのグラフはどのようなものになるか。次の①～⑤のうちから正しいものを1つ選べ。

① 右下がりの点列になる。
② 右上がりの点列になる。
③ ほぼ水平な点列になる。
④ ほぼ垂直な点列になる。
⑤ どのような点列になるかは予想できない。

問2　下の図9～12から判断されることとして最も適当なものを，次の①～⑤のうちから1つ選べ。

① 県民平均所得と県民10万人当たりの出生児数の間に，見かけ上の相関関係は見いだせない。
② 県民平均所得と県民千人当たりの失業者数の各々の事項の背後に，「県の人口」が第3の事項となっている可能性はない。
③ 県民10万人当たりの出生児数と県民千人当たりの失業者数の各々の事項の背後には，「県民平均所得」が第3の事項となっている可能性がある。
④ 県民10万人当たりの出生児数も県民千人当たりの失業者数も年を経るにつれて一貫して増大しているので，両者の間に特に因果関係は見いだせない。
⑤ 県民10万人当たりの出生児数と県民千人当たりの失業者数の各々の事項の背後には，「国民1人当たりの輸出総額」が第3の事項となっている可能性がある。

図9（1991～1996年）

（縦軸：国民一人当たりの輸出総額，横軸：人口10万人当たりの出生児数）
・1996
・1995
・1994
・1993
・1992
・1991

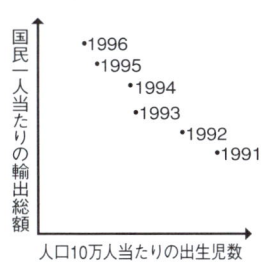

図10（1991～1996年）

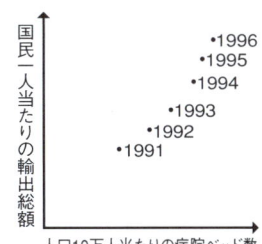

（縦軸：国民一人当たりの輸出総額，横軸：人口10万人当たりの病院ベッド数）
・1996
・1995
・1994
・1993
・1992
・1991

図11（県別：1996年）

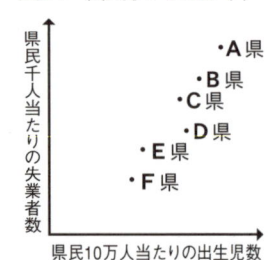

県民千人当たりの失業者数（縦軸） / 県民10万人当たりの出生児数（横軸）

・A県
・B県
・C県
・D県
・E県
・F県

図12（県別：1996年）

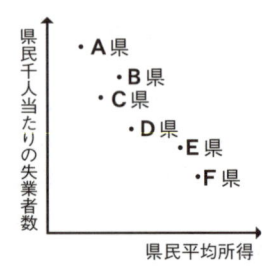

県民千人当たりの失業者数（縦軸） / 県民平均所得（横軸）

・A県
・B県
・C県
・D県
・E県
・F県

（15年度センター本試験　第13問）

解答・解説

| Method | グラフを読み取り，相関関係を調べる |

条件は複雑そうだが，グラフを読み取ればすぐ答えが出てしまう。ただ相関関係を調べる項目が多いのでミスしないこと。

条件の整理

> 条件1　相関関係がある2つの事項の各々に影響を及ぼす事項を「第3の事項」と呼ぶ
> 条件2　図11・図12に登場する6つの県は，人口の多い順にA・B・C・D・E・Fとする。

ここで「影響を及ぼす」とあるので，第3の事項は相関関係にある2項を引き起こす共通の原因である。**Section①**で学んだように，相関関係だけでは因果関係は特定できない。2つの項目が相関関係にある場合，それ以外に制限がなければ，可能性として4つの因果関係の場合があることを注意しておこう。

| 問1 | 相関関係を利用する |

図9・図10からそれぞれ「出生児数」と「病院ベッド数」を選んで，前者を横軸に後者を縦軸に取った新しいグラフを考える。実際に，グラフ上に大まかな「目盛り」を考えて点

(1996年・1995年・…) を一つ一つ新しいグラフに移しても正解にたどり着けるが，ここは相関関係に着目したほうが早い。

まず図9より「出生児数」と「輸出総額」のグラフ上で点は右下がりに分布している。よって「出生児数」と「輸出総額」の間には負の相関があり，「出生児数が多くなればほとんどの場合，輸出総額が少なくなる」と言える。

次に，図10より「病院ベッド数」と「輸出総額」のグラフ上の点は右上がりに分布している。したがって「病院ベッド数」と「輸出総額」の間には正の相関があり，「病院ベッド数が多くなればほとんどの場合，輸出総額も多くなる」と言える。

これらの相関関係から，「出生児数」と「病院ベッド数」との相関関係がわかれば，グラフの様子もわかる。図10の相関関係の表現を大小逆にして「輸出総額が少なくなればほとんどの場合，病院ベッド数も少なくなる」とする。この「輸出総額」を介せば「出生児数」と「病院ベッド数」との相関関係も見える。つまり，

出生児数が多くなる ➡ 輸出総額が少なくなる ➡ 病院ベッド数も少なくなる

したがって，出来上がるグラフ上の点は右下がりに分布する。よって，正解は①。

③・④の選択肢はそれぞれ，「出生児数が多い少ないにかかわらず，病院ベッド数は一定である」ということと「病院ベッド数が多い少ないにかかわらず，出生児数は一定である」ということを表している。

ただし，このように特定の事項を媒介にして相関関係がわかるのは，この場合のように，2項に強い正（または負）の相関関係があって，一方の「順位」が上がれば他方の「順位」もほぼすべて上がる（下がる）ようになっている場合に限る。一般的な相関関係ではこの方法は使えないので，注意しよう。

問2　因果関係の可能性を考える

特定の事項が，それ以外の相関関係にある2項に対して第3の事項になっている可能性があるかどうかを吟味する。

ある特定の事項が相関する2項それぞれと相関関係を持っていれば，第3の事項である可能性がある。相関関係があるだけでは因果関係があるとは言えないが，因果関係である可能性があるとは言えるからだ。たとえばAとBが相関関係にある場合，AとC，BとCにそれぞれ相関関係があれば，事項Cが第3の事項である可能性がある。

　本問には，因果関係を示唆する記述がない。したがって，なんらかの因果関係が特定されて他の因果関係の可能性が否定されるということはない。だから，相関関係があることだけを手がかりにして，因果関係の可能性を考えればよい。問1と同じ方法で，相関関係を吟味していこう。

選択肢の吟味

×① 県民平均所得と県民10万人当たりの出生児数の間に，見かけ上の相関関係は見いだせない。

➡図11より，「県民10万人当たりの出生児数」と「県民千人当たりの失業者数」とに正の相関がある。また図12より，「県民千人当たりの失業者数」と「県民平均所得」とに負の相関がある。両者を併せて考えると，「県民千人当たりの失業者数」を介して「県民平均所得」と「県民10万人当たりの出生児数」とに**負の相関がある**ことがわかる。したがってこの2つの事項には相関関係がある。

×② 県民平均所得と県民千人当たりの失業者数の各々の事項の背後に，「県の人口」が第3の事項となっている可能性はない。

➡図12のグラフ上の点と横軸より，「県の人口」が少ないほど「県民平均所得」が多いことがわかる（グラフ中のＡＢＣ…がそのまま人口の多い順になっている）。つまり「県の人口」と「県民平均所得」とには負の相関がある。また，図12のグラフ上の点と縦軸より，「県の人口」が多いほど「県民千人当たりの失業者数」が多いことがわかる（同上）。つまり，「県の人口」と「県民千人当たりの失業者数」とには正の相関がある。以上より，「県

民平均所得」と「県民千人当たりの失業者数」おのおのに対して「県の人口」は相関関係があるのだから，これが因果関係を持つ（「県の人口」が他の事項2つともに影響する）可能性がある。したがって「県の人口」は他の2つに対して第3の事項である可能性がある。

○③ 県民10万人当たりの出生児数と県民千人当たりの失業者数の各々の事項の背後には，「県民平均所得」が第3の事項となっている可能性がある。

➡図12より，「県民平均所得」と「県民千人当たりの失業者数」とに負の相関があることがわかる。また図11より，「県民千人当たりの失業者数」と「県民10万人当たりの出生児数」には正の相関があることがわかるので，「県民千人当たりの失業者数」を介して「県民平均所得」と「県民10万人当たりの出生児数」とに負の相関があることがわかる。

県民平均所得 ➡（負の相関）県民千人当たりの失業者数 ➡（正の相関）県民10万人当たりの出生児数

以上より，「県民10万人当たりの出生児数」と「県民千人当たりの失業者数」のそれぞれに対して「県民平均所得」は相関関係を持っているのだから，これが因果関係を持つ（「県民平均所得」が他の事項2つともに影響する）可能性はある。したがって「県民平均所得」は他の2つに対して第3の事項になっている可能性がある。

×④ 県民10万人当たりの出生児数も県民千人当たりの失業者数も年を経るにつれて一貫して増大しているので，両者の間に特に因果関係は見いだせない。

➡図11・12はどちらも1996年のデータで，年を経るにつれて増大しているかどうかわからない。また，仮に年ごとの規則的な変化が見られたとしても，相関関係はあるので，両者の因果関係が否定されるわけではない。

×⑤　県民10万人当たりの出生児数と県民千人当たりの失業者数の各々の事項の背後には，「国民1人当たりの輸出総額」が第3の事項となっている可能性がある。

➡「県民10万人当たりの出生児数」と「県民千人当たりの失業者数」が現れる**図11**・**図12**と，「国民1人当たりの輸出総額」が現れる**図9**・**図10**には共通の項目が出てこない。グラフの縦軸・横軸，グラフ上の点に書き込まれた年次・県名，すべて共通するものがない。したがって，「国民1人当たりの輸出総額」・「県民10万人当たりの出生児数」・「県民千人当たりの失業者数」の三者間には何の相関関係も読み取れない。したがって，グラフだけから判断する限り，「国民1人当たりの輸出総額」が第3の事項である可能性はない。

よって，正解は③。

Solution

- ◆相関関係があっても，因果関係があるとは限らない
- ◆因果関係の特定＝他の条件を同じにする　＋　一方の変数を操作して，もう一方がどうなるか見る
- ◆相関関係では，第3の変数が影響していないか確かめる
- ◆無作為に抽出することで，データの偏りを無視できる
- ◆データ間の差を偶然と解釈できるかどうかは，確率論的背理法を用いて判別する
- ◆実験・観察による主張を批判するには，データの信頼性，解釈のしかたへの疑問を挙げる

※Chapter7の記述は，高野陽太郎・岡隆編『心理学研究法』（有斐閣）の記述を参考にしました。

Chapter 8 条件理解と解法の工夫

　まともに解くと面倒な思考や長大な計算を必要とする設問は，さまざまな工夫をして短時間で解けるようにしたい。適性試験本番では，効率的な方法をとらなければ時間内に終わらない場合が多い。

Technic

❶ 定義・ルールを図表に書いてみる
具体的イメージにすると理解が早い

❷ 場合の列挙に対応表を使う
場合が多くないときは，列挙も有効である

❸ 条件から直接選択肢を切る
選択肢どうしの関係・極端な場合を考える

8 条件理解と解法の工夫　　基本と例題

Section ① 定義・ルールを理解する

具体的に考える

　定義やルールが与えられたら，まずはそれを理解しなくてはならない。そのときは定義・ルールを満たす場合と違反する場合を，具体的な場合・典型的な場合で考えておく。抽象的なルールをいくらながめていても，理解することはできない。実際に使ってみて初めて何を意味しているかわかる。定義・ルールが与えられたら，まずごく簡単な図や具体的な状況を描いてみるといい。たとえば，次の問題を考えてみよう。

　標高の等しい地点を連ねた線を地図上に表したものを等高線という。一般には，等高線は一定の標高差ごとに表される。この標高差を等高線間隔といい，これは地図の縮尺と，対象となる土地の起伏や傾斜の状況から定められる。
　等高線には，原則として次の1～3が当てはまる。

原則1　地図の範囲の制約がなければ，等高線は閉じた曲線となる。

原則2　異なる標高の等高線は，接することはあっても交差することはない。

原則3　等高線間隔が同じであれば，等高線の地図上の間隔が狭いほど傾斜は急である。

問　原則1～3のいずれかの例外となり得る地形として正しいものを，次の①～⑦のうちから1つ選べ。ただし，標高差10mごとに等高線が描かれている地図を想定する。
　① 起伏の著しい砂丘
　② 大きな流出河川がある盆地
　③ 標高1,201mの峠
　④ 上の方がせり出している高さ40mの断崖

⑤ 海岸線とほぼ平行な丘陵
⑥ 起伏のほとんどない平野
⑦ 海抜０mより低い干拓地

(15年度センター追試験　第3問)

　原則1・2・3を見ても，当たり前のことが述べられているだけのようだが，問いを見ると，例外を考えなくてはならないことがわかる。即座に選択肢をチェックしてもいいが，原則が成り立たない場合を，まず簡単に描いてみよう。
　まず**原則1**の例外となるような「等高線」は**図1**のようになる。だが，これが可能になる具体的な状況は考えられない。「等高線」の両側の高さの関係がおかしいからだ。「等高線」が閉じていないということは，等高線の内外は同じ高さの範囲にあるということだ。それなら等高線で区切る意味はない。

●図1　等高線が閉じていない場合

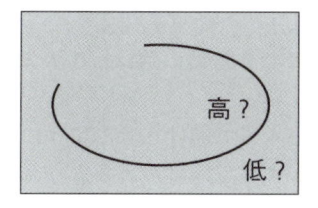

　原則2の場合，違反するような，「等高線」は**図2**のようになる。「等高線」は上から見た図なので，これを横から見ると**図3**のようになる。斜めに延びている山のような地形だ。

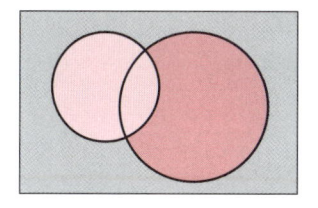

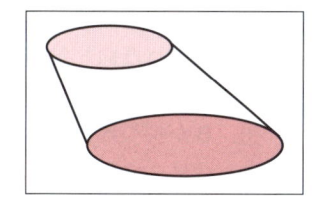

●図2　等高線が交差する場合　　●図3　等高線が交差する地形

原則3は違反する状況がない。傾斜は $\dfrac{等高線間隔}{地図上の等高線の間隔}$

なので，等高線の定義上違反はない。したがって，**原則2**に違反する，「斜め」の状態は何か探せばよい。正解はもちろん④

となる。

このような一見簡単な問題でも，選択肢をすべて原則と照らし合わせて読むと，時間のロスになる。問題を手早く処理する為には，原則を素早く把握する必要がある。

例題 1

▼次の文章を読み，下の問いに答えよ。

ある銀行の金庫には3つの錠が取り付けられている。その3つの錠のすべてが開錠されたときに金庫は開けられる。それぞれの錠を開けるための鍵は同じものが2本ずつ用意されている。ここに，A，B，C，Dの4人がいる。この4人のそれぞれに，次の**条件1～4**が満たされるように計6本の鍵を分配して持っていってもらうことにしたい。

条件1：それぞれの人が持つことのできる鍵の数は，1人につき多くて2本とする。
条件2：CとDがいれば3つの錠がすべて開けられるようにする。
条件3：AとCがいれば3つの錠がすべて開けられるようにする。
条件4：BとDがいれば3つの錠がすべて開けられるようにする。

問　この条件を満たすように鍵を分配したとき，**起こり得ないこと**を，次の①～⑥のうちから1つ選べ。

① AとBは同じ錠の鍵を持たない。
② AとDは同じ錠の鍵を持たない。
③ BとDは同じ錠の鍵を持たない。
④ Bが持つ鍵は1本である。
⑤ Cは2つの異なる錠の鍵を持つ。
⑥ Dが持つ鍵は1本である。

(16年度センター追試験　第5問)

8 条件理解と解法の工夫　基本と例題

解答までの近道MAP

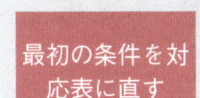

最初の条件を対応表に直す → 指定の鍵を一人に持たせてみる → 鍵の分配状況から選択肢を吟味する

| Method | 対応表 ➡ 具体的な場合を考えて条件を理解する |

具体的に，扉の鍵をa，b，cとしよう。それぞれ2本ずつあり，a・b・cがそろうと扉を開けられる。まず条件を，対応表に直してみよう。**条件2・3・4は全部「…がいれば3つの錠がすべて開けられるようにする」**なので，錠がすべて開けられる人物の組合せを表にする。

●図4
錠が開けられる
人物の組合せ

	A	B	C	D
条件2	×	×	○	○
条件3	○	×	○	×
条件4	×	○	×	○

○が「その人物がいる」，×が「その人物がいない」を表す。表の3つの場合が条件から，錠がすべて開けられる組合せだ。ここで，適当に場合を考えてどういう条件があるか見よう。

Aの鍵から他を推定する

●図5
Aがaを1本持っている場合

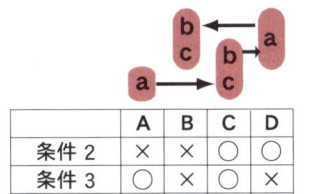

	A	B	C	D
条件2	×	×	○	○
条件3	○	×	○	×
条件4	×	○	×	○

Aがaしか持っていないので，表の2行目より，Cはb・cを持っている。表の1行目より，DはCの持っていないaを持

つ。残ったBは，Dの持っていないb・cを持つ。

●図6
Aがa・bの2本を持つ場合

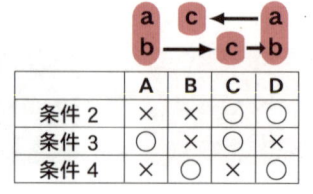

	A	B	C	D
条件2	×	×	○	○
条件3	○	×	○	×
条件4	×	○	×	○

　同様に考え，Aがa・bなのでCはcを持ち，そこからDがa・bを持つことがわかる。BはDの持っていないcを持つ。
　a，b，cは適当につけた名前なので，結局，この表からAとDとが同じ鍵（の組），BとCが同じ鍵の組を持つことがわかった。逆にA，DとB，Cはそれぞれ互いに持っていない鍵を持っている。したがって，正解は②。

Section 2 条件と可能な配列

図・表で整理する

　「対応関係」が問われたら，すぐにChapter5で学んだ対応表を使って対応関係を整理するのが定石だ。だが，そのとき，問題の条件からは対応表が埋まらなかったり，いくつもの場合が出てきたりすることがある。ときには，対応表そのものを作るのに場合分けが必要になる。そのため，素早く確実にありうるすべての場合を列挙するテクニックを身につけておこう。
　例題1では，たまたま1つの場合を見ただけで正解がわかったが，**複数の場合分け**が必要になった場合にも手際よくこなしていけるようにしたい。

場合の数―条件ごとに独立の場合分け

　まず，Chapter1で学んだ真理表を思い出そう。命題P，Q，Rを使った論理式の真理表を作るときには，P，Q，Rごとに

「1・0」の2通りずつで計2^3乗通りの場合分けをした。この書き方（p.28参照）は，場合の列挙にも使える。もし場合分けが2通りずつなら，2の「互いに独立に場合分けをする条件の個数」乗で，最初の条件から順に機械的に書ける。

　一般に互いに独立に場合分けする条件の下では，すべての場合分けの数は，個々の条件の場合分けの数の積になる。まず全体の場合分けの総数を求めてから，真理表のときのように条件順に全体を分けていく。このあたりは重要ではなさそうに見えるが，**機械的にやる習慣をつけておこう。**

場合の数―組合せ

　次によく使うのが，「組合せ」である。たとえば「A・B・C・D・E」の5つの要素から2つの要素を選んでくる組合せを考えよう。全体の総数は10通りになる。　$_5C_2 = \dfrac{5!}{3! \cdot 2!}$
これは，次のように場合分けができる。

	A	B	C	D	E
1	○	○	×	×	×
2	○	×	○	×	×
3	○	×	×	○	×
4	○	×	×	×	○
5	×	○	○	×	×
6	×	○	×	○	×
7	×	○	×	×	○
8	×	×	○	○	×
9	×	×	○	×	○
10	×	×	×	○	○

　上から4行がAを選ぶ場合で，1行目から順にA以外の1つをアルファベット順に選んでいる。5行目から7行目はBを選び，A，B以外の1つをアルファベット順に選ぶ。以下同様。

　このように，それぞれの場合を機械的に書くと漏れもないし，だいぶ時間を短縮できる。一つ一つばらばらに考えていたのでは時間のロスになり，間違いのもとだ。

考え方の方針をチェックする

　　　場合分けするときには，その総数を大ざっぱに見て，時間が足りるかどうかを検討する。ひらめきで解くほうが時間的には少なくてすむ可能性があるが，もし場合分けをして解け，しかもその総数が時間内にこなせる程度なら，すべての場合を表にするという泥臭い方法も悪くない。スマートな解き方を探すより，手を動かしたほうが早い場合があるからだ。
　　本来，試験というものは時間内に終了できるように作られている。だから，あまりに多くの場合を考えねばならない場合は，考え方が間違っているか見落としがあると思っていい。場合分けの総数が多いか少ないかは，一概に決められないが，だいたい10個程度の機械的場合分けですむなら，強引に解ける。

例題 2

▼次の文章を読み，下の問い（**問1**・**問2**）に答えよ。

　12人の人が，ある大学を受験した。受験科目は，国語，英語，数学，理科，社会の5科目で，それぞれの科目の採点は可（○），不可（×）の2段階の評価で行われた。そして，次の(1)～(4)のいずれかを満たす者が合格し，そうでない者が不合格となった。

(1)　少なくとも国語，英語，数学のすべてで可であること
(2)　少なくとも国語，英語，社会のすべてで可であること
(3)　少なくとも英語，数学，理科のすべてで可であること
(4)　少なくとも国語，数学，理科のすべてで可であること

　例えば，国語，数学，社会のすべてが可であり，他は不可であった場合には，不合格となる。
　結果として，受験番号1から6までの受験者が合格，受験番号7から12までの受験者が不合格となった。

問1　合格者の成績表は次のとおりである。受験科目をA～Eの記号で

表す。この表に基づき，社会に該当する可能性のある受験科目の記号を，下の①〜⑤のうちから2つ選べ。ただし，解答の順序は問わない。

表1　合格者の成績表

受験番号	受験科目				
	A	B	C	D	E
1	◯	◯	◯	×	◯
2	◯	◯	◯	×	×
3	◯	×	◯	×	◯
4	◯	×	◯	◯	◯
5	◯	◯	×	◯	×
6	×	◯	◯	◯	◯

① A　② B　③ C　④ D　⑤ E

問2　**不合格者の成績表**は次のとおりである。受験科目をそれぞれ問1と同じ記号で表す。この表と**合格者の成績表**をあわせ，そこから推測される**B**に該当する科目は何か。正しいものを，下の①〜⑤のうちから1つ選べ。

表2　不合格者の成績表

受験番号	受験科目				
	A	B	C	D	E
7	◯	×	×	◯	◯
8	×	◯	◯	×	◯
9	◯	◯	×	×	◯
10	◯	×	×	◯	×
11	×	×	◯	◯	◯
12	×	◯	×	◯	◯

① 国語　② 数学　③ 英語　④ 理科　⑤ 社会

(16年度センター本試験　第9問)

解答までの近道MAP

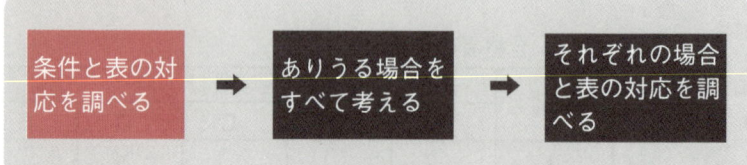

条件と表の対応を調べる → ありうる場合をすべて考える → それぞれの場合と表の対応を調べる

Method　組合せを考えて対応関係を明らかにする

問題に表が与えられているが，必要ならばそれとは別に表を書いたほうがわかりやすいだろう。以下，まず条件を確認する。

条件の確認

国語・英語・数学・理科・社会の5科目の試験があり，それぞれの科目は，可（○），不可（×）の2段階評価がされる。合格者は以下の(1)〜(4)のいずれかを満たし，不合格者はいずれも満たしていない。
(1) 少なくとも国語，英語，数学のすべてで可であること
(2) 少なくとも国語，英語，社会のすべてで可であること
(3) 少なくとも英語，数学，理科のすべてで可であること
(4) 少なくとも国語，数学，理科のすべてで可であること

問1　表と条件の対応を見る

表1を用いて，社会に該当する可能性のある科目をA〜Eから選ぶ。このとき，上記の(1)〜(4)の条件から科目を特定していかなくてはいけないが，(1)〜(4)の条件が特定の3つの科目の「可」で合格できる条件であることに注意しよう。

このとき，**条件と合格者の対応をつけるために，3つの科目についてだけ合格している，いわば条件ギリギリで合格した受験者に，まずは注目する**。すると，問題になるのは受験番号2・3・5でそれぞれ［A・B・C］・［A・C・E］・［A・B・D］のみが可で合格となっている。

●表1

番号＼科目	A	B	C	D	E
1	○	○	○	×	○
2	○	○	○	×	×
3	○	×	○	×	○
4	○	×	○	○	○
5	○	○	×	○	×
6	×	○	○	○	○

　受験番号2・3・5の可となる科目は互いに異なっているので，(1)〜(4)の条件のうちの，**それぞれ別々の条件で合格**になっていなくてはならない。つまり，(1)〜(4)の条件のうち異なる3つの条件に現れる科目が［A・B・C］・［A・C・E］・［A・B・D］なのである。

　(1)〜(4)の条件を見てみると，そのうちで**社会を合格基準に持っているのは条件(2)**の1つだけである。ということは，［A・B・C］・［A・C・E］・［A・B・D］が異なる条件なのだから，2つ以上にまたがって出る文字（A・B・C）は社会である可能性がない。よって可能性があるのはD・Eであるので，正解は④，⑤。

問2　　不合格になる組合せを網羅する

　問1とは逆に，不合格者についての表から検討する。そのため，条件(1)〜(4)については，問1とは逆に，**3つ可になっていても合格できない科目の組合せ**を考える。まず5つの科目のうち3つを取り出してくる場合の数は，$_5C_3$でたかだか10通りであるから，全部列挙して考えても大した手間ではない。このうち，条件(1)〜(4)で4通り出ているのだから，残り6通りが合格できない科目の組合せである。そこで，各科目の可・不可と合否を表にすると，表3のようになる。まず2つの科目が合格する場合を考え，後の科目を残りから1つずつ選ぶ。このように機械的に書く方法については，p.267を参照すること。

●表3：各科目と合否

国語	英語	数学	理科	社会	合否
○	○	○	×	×	合格
○	○	×	○	×	不合格
○	○	×	×	○	合格
○	×	○	○	×	合格
○	×	○	×	○	不合格
○	×	×	○	○	不合格
×	○	○	○	×	合格
×	○	○	×	○	不合格
×	○	×	○	○	不合格
×	×	○	○	○	不合格

●表3-1：3つの科目で可を取り，不合格になる場合

国語	英語	数学	理科	社会
○	○	×	○	×
○	×	○	×	○
○	×	×	○	○
×	○	○	×	○
×	○	×	○	○
×	×	○	○	○

　問1と同様に**表2**のうち3科目で可を取っているのに不合格になった者に注目しよう。受験番号7番・8番・9番・11番・12番の5人である。

●表2

番号＼科目	A	B	C	D	E
7	○	×	×	○	○
8	×	○	○	×	○
9	○	○	×	×	○
10	○	×	×	○	×
11	×	×	○	○	○
12	×	○	×	○	○

この5人の可を取った科目はそれぞれ［A・D・E］・［B・C・E］・［A・B・E］・［C・D・E］・［B・D・E］で互いに異なっている。したがって**表3-1**の6つの行のうち，5つがこの科目の組合せである。以下，**問1**も前提にして（**表1**も前提にして）解いていこう。

まず，**表2**の**E**に注目すると，Eが可になっているのに不合格になるのが5人いる。これら5人が表3-1の5つの場合と対応しているので，Eは社会だとわかる。

すると，**表1**に戻って，［A・C・E］が可で合格しているのだから，**条件**(2)より［A・C］は国語と英語の組合せである。すると［A・B・C］が可で合格しているのだから，これは**条件**(1)の場合になり，Bは数学であることがわかる。

よって，正解は②。

Section ❸ 演算問題の処理

　抽象的演算や算数パズルは，計算が面倒でだれもが苦しむ。過去問や類似問題（公務員試験等）で慣れておいて，実際の試験でも計算で答えが楽に出せるのが望ましい。実際，それほど高度な計算能力は要求されないのだから，これが近道である。

　だが，計算が苦手だったり，試験場で焦ってケアレスミスを犯したりする場合もある。そこで，問題の条件だけから選択肢を判別できないかどうか考えてみよう。どうしても手が出なかったり，残り時間が1分を切った場合などに有効である。

条件から選択肢を直接判別する

　算数パズルのような問題では，問題の条件から選択肢を直接落とせる場合が多い。「正解を導く」という発想ではなく，正解なら満たしているはずの条件を探り（これは，一般に正解を求めるよりも楽だ），それで不正解の選択肢を切っていく。つまり，正解が満たすべき**条件a**を見つけて，「正解なら**条件a**を満たす」の対偶を取って「**条件a**を満たさないなら正解ではない」ことを利用する。この考え方は演算問題に威力絶大だ。

具体的に見ていこう。

極端な場合を考える

　　選択肢が文字式または，文字式と見なせる場合は，選択肢は直観的に理解しがたい。厳密に数学的な式を立てて解いてもよいが，選択肢がどんなことを意味しているのか（あるいは意味不明なのか）を具体的に吟味してみるといい。そこで，できるだけ自分にとってやさしく見やすい場合を考えて，文字式の意味を考えてみよう。つまり，当の文字式に極端な数字を代入して様子を見るのである。

　　仲のいい6人が毎年夏に富士登山をしている。各自が自分の杖を持っているが，古くなったので新しいものに替え長さも統一しようということになった。現在の杖は長いものから短いものまで，6人とも全部長さが互いに違っている。各自が新しい杖の長さを自分の現在の杖と同じにしようと主張してらちがあかないので，「新しい杖の長さを X cmとしたとき，現在の自分の杖の長さと X cmとを比べて長い方から短い方を引いた差をそれぞれが求め，その6人分の合計を取ったときに，合計の値が最小になるような値 X cm」を新しい杖の長さにすることで合意した。

　問　新しい杖の長さについて述べた文として適当なものを，次の①〜⑤のうちから1つ選べ。

① 6本の杖の長さの平均値しかない。
② 3番目に長い杖と4番目に長い杖の長さを足して2で割ったものしかない。
③ 最も長い杖と最も短い杖の長さを足して2で割ったものしかない。
④ 3番目に長い杖の長さ以下，かつ4番目に長い杖の長さ以上であれば，任意の長さでよい。
⑤ 最も長い杖と最も短い杖の長さの積の平方根しかない。

(16年度センター追試験　第3問)

実際に計算するのは，かなりつらい。そこで6人の杖の長さをそれぞれa，b，c，d，e，fとして考えてみよう（a≦b≦c≦d≦e≦fとする）。

選択肢①には，まずa～eの長さが0cm，fが100cmとしてみよう。明らかにXとしては平均よりも，0cmのほうがXと各人の杖の長さの差の合計が小さくなるからダメだ。

選択肢③・⑤は，逆にaだけが0cm，b～fが100cmの場合を考えれば明らかだ。選択肢の数値より，100cmのほうがXとしては望ましい。

選択肢②はa，b，cを0cmにして，d，e，fを2cmとしよう。すると選択肢で言われているXの長さは1cmだが，0cmにしても2cmでも差の合計は変わらない。これもダメ。選択肢④でこの場合を考えると，確かに満たしている。①・③・⑤を切ったときの数字でも満たしている。よって正解は④。

ここでは，まず「…しかない」という強い限定がつく選択肢に注目して大ざっぱに考えている。先に選択肢④が目に入った場合も，問題になっているのは「3番目と4番目の間」なのだから，まず3番目と4番目が異なる場合を考える。残りは単純な設定にして，大丈夫そうなら他の選択肢の吟味に移る。

一般に，数的な処理を要求される場合は，数学的な演算と論理のみで正解を出すことも可能だが，せっかく正解候補が挙がっているのだから，それを直接吟味していってよいのである。

選択肢どうしの関係（条件関係）を考える

　互いに否定関係になっている選択肢では，両方とも正解になることはないし，片方が不正解なら，もう片方が正解であることが多い。両方とも不正解という場合もあるが，たいていすぐわかる。なぜなら2つとも不正解なら，それらは問題の条件からその肯定も否定も出てこない「関係のない」命題だからだ。

　1つの選択肢に複数の値や文字などが挙がっている場合も選択肢を切れる。たとえば，A・B・C・D・Eの中から「A・C・E」という組合せの選択肢を選ぶ場合を考えてみよう。もしここで，「『E』が正解に含まれているなら『C』も含まれていなくてはならない」といった条件が問題から出てくれば，そ

れだけで，いくつか選択肢を切ることができる（**Chapter1**の**問題Basic**を思い出そう）。このような選択肢どうしの論理的な関係も，できるだけ視野に入れて解くと早い。

効率的に解くことを期待されている

　一般に，正解の選択肢が満たす条件は複数考えられる。だから，問題を考える過程でそういう条件を見つけたら，それで順に選択肢を切ると正解が得られる。適性試験では1つか2つの条件だけで不正解の選択肢がすべて落とせることがよくある。

　普通は，演算で正解を導くのが「正しい解き方」で，条件から直接選択肢を切るのは，小手先のテクニックだと思われている。だが，適性試験では，むしろ出題者が後者の方法を期待している節がある（**Chapter1　問題Basic**，**Chapter8　例題3**，**問題Basic**，**問題Advanced**）。「真面目」に正解を導くと時間的な余裕がないような問題構成になっているのだ。

　だから問題演習をする際には，正解したかだけではなく，もっとうまい解法・別解がないか，一度解いた問題も何度か吟味して，その構造を見つけ出す勘を養っておくべきだ。

例題3

▼次の文章を読み，下の問い（問1～3）に答えよ。

　動物は，じっとしていてもエネルギーを消費するが，歩く，走るなどして移動すると余分にエネルギーを消費する。この余分に消費するエネルギーを，その動物の「移動のエネルギー」といい，時間当たりの消費量（単位時間当たりに移動のために消費するエネルギー）を「移動のエネルギー消費速度」という。

　ある動物について，同じ距離を速く走る場合と遅く走る場合とでは，速く走る場合の方が移動のエネルギー消費速度は大きいが，短時間で目的地まで到達するので，遅く走る場合よりも多くのエネルギーを消費するとは限らない。

　そこで，動物の移動に関するエネルギー経済を測る尺度として移動距

離当たりの移動のエネルギーを考えることとし，これを「移動のエネルギーコスト」と呼ぶ。一般に，ある1つの移動法での移動のエネルギーコストは，移動速度には依存するが，移動速度が一定であれば移動距離には依存しない。

　この一般則が成り立つ条件下で，ある動物が一定の移動速度毎時Vkmで移動している時の移動のエネルギーに関する**計測実験**1〜3をすべて異なる移動距離で実施し，それぞれ次の結果を得た。

計測実験1の結果：Lkm移動するために，Xジュールのエネルギーを消費した。
計測実験2の結果：T時間移動するために，Yジュールのエネルギーを消費した。
計測実験3の結果：移動のエネルギー消費速度は毎時Zジュールであった。

問1　**計測実験**2の結果と**計測実験**3の結果の関係について，Yの値をTとZ（及び必要ならV）から求める計算式として正しいものを，次の①〜⑤のうちから1つ選べ。

　① Z×T　　② Z×V×T　　③ Z×V÷T
　④ Z÷T　　⑤ T÷Z×V

問2　**計測実験**1の結果と**計測実験**3の結果の関係について，Xの値をZとL（及び必要ならV）から求める計算式として正しいものを，次の①〜⑤のうちから1つ選べ。

　① L×Z　　　　② Z÷L　　　　③ L×V×Z
　④ （L÷V）×Z　⑤ （Z÷L）×V

問3　**計測実験**1〜3の結果から導かれる移動のエネルギーコストを示す式として，次の式a〜hのうちに正しいものが3つある。それらの組合せとして適当なものを，下の①〜⑩のうちから1つ選べ。

　a　X÷L　　　　b　Y÷T　　　　c　Z÷V

d　Z×T÷L　　　e　(X÷T)÷V　　f　Y÷(V×T)
g　X÷(V×T)　　h　Z÷(L÷T)

① a―c―e　② a―c―f　③ a―c―g
④ a―d―e　⑤ a―d―f　⑥ b―c―e
⑦ b―c―f　⑧ b―d―e　⑨ b―d―f
⑩ b―d―h

(15年度センター追試験　第6問)

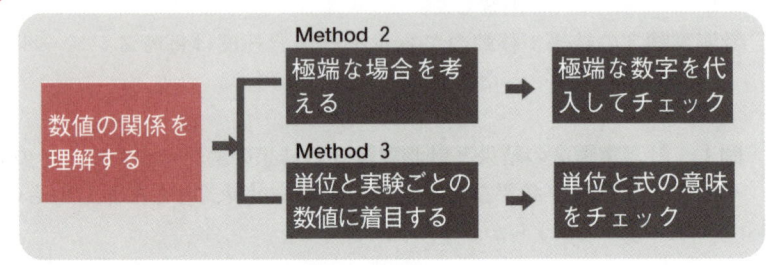

解答までの近道MAP

数値の関係を理解する
- Method 2　極端な場合を考える　→　極端な数字を代入してチェック
- Method 3　単位と実験ごとの数値に着目する　→　単位と式の意味をチェック

定義とそれぞれの単位の整理

　　定義を整理しよう。そのときは，物理の問題を解くときと同様に，単位をつけていくと整理しやすい。ここでは単位は問題に合わせた。

移動のエネルギー(J)	移動するために消費するエネルギー
移動のエネルギー消費速度(J/h)	単位時間当たりの移動のエネルギー消費
移動のエネルギーコスト(J/km)	移動距離当たりの移動のエネルギー消費

　　一方，ある動物が一定の速度 V km/h で移動する。問題の計測実験によって，各用語の関係は，それぞれ次のように整理できる。各用語に現れている単位に注目したい。

8 条件理解と解法の工夫　　基本と例題

計測実験1	Lkm移動するために，XJ消費
計測実験2	Th移動するのに，YJ消費
計測実験3	このとき移動のエネルギー消費速度はZJ/h

Method　　正攻法で解く

定義と計測実験で得られる関係式を用いて式変形する。考え方としては一番シンプルだが，問題によっては計算が面倒だ。

問1　　関係式を用いて変形する

計測実験2と定義より，「移動のエネルギー消費速度」Z (J/h) は単位時間当たりの移動のエネルギーであるから，Y (J) をT (h) で割ったものである。よって

$Y(J) \div T(h) = Z(J/h)$
$\Leftrightarrow Y = Z \times T (J)$

よって，正解は①。

問2　　関係式を用いて変形する

計測実験1にかかった時間を t (h) とすると，**計測実験1**と定義より，「移動のエネルギー消費速度」Z (J/h) は単位時間当たりの移動のエネルギーであるから，X (J) を t (h) で割ったものである。よって，

$X(J) \div t(h) = Z(J/h)$
$\Leftrightarrow X = Z \times t (J)$　　　1

また，**計測実験1**はV (km/h) で行われているので，V (km/h)，t (h)，L (km) に次の関係が成り立つ。

$V(km/h) \times t(h) = L(km)$
$\Leftrightarrow t = L \div V (h)$　　　2

2を1に代入して，

$X = Z \times L \div V (J)$　　　3

が得られる。よって，正解は④。

問3　関係式を用いて変形する

計測実験1の場合から，定義より，求める「移動のエネルギーコスト」は移動距離当たりの移動のエネルギー消費であるから，移動のエネルギー消費 X (J) を移動距離 L (km) で割ればよい。

$$X(J) \div L(km) \quad\quad 4 \quad\Rightarrow\quad a の式$$

である。同様に計測実験2の場合からわかる「移動のエネルギーコスト」は，移動のエネルギー消費 Y (J) を移動距離で割ればよい。移動距離は速度 V (km/h) と時間 T (h) の積なので

$$Y(J) \div (V(km/h) \times T(h)) \quad\Rightarrow\quad f の式$$

また，4 に問2の答え3を代入して

$$(Z(J/h) \times L(km) \div V(km/h)) \div L(km)$$
$$= Z \div V (J/km) \quad\Rightarrow\quad c の式$$

が得られる。よって，正解は②。

Method 2　極端な場合を考える

極端な数値を入れて，条件に合うかどうかを確かめる。

問1　0を入れる

まず，次のような場合を考えてみよう。

$$T = 0$$

のとき，計測実験では時間がたっていない（$T=0$）ので，Y も 0 になる。これで分母に T が入っている③・④を落とすことができる。ちなみに他の文字は同時に 0 にはしない。個々に考えていく。

また，

8 条件理解と解法の工夫　　基本と例題

$Z = 0$

のときも，毎時 0 ジュール消費する（＝エネルギーを消費しない）ので Y は 0 になる。すると，⑤は分母に Z が入っているので切れる。

次に，

$V = 0$

を考える（または V を限りなく 0 に近いと考える）。すると，少しも進んではいないが，時間 T が経過するごとに Y ジュールは消費される。ところが②によれば，V が 0 のときは Y は 0 になってしまうのでおかしい。

よって，正解は①。

問2　　0 を入れる

問1のときのようにまず，

$L = 0$

を考える（あるいは L を限りなく 0 に近づける）。すると，速度は V あるのにまったく進んでいない（＝時間がたっていない）ので，X も 0 になる。②⑤は分母に L が入っているので切れる。

次に，

$V = 0$

のとき（あるいは 0 に限りなく近づくとき），このときは**計測実験 1** ではまったく進んでいないので L が 0 になる（0 に近づく）。

だが，実験中は時間が経つので，エネルギーは消費される。したがって，X は 0 にならない。そこで①③が切れる。

よって，正解は④。

問3　代入して答えを導く

　特殊な場合を考えても選択肢が切れないので素直にいく。意味はあえて考えない。**計測実験1**より，ほぼ定義どおり，

X÷L　　　　　　　　　a

が一つ。「X」を他の文字で表せているので「X」に着目する。**問2**より，

X＝L×Z÷V

なので，aに代入して，

L×Z÷V÷L
＝　Z÷V　　　　　　　c

同様に，「Y」に着目して，**問1**より，

Y＝Z×T
⇔　Z＝Y÷T

なのでcに代入して，

Y÷(V×T)　　　　　　f

となり，正解は「a－c－f」の②。

Method 3　ディメンションチェック，数値の意味を考える

　選択肢を絞る方法に，ディメンションチェックと数値の関係・意味に着目する方法もある。

　ディメンションチェックとは，**単位を確かめる**ことである。求められる答えには**問1**なら(**J**)，**問2**なら(**J**)，**問3**なら(**J/km**)という単位がつく。選択肢にある数値や文字がこれらの単位でないならば，その選択肢は即座に不正解とわかる。

　一方，数値の関係・意味に着目する方法とは，たとえば**計測実験1と2**の**数値を区別して扱っているかどうか吟味**することである。**計測実験1**の距離**L**と**計測実験2**の時間**T**を掛けたり

割ったりしても，それだけでは意味がない。前者を後者で割って得られるL/T（km/h）は，単位から見ると「速さ」であるが，この実験のどこにも出てこない「速さ」なのである。以下，上記の2つの方法を用いて，解いてみよう。

問1　ディメンションチェックを行う

求める答えは Y (J) を表したものなのだから，単位は (J) である。ここでは**計測実験1**に登場する数値・文字しか選択肢にないので，数値の関係・意味に着目する方法は使えない。

選択肢の吟味

- ○① Z×T（(J/h) × (h) = (J)）
  ➡求める単位である。
- ×② Z×V×T（(J/h) × (km/h) × (h) = (J・km/h)）
  ➡求める単位ではない。よって不正解。
- ×③ Z×V÷T（(J/h) × (km/h) ÷ (h) = (J・km/h^3)）
  ➡求める単位ではない。よって不正解。
- ×④ Z÷T（(J/h) ÷ (h) = (J/h^2)）
  ➡求める単位ではない。よって不正解。
- ×⑤ T÷Z×V（(h) ÷ (J/h) × (km/h) = (km・h/J)）
  ➡求める単位ではない。よって不正解。

よって，正解は①。

問2　ディメンションチェックを行う

求める答えは X (J) を表したものなのだから，単位は (J) である。ここでは**計測実験2**に登場する数値・文字しか選択肢にないので，数値の関係・意味に着目する方法は使えない。

選択肢の吟味

- ×① L×Z（(km) × (J/h) = (J・km/h)）
  ➡求める単位ではない。よって不正解。
- ×② Z÷L（(J/h) ÷ (km) = (J/h・km)）
  ➡求める単位ではない。よって不正解。

× ③　L×V×Z（(km) × (km/h) × (J/h) = (J・km²/h²)）
　　➡求める単位ではない。よって不正解。
○ ④　(L÷V)×Z（(km) ÷ (km/h) × (J/h) = (J)）
　　➡求める単位である。
× ⑤　(Z÷L)×V（(J/h) ÷ (km) × (km/h) = (J/h²)）
　　➡求める単位ではない。よって不正解。
よって，正解は④。

問3　ディメンションチェックと数値の関係・意味

求められる「移動のエネルギーコスト」の単位は（J/km）だから，単位がそうでないものはその時点で正解ではない。ここでは異なる計測実験の数値どうしで計算されたものもあるので，数値の関係・意味にも着目して選択肢を絞ろう。

選択肢の吟味

○ a：X÷L（(J) ÷ (km) = (J/km)）
　　➡求める単位である。
× b：Y÷T（(J) ÷ (h) = (J/h)）
　　➡求める単位ではない。よって不正解。
○ c：Z÷V（(J/h) ÷ (km/h) = (J/km)）
　　➡求める単位である。
○ d：Z×T÷L（(J/h) × (h) ÷ (km) = (J/km)）
　　➡求める単位である。
○ e：(X÷T)÷V（(J) ÷ (h) ÷ (km/h) = (J/km)）
　　➡求める単位である。
○ f：Y÷(V×T)（(J) ÷ ((km/h) × (h)) = (J/km)）
　　➡求める単位である。
○ g：X÷(V×T)（(J) ÷ ((km/h) × (h)) = (J/km)）
　　➡求める単位である。
○ h：Z÷(L÷T)（(J/h) ÷ ((km) ÷ (h)) = (J/km)）
　　➡求める単位である。

では，さらに，数値の関係・意味にも着目して，残った選択肢

をそれぞれ吟味しよう。

○ a ： X ÷ L
　　➡ 計測実験 1 の数値のみを用いている。
○ c ： Z ÷ V
　　➡ どの計測実験にも共通の数値を用いている。
× d ： Z × T ÷ L
　　➡ 別々の計測実験の数値を同じ式に入れてしまっている。
　　「Z × T ÷ L」は意味をなさない。
× e ： (X ÷ T) ÷ V
　　➡ 別々の計測実験の数値を同じ式に入れてしまっている。
　　「(X ÷ T) ÷ V」は意味をなさない。
○ f ： Y ÷ (V × T)
　　➡ 計測実験 2 の数値のみを用いている。
× g ： X ÷ (V × T)
　　➡ 別々の計測実験の数値を同じ式に入れてしまっている。
　　「X ÷ (V × T)」は意味をなさない。
× h ： Z ÷ (L ÷ T)
　　➡ 別々の計測実験の数値を同じ式に入れてしまっている。
　　「Z ÷ (L ÷ T)」は意味をなさない。

　消去法で a・c・f が残った。これが求める答えなので，正解は②の「a―c―f」である。
　厳密には，異なる実験の文字が同時に入っても意味のある式になることもある。だが，本問では選択肢が短い数式なので，意味のあるなしを判別しやすい。それを利用して正解を導いている。

8 条件理解と解法の工夫　　問題Basic

▼次の文章を読み，下の問い（**問1**・**問2**）に答えよ。

　M市には下図のように，**X**，**Y**の2路線の路面電車が走っている。2つとも環状の路線であり，**A**駅だけで**X**線と**Y**線間の乗り換えができる。**X**，**Y**の2路線とも，**A**駅から北向きに出発して南から戻ってくる北回り電車と，逆に南向きに出発して北から戻ってくる南回り電車とがある。**X**線北回り電車は，**A**駅を出発して**B**，**C**，**D**，**E**，**F**駅をこの順序で停車して**A**駅に戻ってくる。また，**Y**線北回り電車は，**A**駅を出発して**P**，**Q**，**R**駅をこの順序で停車して**A**駅に戻ってくる。なお，北回り電車も南回り電車も停車駅から折り返すことはないものとする。

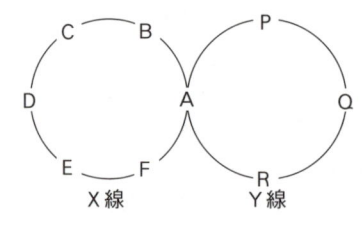

```
        C   B           P
      D       A           Q
        E   F           R
         X線            Y線
```

問1　U君は，電車が大好きなのでたっぷり電車に乗ろうと考え，1日乗車券を購入した。**A**駅から電車に乗車し，ときどき**A**駅で**X**線と**Y**線間の乗り換えをし，最後に104駅目で下車した。（ただし，乗車した**A**駅は0駅目と考え，その次の駅から1駅目として数える。）U君が最後に下車した可能性のある駅すべてを挙げたものはどれか。次の①～⑤のうちから1つ選べ。

① C，E，Q　　② A，E，Q　　③ A，C，E，Q
④ A，C，Q　　⑤ A，C，F，Q

問2　U君は，翌日も同様に**A**駅から出発したが，しばらくしてから乗った電車がある駅で故障して止まってしまった。そこでその駅で降りて逆回りの電車に乗り，その後，ときどき**A**駅で**X**線と**Y**線間の乗り換えをし，通算して103駅目で下車した。U君が最後に下車した可能性のある駅すべてを挙げたものはどれか。次の①～⑤のうち

から1つ選べ。ただし，U君が逆回りの電車に乗って間もなく，電車の故障は直ったものとする。

① A，C，E，Q　　② A，B，D，E，Q，R
③ B，D，E，Q，R　　④ A，C，E，P，R
⑤ B，D，F，P，R

(16年度センター追試験　第7問)

解答・解説

Method　正解が満たす条件を探る

X線には「A，B，C，D，E，F」の6つの駅がある。Y線には「A，P，Q，R」の4つの駅がある。
それぞれの路線には（Aから出発する方向によって）北回り線・南回り線がある。
電車は途中の停車駅から折り返すことはない。

問1　簡単な場合を考える

100駅目に着目する

A駅から出発して，104駅目にたどり着ける駅を考える。X線とY線および北回り線と南回り線の乗り換えは，A駅のみだ。
まずは，簡単な場合を考えてみよう。X線の駅数は6駅，Y線の駅数は4駅なので，2つの路線を1回ずつ回れば合計10駅分移動してA駅に戻ってくることになる。したがって，これを繰り返せば，100駅目にA駅にいることができる。
だから，まず100駅目にA駅にいる場合を考えよう。Y線がちょうど4駅なので，104駅目にA駅に止まることができる。また，100駅目のA駅からX線の北回り線・南回り線を使ってそれぞれE駅・C駅に止まることができる。
この時点で，正解は③。

選択肢の含意関係に着目する

Aに104駅目に止まれることはわかったとしよう。ここで，すべての選択肢にQが含まれていることに着目する。104駅目にQにたどり着けるということは，102駅目にA駅にいられるということだ。したがって，102駅目にA駅からX線の北回り線・南回り線を使えば，C駅・E駅に止まれる。つまり，Qが正解に含まれるならばCとEも含まれている。

よって，正解は③。

問2　駅数から言えることを考える

U君がある駅で折り返していった場合に103駅目で止まれる駅を挙げる。まず，U君が故障で折り返したのが北回り線のB駅の場合…。などと考えてはいけない。考える場合が多すぎてしまう。発想を変えよう。

問1の正解がA駅，C駅，E駅，Q駅であることに着目しよう。これらはA駅から見て偶数番目（A駅は0番目）の駅すべてだ。問1を見直すと，X線が6駅，Y線が4駅と，どちらも偶数なのだから，A駅から見て奇数番目の駅は，問1では絶対に止まれないことがわかる。A駅に戻ってきたときには必ず偶数個駅を通過したことになるからだ。

すると問2のこの状況で，103駅目（つまり奇数個の駅を通過）にたどり着ける駅には，少なくともA駅・C駅・E駅・Q駅の4つは含まれていない。

よって，正解は⑤。

8 条件理解と解法の工夫　問題Advanced

▼次の文章を読み，下の問い（問1～3）に答えよ。

　ある動物の育種牧場（品種改良を行っている牧場）で，雄Aにはその子供雄Bがあり，雌Cにはその子供雌Dがいる。AとDを掛け合わせて（交配して）雄Eが生まれた。CとBを掛け合わせて雌Fが生まれた。
　この牧場では，血縁上の近親間で掛け合わせを行わないために，次のルール1～5を設けている。
　なお，A～Fは，いずれもこれらのルールに適合した掛け合わせによって生まれている。

ルール1：親子の間では掛け合わせを行わない。
ルール2：孫と祖父又は孫と祖母の間では掛け合わせを行わない。
ルール3：一方の父母のいずれかが他方の父母のいずれかと共通である2頭の間では掛け合わせを行わない。
ルール4：一方の父が他方の祖父と共通である2頭の間では掛け合わせを行わない。
ルール5：一方の母が他方の祖母と共通である2頭の間では掛け合わせを行わない。

問1　AとFの掛け合わせがルールに適合するかどうかについて正しく述べたものを，次の①～⑤のうちから1つ選べ。

① ルール2か3のいずれか一方のみに反する。
② ルール2と3のいずれにも反する。
③ ルール4か5のいずれか一方のみに反する。
④ ルール4と5のいずれにも反する。
⑤ ルール1に反する。

問2　BとFの掛け合わせについて，違反する可能性のないルールをすべて列挙したものを，次の①～⑤のうちから1つ選べ。

① ルール1，2，5
② ルール2，3
③ ルール2，3，5
④ ルール4，5
⑤ ルール1，2，4，5

問3　ルール1〜5に従うとした場合，正しいものを，次の①〜⑤のうちから1つ選べ。

① BとDを掛け合わせることができるならば，必ずAとCを掛け合わせることもできる。
② AとCを掛け合わせることができるならば，必ずBとDを掛け合わせることもできる。
③ AとCを掛け合わせることができなくても，BとDを掛け合わせることができることもある。
④ AとCを掛け合わせることができるならば，必ずEとFを掛け合わせることもできる。
⑤ AとCを掛け合わせることができなくても，EとFを掛け合わせることができることもある。

(15年度センター追試験　第12問)

解答・解説

Method　　ルールを図にして理解する

まずルールを確認しよう。もとの文言が複雑なので，わかりやすく書き直す必要がある。

たとえば，**ルール3**の「一方の父母のいずれかが他方の父母のいずれかと共通である2頭」とは，**図7**のような関係のXとYである。父と母は，取り替えても同じ。つまり，兄妹・姉弟である。

一方，**ルール4・5**の「一方の父が他方の祖父と共通である2頭」「一方の母が他方の祖母と共通である2頭」とは，**図8**

のような関係のXとYである。父と母，祖父と祖母は，取り替えても同じ。つまり，伯(叔)父と姪，伯(叔)母と甥，あるいは親子の関係である。

●図7　ルール3の関係　●図8　ルール4・5の関係

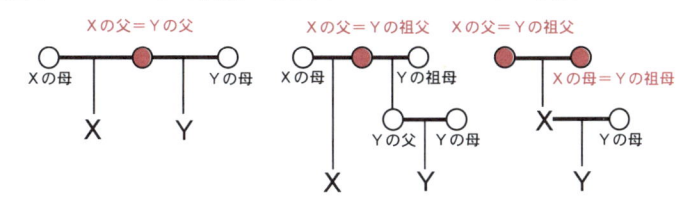

したがって**ルール1～5**は次のように整理できる。

ルール1　　　親と子の交配禁止
ルール2　　　祖父母と孫の交配禁止
ルール3　　　姉と弟，兄と妹の交配禁止
ルール4・5　　親と子，伯（叔）父と姪，伯（叔）母と甥の
　　　　　　　交配禁止

もちろん，一般的に交配するのは雄と雌である。また，問題文中の「なお，A～Fは，いずれもこれらのルールに適合した掛け合わせによって生まれている」に注意しよう。問3で選択肢の反例を探す場合もこの制限の範囲で考える。「この牧場で生まれたA～Fは…」と書いてあっても同じ意味であるので，読み取りも正確にしよう。では，この点に注意しながら，A～F相互の関係を図示すると以下のようになる。

●図9　A～F相互の関係1　●図10　A～F相互の関係2

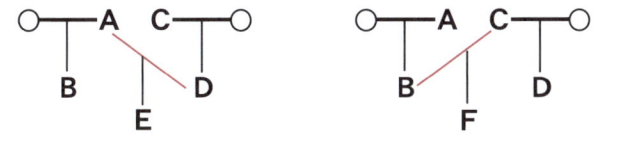

| 問1 | ルールへの違反を見つける |

AとFの掛け合わせは，図10よりAにとってFが孫であるだけなので，**ルール2**のみに違反する。よって，正解は①。

| 問2 | ルールへの違反を見つける |

　BとFの交配については，図10よりBとFは親子であることから，直ちに**ルール1・4・5**に反することがわかる。他方，BとFは祖父母と孫の関係にはなく，伯(叔)父・伯(叔)母と甥姪の関係にもないので**ルール2・3**には違反しない。
　よって，正解は②。

| 問3 | ルールから可能な論理的推論 |

　選択肢を吟味する際に，ざっと全体を見渡すと，①と③が互いに否定の関係になっていることがわかる。これは問題とまったく関係がないような命題でもないので，どちらかが正解だと目星をつけて，このどちらかから吟味する。

選択肢の吟味

×① 　BとDを掛け合わせることができるならば，必ずAとCを掛け合わせることもできる。

　➡図11参照。A・Cどちらかの祖父母ともう一方の親が共通の場合，AとCとの関係は伯(叔)父と姪または甥と伯(叔)母の関係になるが，BとDの間には制約がない。これが①の反例となる。AとCとの交配が不可能な理由になる「共通の牛」が片方の祖父または祖母（つまりBかDにとっては曽祖父母の代）であれば，**ルール1～5**は祖父・祖母の代までしかさかのぼらないのだから，BとDの交配は可能なのである。

　よって①は不正解となり，この時点で正解は③。

●図11　AとCの祖父である場合

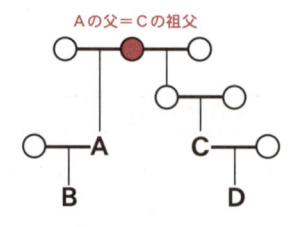

✕② AとCを掛け合わせることができるならば，必ずBとDを掛け合わせることもできる。
➡実際は，吟味する必要がないが，この命題は偽である。図12参照。Cの夫の母（Dの祖母）がAの妻（Bの母）の場合は，AとCの交配は可能で，AとDの交配も血縁上関係ないので可能であり，BとCも血縁上関係ないので交配可能と，他の条件を満たすが，BとDとは伯（叔）父と姪の関係を持つので交配できない。AとCの（問題文に書かれていない）「配偶者」を使って共通の「血」を入れるのがポイント。もちろんこのことに気がつかなくても，正解を選べればまったく問題ない。

●図12　Bの母がCの義母である場合

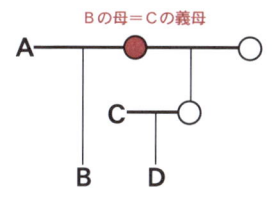

Bの母＝Cの義母

○③　AとCを掛け合わせることができなくても，BとDを掛け合わせることができることもある。
➡図11参照。①の反例を示した時点で証明されている。つまり「…ても」という表現に惑わされずに内容を取れば，③は「AとCが交配不可で，かつBとDが交配可能な場合がある」ということである。①の「BとDが交配可能 ⇒ AとCが交配可能」の**反例になるのは「BとDが交配可能でAとCが交配不可である場合」**ということがわかっていればよい。

✕④　AとCを掛け合わせることができるならば，必ずEとFを掛け合わせることもできる。
➡EとFの交配が，図9・10により，**必ず伯（叔）父と姪・伯（叔）母と甥の交配になる**ので，前提が何であれ交配は不可能である。

×⑤　AとCを掛け合わせることができなくても，EとFを掛け合わせることができることもある。
④と同様，EとFの交配が必ず伯（叔）父と姪・伯（叔）母と甥の交配になるので，不可能である。「…ても」が表しているのは単に「∧」であるからこの選択肢は成り立たない。

> **Solution**
> ◆定義・ルールは具体的な図・対応表に置き換えて，素早く理解する
> ◆対応表は互いに独立の事象の場合分け・組合せを列挙するときにも使える
> ◆演算問題で困ったら，問いの条件から選択肢を絞れるかどうか考える
> ◆互いに否定関係になっている選択肢では，だいたい一方が正しく一方は間違いである
> ◆適性試験では，効率的な解法が期待されている

〈著者紹介〉
吉岡　友治（よしおか　ゆうじ）
東京大学文学部卒。シカゴ大学大学院人文学修士課程修了。東京家政学院大学講師。
予備校で国語および小論文試験の受験指導を担当。
インターネット小論文添削講座「VOCABOW小論術」校長。
著書に『法科大学院適性試験　解法の技術［読解・表現力編］』『法科大学院志望理由書 問題発見と展開の技術』『法科大学院小論文　発想と展開の技術』(以上，実務教育出版)，『吉岡のなるほど小論文頻出テーマ16』(桐原書店)，『社会科学系小論文のトレーニング』（Ｚ会出版）など，小論文の指導から言説分析・身体論まで幅広く活動している。

阿藤　俊一（あとう　しゅんいち）
東京大学文学部卒。分析哲学研究の傍ら，「VOCABOW小論術」数理スタッフとして法科大学院適性試験の解説指導を担当する。的確でわかりやすい解説には定評がある。

VOCABOW小論術：http://www.vocabow.com/
e-mail：office@vocabow.com
　著者がWEB上で主宰する「VOCABOW小論術」では，法科大学院入試に対応した小論文・志望理由書の添削および，適性試験指導を行い，多数の合格者を出しています。詳細はお問い合わせください。

編集協力　VOCABOW Think Tank

法科大学院適性試験［推論・分析力］解法の論理ブック

2005年 4 月15日　初版第 1 刷発行　　　　　　　　　　〈検印省略〉
2006年 7 月15日　初版第 2 刷発行

著　者　吉岡友治・阿藤俊一
発行者　池澤徹也

発行所　株式会社　実務教育出版
　　　　〒163-8671　東京都新宿区大京町25
　　　　☎　編集　03-3227-2215　　販売　03-3355-1951
　　　　振替　00160-0-78270

印　刷　ケイエムエス
製　本　東京美術紙工

©YUJI YOSHIOKA　SHUNICHI ATO 2005　　本書掲載の試験問題等は無断転載を禁じます。
ISBN 4-7889-1414-X　C0032　Printed in Japan
乱丁，落丁本は本社にておとりかえいたします。

志望校合格に向けて真の実力が身につく法科大学院入試対策の強力ラインナップ！

解法の定石を知り、応用力を養成する演習書！

法科大学院 適性試験 解法の技術 読解・表現力編

吉岡友治 著●定価2100円（税込）

適性試験「読解・表現力」の解法をシステマティックに学ぶための演習書。代表的な設問について、ねらいを丁寧に分析し、論理的に妥当な解法を導き出せるようトレーニングします。概念図・分類図などを多用し、複雑なロジックを簡単に把握できるよう工夫を凝らした本書は、適性試験で高得点をめざす人必携の一冊です。

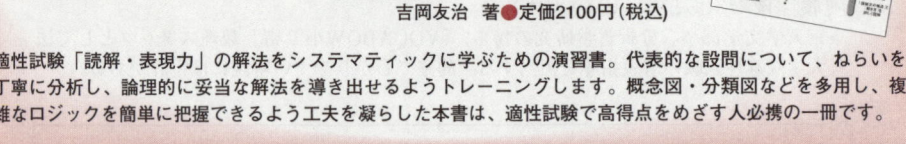

自分を効果的にアピールする書き方を伝授！

法科大学院 志望理由書 問題発見と展開の技術

吉岡友治 著●定価1575円（税込）

志望理由書について、単なる自己PRに終わらず、社会的問題の発見から、法律家をめざす意欲・展望へとストーリー展開していく作成法を伝授します。自分の経歴と希望をどのようにまとめていけばいいのか、実感できる内容構成が特色です。自己評価書について、志望理由書と役割分担させてまとめる手法も解説します。

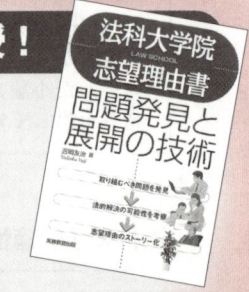

合格できる小論文の着眼点と論理展開を学ぶ！

法科大学院 小論文 発想と展開の技術

吉岡友治 著●定価1890円（税込）

合格できる小論文を書くための技術と思考法を伝授する書です。Part.1で書き方の基本を説明し、Part.2、3では、法科大学院の小論文試験によく出るテーマについて解説します。要所要所のコラムで、より深い理解と発想のヒントが得られ、テーマについて自然に考えの道筋がつけられる力が身につきます。

お求めは全国の書店ならびに大学生協にて。　　**実務教育出版**